プロのフライヤーレイアウト

movie / art / music / stage

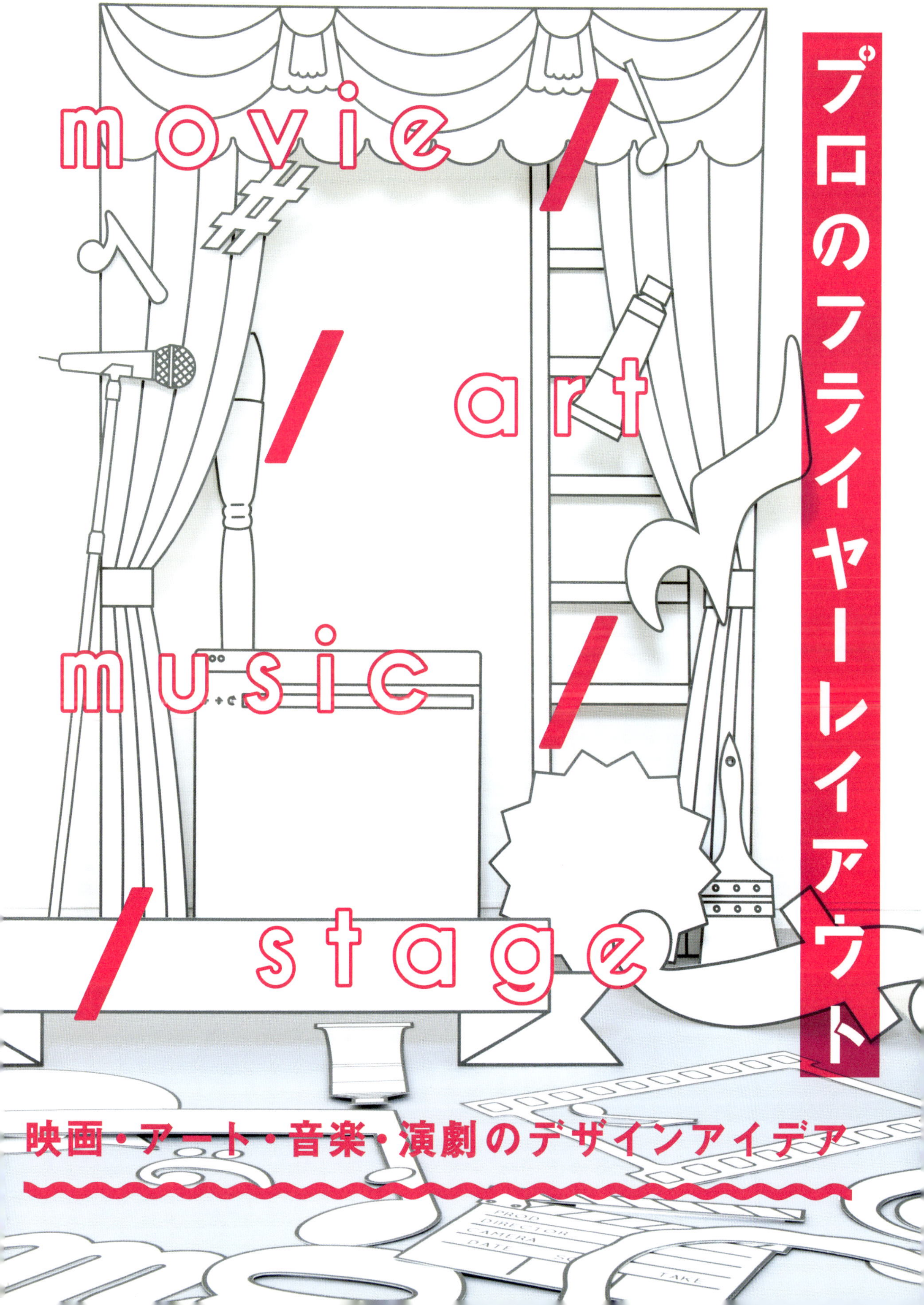

映画・アート・音楽・演劇のデザインアイデア

はじめに

本書は、映画・アート・音楽・演劇のジャンルにおけるイベントや、リリース告知のためのフライヤーの事例集です。これら分野ではターゲットがエッジィな志向の人々が多いため、デザインも必然的に洗練されたものになり、また様々な工夫がなされています。目を引くタイポグラフィや配色、モチーフのあしらい、文字情報の組み方、書体や用紙のセレクト……。思わず手に取ってしまう、これらプロのデザイナーによる優れたフライヤーデザインを多数掲載し、ポイントを解説していきます。宣伝対象となる映画や公演、展覧会などの世界観を巧みに表現した作品の数々を、どうぞお楽しみください。本書がフライヤー作りをする上でのヒントがつまった一冊として、みなさまのデザイン制作の一助となりましたら幸いです。

本書への掲載にご協力いただきましたすべてのデザイン事務所・企業・関係者の方々に、心より御礼申し上げます。

本書の見方

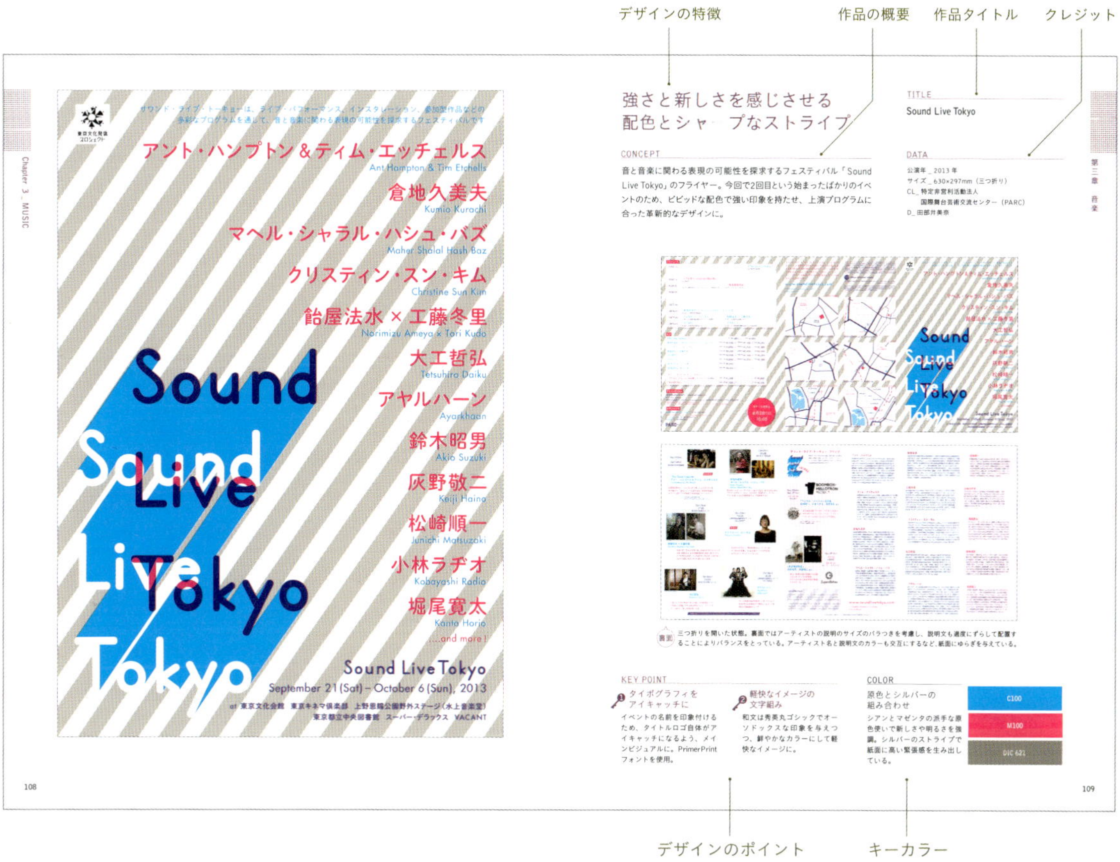
デザインの特徴
作品の概要
作品タイトル
クレジット
強さと新しさを感じさせる
配色とシャープなストライプ
CONCEPT
音と音楽に関わる表現の可能性を探求するフェスティバル「Sound Live Tokyo」のフライヤー。今回で2回目という始まったばかりのイベントのため、ビビッドな配色で強い印象を持たせ、上演プログラムに合った革新的なデザインに。
TITLE
Sound Live Tokyo
DATA
公演年＿2013年
サイズ＿630×297mm（三つ折り）
CL＿特定非営利活動法人 国際舞台芸術交流センター（PARC）
D＿田部井美奈
第三章 音楽
Chapter 3＿MUSIC
裏面
三つ折りを開いた状態。裏面ではアーティストの説明のサイズのバラつきを考慮し、説明文も適度にずらして配置することによりバランスをとっている。アーティスト名と説明文のカラーも交互にするなど、紙面にゆらぎを与えている。
KEY POINT
タイポグラフィをアイキャッチに
イベントの名前を印象付けるため、タイトルロゴ自体がアイキャッチになるよう、メインビジュアルに。PrimerPrintフォントを使用。
軽快なイメージの文字組み
和文は秀英丸ゴシックでオーソドックスな印象を与えつつ、鮮やかなカラーにして軽快なイメージに。
COLOR
原色とシルバーの組み合わせ
シアンとマゼンタの派手な原色使いで新しさや明るさを強調。シルバーのストライプで紙面に高い緊張感を生み出している。
C100
M100
DIC 621
108
109
デザインのポイント
キーカラー

【略号表記について】

本文中、以下の略号を用いております。

CL	クライアント
DF	デザイン制作会社
AD	アートディレクター
D	デザイナー
IL	イラストレーター
PH	フォトグラファー
ED	エディター
LG	ロゴデザイナー
CD	クリエイティヴディレクター
CW	コピーライター
AW	アートワーク
CS	コスチューム
ST	スタイリスト
TL	撮影小道具
HM	ヘアメイク

【おことわり】

本書で紹介した数値や設定は、作品提供者のご協力のもと、編集部で調査・作成したものです。それぞれの数値は参考値であり、該当する作品・色をすべて再現するものではないことをご了承ください。本書はCMYKで印刷されておりますので、DIC、PANTONE、TOYOなどの特色に関しては参考値となります。それぞれの制作会社、デザイン事務所などへの、本書に関するお問い合わせはご遠慮ください。

フライヤー制作の基礎知識

■目的と形態

フライヤーを制作する際、目的や予算に応じて最適な形態、すなわち印刷の仕様を考えます。クライアントには目的・予算・納期・必要量・配布する規模、各種の制約などを念頭に置いて、印刷・配送コストやデザイン制作費を明確にしてもらいましょう。その上で実現できる印刷の仕様やデザインを考えることが大切です。クライアントに１枚あたりのサイズ・印刷色・用紙といった仕様まで指定してもらった上で、デザインを発注してもらえると仕事がしやすいでしょう。あるいは、確保できる印刷単価が割り出されていれば、それに合わせた用紙や刷り色などの仕様やデザインを提案するのもいいでしょう。

街なかで見かけるフライヤーを見ると、そういった仕様の目安となります。たとえば、映画館に置かれているフライヤーを見るとカラーやサイズも様々です。A4 サイズのもの、B5 サイズのもの、両面フルカラーのもの、表面がフルカラーで裏面がモノクロのもの、色数は少ないが蛍光色で印刷されているもの、光沢と厚みがある紙が使われたもの……などなど。これらはみな、印刷コストに違いがあります。それぞれの予算の都合や、目的に合わせてそれらの形態になっているわけです 。

■サイズ・折り加工

フライヤーで一般的に多いサイズは A4 か B5 です。定型サイズだと低価格で印刷できるので、これらに落ち着く傾向があります。ポストカードサイズも手軽に作れることから人気があります。サイズは印刷の予算に応じて検討するとよいでしょう。インターネットで検索するとフライヤー印刷に特化した印刷会社も多く、料金表も掲載されているので、価格を検討するのも簡単です。

複合イベントや映画監督の特集上映など、情報量が多い場合は二つ折りにすることもあります。あるいは三つ折り、広げてポスターになるものなど、様々です。

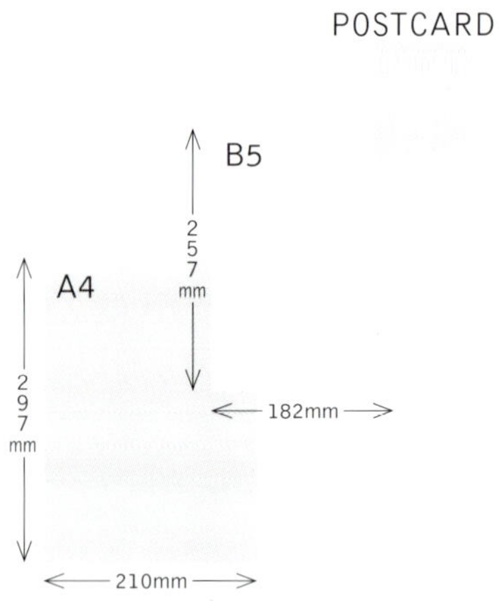

二つ折り

三つ折り

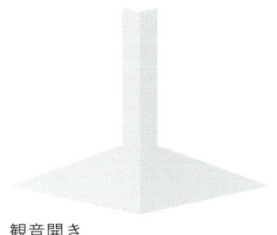

観音開き

■印刷方式

オフセット印刷が一般的です。大型の機械で印刷するため、フライヤーなら何種類もまとめて印刷することができます。それによって低価格を実現したサービスも数多くあります。

また、少部数の印刷に適したオンデマンド印刷というものもあります。これはプリンタを大型化したようなイメージのもので、オフセット印刷に比べて短い納期で印刷することができ、少部数のフライヤーの印刷によく利用されています。

他には、レトロ印刷というリソグラフによる簡易印刷方式も昔からよく利用されています。大量に印刷するうちに仕上がりにズレやカスレ、ムラが生じますが、それもひとつの「味」として受け入れられています。特に音楽や雑貨、インテリアなどにポップなデザインの作例が存在し、その風合いを求めて、あえてレトロ印刷を使う方もいるほどです（P.062参照）。

■カラー

オフセット印刷などで言えば、印刷料金はフルカラー（4C）より二色（2C）、モノクロ（1C）が安く、予算に応じてカラーを選択することが可能。一般には表4Cで裏1Cの組み合わせが多く利用されます。また、特色を使用すると、二色にすれば比較的安上がりで、目立つ色を選べば、目に留まりやすくすることもできます。4C＋特色のものもあります。

■印刷用紙

印刷用紙はコート（光沢紙）、マット（無光沢紙）など、一般的な常備紙は比較的安価です。その他にクラフト系の紙などいろいろな質感のものが用意されているので、伝達内容のテイストに合わせて選択するとよいでしょう。

■印刷コストの見積り

印刷のコストを調べたい場合は、ある程度、印刷仕様を決めてから取引のある印刷会社に相談するか、あるいはインターネットで印刷会社を検索しましょう。両者とも仕様に基づいた見積りをとることができます。インターネットでは、フライヤー印刷に特化して安価なサービスを提供しているところを数多く見つけることができます。

【印刷コストの一例（A4サイズ）】

部数	カラー		
	1C/1C	4C/1C	4C/4C
500部	4,200	4,800	5,200
1,000部	5,100	5,900	6,300
2,000部	6,900	8,000	8,600
3,000部	7,800	9,000	9,900

単位：円

■配布方法

フライヤーの配布方法は、ジャンルごとに様々な方法があります。映画なら映画館のエントランスなどに置く、アートなら美術館やギャラリーのエントランス、アート系の書店の店頭、というように。音楽や演劇だったらイベント会場の入口で配るのが一般的です。そのフライヤーをどういった客層に届けたいかを考えて、その客層が集まる、通る場所に置く、配るといったことが必要になります。

■制作フロー

☑ ミーティング

クライアントとの打ち合わせで、要望や紹介する作品、イベントの特徴を把握します。また、どのような客層にアピールしたいか、どのように見せたいかというイメージや方向性もしっかりヒアリングします。

☑ 印刷仕様の確認

印刷仕様（サイズ・カラー・用紙・加工）を確認し、デザインを考える条件を整えます。

☑ 掲載項目の確認

クライアントには事前に掲載項目を用意しておいてもらい、受け取るときには不明瞭な部分がないか確認しましょう。掲載項目には次のようなものがあります。

・タイトル・サブタイトル・アーティスト名
・会場（会場名・住所・電話番号・地図・URL）
・日時・期間（開場時間・休場日）
・料金

☑ スケジュール・納品方法の確認

プレゼンテーションや納品のスケジュール、納品方法を確認します。

☑ デザイン案の作成

打ち合わせで聞きとった要望・掲載項目・制約などをまとめてラフを書く、またはレイアウトファイルを作成します。仕上がりのカラーや印刷用紙など、必要に応じて複数の案を用意します。

☑ プレゼンテーション

クライアントにデザイン案を見せて意見を求め、イメージ、方向性などを検討し、絞り込みます。

☑ 修正・確認

絞り込んだイメージに基いてデータを修正し、再確認します。

☑ 納品

完成したデータを事前に決められた方法で納品します。

【美術展の掲載項目の一例】

□タイトル・サブタイトル
□キャッチコピー
□会場
（会場名・住所・電話番号・地図・URL）
□日時・期間
（開場時間・休場日）
□主催
□協力
□イベント
□期間中の特典
□観覧料金
一般 / 大学生 / 小中高生

諸条件
□前売チケット情報
□お問い合わせ
□注意事項

【制約・注意事項の確認】

表現上の制約や注意事項がないか、クライアントに事前に確認しておきます。その場で確認できなければ、後日早めに確認をとりましょう。

MOVIE

Chapter 1

第一章／映画

ON THE ROAD
『トロン：レガシー』
ギャレット・ヘドランド
『コントロール』
サム・ライリー
『トワイライト・サーガ』
クリステン・スチュワート
『ザ・マスター』
エイミー・アダムス
『パイレーツ・ロック』
トム・スターリッジ
『シティ・オブ・ゴッド』
アリシー・ブラガ
『17歳のカルテ』
エリザベス・モス
『マリー・アントワネット』
キルスティン・ダンスト
『イースタン・プロミス』
ヴィゴ・モーテンセン
オン・ザ・ロード
『モーターサイクル・ダイアリーズ』『セントラル・ステーション』
ウォルター・サレス監督最新作
『ゴッドファーザー』『地獄の黙示録』
フランシス・フォード・コッポラ製作総指揮
PHOTOS : GREGORY SMITH
配給：ブロードメディア・スタジオ　原作『オン・ザ・ロード』（河出書房新社）
Broadmedia
FILM4
mk2
自由を夢見て、
終らない旅へ。
ジャック・ケルアックの伝説的小説「路上/オン・ザ・ロード」完全映画化!
TEXACO
GAS & LUBRICATION

ロードムービーの象徴である道路のカットで印象的に

TITLE

オン・ザ・ロード

CONCEPT

アメリカの小説家、ジャック・ケルアックの伝説的小説を映画化した「オン・ザ・ロード」のフライヤー。原作は1950年代アメリカのビートジェネレーション文学の代表作。粗いテクスチャを用いて原作の雰囲気を表現しつつ、1950年代の風景を意識して抑えた色調で制作。

DATA

公開年 _ 2013 年
サイズ _ B5
CL_ ブロードメディア・スタジオ
DF_ 大寿美デザイン
D_ 大寿美トモエ

裏面 ロードムービーの象徴である、地の果てまで続く道路の写真をメインに、シンメトリーを意識してレイアウト。上下で色調を分けてコントラストを付け、適度に軽さを出し、堅苦しさを回避。青春ロードムービーらしさを感じさせる印象に。

KEY POINT

1 風景写真の空を広げてスケール感を

登場人物のコラージュ写真を下に配置して、上の風景写真の空を広げ、スケール感を出している。写真やタイトルには細かいキズのテクスチャもつけてリアルに。

2 タイトルを縦にしてアクセントに

英語のタイトルロゴを縦に入れてシンプルなデザインにアクセントを。和文の文字組みは A-OTF ゴシック MB101、ZEN ゴシック B を使用してタイトルに。

COLOR

青とセピアでノスタルジックに

全体の色調は、青とセピアを基調にしてノスタルジックな 50 年代風を表現。

C73+M4+Y2

C32+M58+Y89+K13

C0+M0+Y0+K0

K100

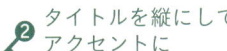

日本におけるイタリア
2013
ITALIA IN GIAPPONE
恋愛 友情――
ここには人生の
全てがある!!
L'ULTIMO BACIO
最後のキス
監督:ガブリエーレ・ムッチーノ
出演:ステファノ・アッコルシ、ジョヴァンナ・メッゾジョルノ
クラウディオ・サンタマリア、ステファニア・サンドレッリ
FUORI DAL MONDO
もうひとつの世界
監督:ジュゼッペ・ピッチョーニ
出演:マルゲリータ・ブイ、シルヴィオ・オルランド
QUESTIONE DI CUORE
ハートの問題
監督:フランチェスカ・アルキブージ
出演:アントニオ・アルバネーゼ、キム・ロッシ・スチュアート
珠玉のイタリア映画
3本を一挙公開!!
Viva!イタリア
ITALY
SAN MARINO
VATICAN CITY
Trentino Alto Adige
Valle D'aosta
Friuli-Venezia Giulia
Veneto
Lombardy
Piedmont
Emilia-romagna
Marche
Liguria
Tuscany
Umbria
Abruzzo
Lazio
Molise
Puglia
Corsica (Fr.)
Sardinia
Calabria
Sicily
Basilicata
"Questione di Cuore" A CATTLEYA RAI CINEMA CIMENELLO Production Inspired by the novel "UNA QUESTIONE DI CUORE" by UMBERTO CONTARELLO published by Giangiacomo Feltrinelli Editore Screenplay by FRANCESCA ARCHIBUGI Casting GIANLUCA GRECO Assistant Director ELISABETTA BONI Costume Designer ALESSANDRO LAI Production Designer ALESSANDRO VANNUCCI Sound ALESSANDRO ZANON Editing CECILIA ZANUSO Director of Photography FABIO ZAMARION Music BATTISTA LENA Line Producer for Cattleya MATTEO DE LAURENTIIS Executive Producer GINA GARDINI Produced by GUIDO DE LAURENTIIS for Cinemello Produced by RICCARDO TOZZI GIOVANNI STABILINI MARCO CHIMENZ Directed by FRANCESCA ARCHIBUGI
"L'ultimo bacio" DOMENICO PROCACCI Presents a film by GABRIELE MUCCINO STEFANO ACCORSI GIOVANNA MEZZOGIORNO and with STEFANIA SANDRELLI "THE LAST KISS" CLAUDIO SANTAMARIA GIORGIO PASOTTI MARCO COCCI PIERFRANCESCO FAVINO SABRINA IMPACCIATORE SUSANNA JAVICOLI REGINA ORIOLI and PIERO NATOLI with LUIGI DIBERTI as Emilio and introducing MARTINA STELLA Screenplay GABRIELE MUCCINO Casting FRANCESCO VEDOVATI Costumes NICOLETTA ERCOLE with the collaboration of ALESSANDRA INTINI Art director EUGENIA F. di NAPOLI sound GAETANO CARITO (a.i.t.s.) Music PAOLO BUONVINO Director of photography MARCELLO MONTARSI (a.i.c.) Editor CLAUDIO DI MAURO (a.m.c.) Line producer LUIGI LAGRASTA a FANDANGO Production in collaboration with MEDUSA FILM Produced by DOMENICO PROCACCI Directed by GABRIELE MUCCINO
"fuori dal mondo" lionella cerri presenta margherita buy silvio orlando in "fuori dal mondo" un film di giuseppe piccioni con carolina freschi maria cristina minerva sonia gessner alessandro di natale riccardo de torrebruna stefano abbati con l'amichevole partecipazione di fabio sartor con la partecipazione straordinaria di giuliana lojodice marina massironi soggetto e sceneggiatura giuseppe piccioni gualtiero rosella lucia zei costumi carolina olcese scenografia marco belluzzi aiuto regia riccardo cannone fonico di presa diretta amedeo casati montatore suono filippo bussi casting director beatrice kruger (u.i.c.) fbi casting snc organizzatore generale riccardo pintus produttori esecutivi lionello cerri e rosanna seregni musiche originali ludovico einaudi edizioni musicali bmg ricordi montaggio esmeralda calabria direttore della fotografia luca bigazzi prodotto da lionello cerri per lumière & co. srl in collaborazione con rai regia giuseppe piccioni
後援:イタリア大使館 イタリア文化会館 配給:パンドラ
WWW.VIVAITALY-CINEMA.COM

イタリアらしい明るい配色と映画字幕書体の組み合わせ

TITLE

Viva! **イタリア**

CONCEPT

イタリア映画祭にて好評を博した人気映画の三本立て公開を伝えるフライヤー。「映画を観て、イタリアを旅しよう！」というコンセプトで、イタリアをイメージさせる地図と配色、映画字幕書体を組み合わせ、観光ポスターのような世界観を醸し出している。

DATA

公開年 _ 2013 年
サイズ _ B5
CL_ パンドラ
DF_ 301
AD_ 潟見 陽

イタリア!
重厚な古代ローマの遺跡に囲まれ　地中海の明るい陽射しがさんさんと降り注ぐ
美味しい食事　情熱的な恋　人情味あふれる人々
そんなイタリアそのもののような映画を一挙上映！
いずれも《イタリア映画祭》で人気を博した作品ばかりです
＊イタリア映画祭　多くの映画ファンやイタリアファンの支持を得て、毎回1万人を超える観客が訪れるGW恒例となった映画祭（主催：朝日新聞社他）
2009年
ヴァレンシア地中海映画祭
2001年ダヴィッド・ディ・ドナテッロ賞
イタリア映画記者会シルバーリボン賞
2002年ニューポート国際映画祭
フライアーノ映画祭
サンダンス映画祭
1999年ダヴィッド・ディ・ドナテッロ賞
AFIフェスティバル
モントリオール世界映画祭
QUESTIONE DI CUORE
ハートの問題
監督　フランチェスカ・アルキブージ
出演　アントニオ・アルバネーゼ
キム・ロッシ・スチュアート
ITALY
『かぼちゃ大王』『明日、陽はふたたび』などが劇場公開されたアルキブージ監督作品。心臓発作の集中治療室で同室になり意気投合したアルベルトとアンジェロ。アルベルトは脚本家として成功しお金持ちだが、恋人に去られ、気を許せる友だちもいない。一方、自動車修理工場の経営者アンジェロには愛する妻と子、母がいた。退院後も容態のよくないアンジェロは、死後をアルベルトに託そうと秘かに考え、一人ぼっちのアルベルトを自宅に住まわせ、妻と買い物に行かせたり、別荘で二人が過ごすように仕組んだりする…。笑いながらもしんみりと心にしみる感動作。
(2009年/104分)
L'ULTIMO BACIO
最後のキス
監督　ガブリエーレ・ムッチーノ
出演　ステファノ・アッコルシ　ジョヴァンナ・メッゾジョルノ
クラウディオ・サンタマリア　ステファニア・サンドレッリ
SAN MARINO
ウィル・スミス主演『幸せのちから』『7つの贈り物』のガブリエーレ・ムッチーノが、2001年に本国イタリアで撮った大ヒット作。30歳目前のカルロ、マルコ、パオロ、アドリアーノ、アルベルトの5人は幼なじみ。カルロは恋人ジュリアの妊娠を知ったが、18歳の少女に惹かれている。マルコは結婚直前。別れた恋人を忘れられないパオロ。アドリアーノは妻との間が絶望的だ。そして、アルベルトは女性を愛せない。また、ジュリアの母は平凡な生活に飽き飽きしている。そんな若者と彼らを取り巻く人々をめぐる恋愛模様が、軽やかに描かれる。往年の名女優ステファニア・サンドレッリの演技をはじめ多くの映画賞に輝いたイタリアらしい映画。
(2001年/115分)
VATICAN CITY
FUORI DAL MONDO
もうひとつの世界
監督　ジュゼッペ・ピッチョーニ
出演　マルゲリータ・ブイ
シルヴィオ・オルランド
『ぼくの瞳の光』が日本で劇場公開され人気を博した、ピッチョーニ監督の代表作。生涯を修道生活に捧げる儀式を控えているカテリーナと、独身でクリーニング店の経営者なのに、従業員の名前すら覚えようとしないエルネストは、捨て子を通して偶然に知り合う。エルネストは、捨て子を自分の子かもしれないと思い、カテリーナと共に母親さがしを始める。辿り着いた先に待っていたのは・・・。人物描写が見事で、情感あふれる秀逸な一本。
(1998年/100分)
Viva!イタリア
6.29土～7.19金
限定ロードショー！
有楽町イトシア イトシアプラザ 4F
テアトルシネマグループ
ヒューマントラストシネマ有楽町
03(6259)8608　www.ttcg.jp
当日一般 1800円
大学生・専門学校生・高校生 1500円
中・小学生 1000円　シニア 1000円
特別鑑賞券 1500円(税込)
リピーター割引あり
2013年
8月開催
予定
梅田ロフト B1F
テアトルシネマグループ
テアトル梅田
06(6359)1080　www.ttcg.jp

裏面　劇中のワンカットを複数配して、映画で描かれる人々の心の動きが感じられる紙面構成に。中央のキャッチで興味を引き、上下段でイメージと情報面を分けることで、作品への期待感を膨らませ、さらに概要情報へ誘うレイアウト。

KEY POINT

1 作品世界への興味を誘う

紙面の三分の一を映画から抜き出したワンシーンカットの組み合わせで構成。コピーとの連動で作品世界への興味を引く仕掛け。

2 色帯で書体を引き立てる

見出しなどの書体はくりっぷM、ニューシネマを用い、作品の世界へ見る者を引き込みつつ、色帯を付けることでアクセントにしている。

COLOR

カラフルな配色でイタリアらしい明るさを

イタリア国旗の色に加え薄く黄と青を敷くことで、文字情報が引き立ち、かつ紙面に旅行気分が添えられている。

M83+Y67

C75+Y100

M5+Y60

C54+M5+Y15

女っ気なし

Un monde sans femmes

監督：ギヨーム・ブラック　出演：ヴァンサン・マケーニュ

フランス / カラー / 本篇83分 / DCP / 1.85 / 5.1ch

配給：エタンチェ / 宣伝協力：Playtime / 協力：ユニフランス・フィルムズ

意図的に淡白な印象にして作品のコンセプトを引き出す

TITLE

女っ気なし

CONCEPT

ある夏の終わりを舞台にした映画の告知フライヤー。コンセプトは「女っ気なしの素っ気なし」。物語の持つ独特の空気感（いかにウェットにならず突き放せるか）を表現するために、余白を多めにとり、余計な装飾は施さないデザイン。

DATA

公開年＿2013年
サイズ＿B5
CL＿エタンチェ
AD/D＿塚本 陽
LG＿末吉 亮（図工ファイブ）

裏面 地にベージュを用い、全体を明るめのトーンで表現。余計な装飾を省くことで、作品そのものの雰囲気が引き出されている。公演情報は薄いグレーで統一。

KEY POINT

1 どこかユーモラスなロゴタイプで訴求

特徴的な和文タイトルロゴはA1明朝と游ゴシックEをベースにしたオリジナル。地色に沿うようにシンプルにしつつ印象を強めている。

2 淡白な印象の文字組み

欧文のタイトルはHumanist 521とChaparralの組み合わせで字間をアケ気味に。いかにもデザインしていないかのようなデザインが心がけられている。

COLOR

ホワイトスペースを多めにとる

上から下に向かうにつれ、色調が淡くなるデザイン。このため、タイトルロゴの個性が際立つ仕掛け。

- C64+M20+Y40
- C5+M3+Y14
- C0+M0+Y0+K0
- K100

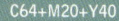

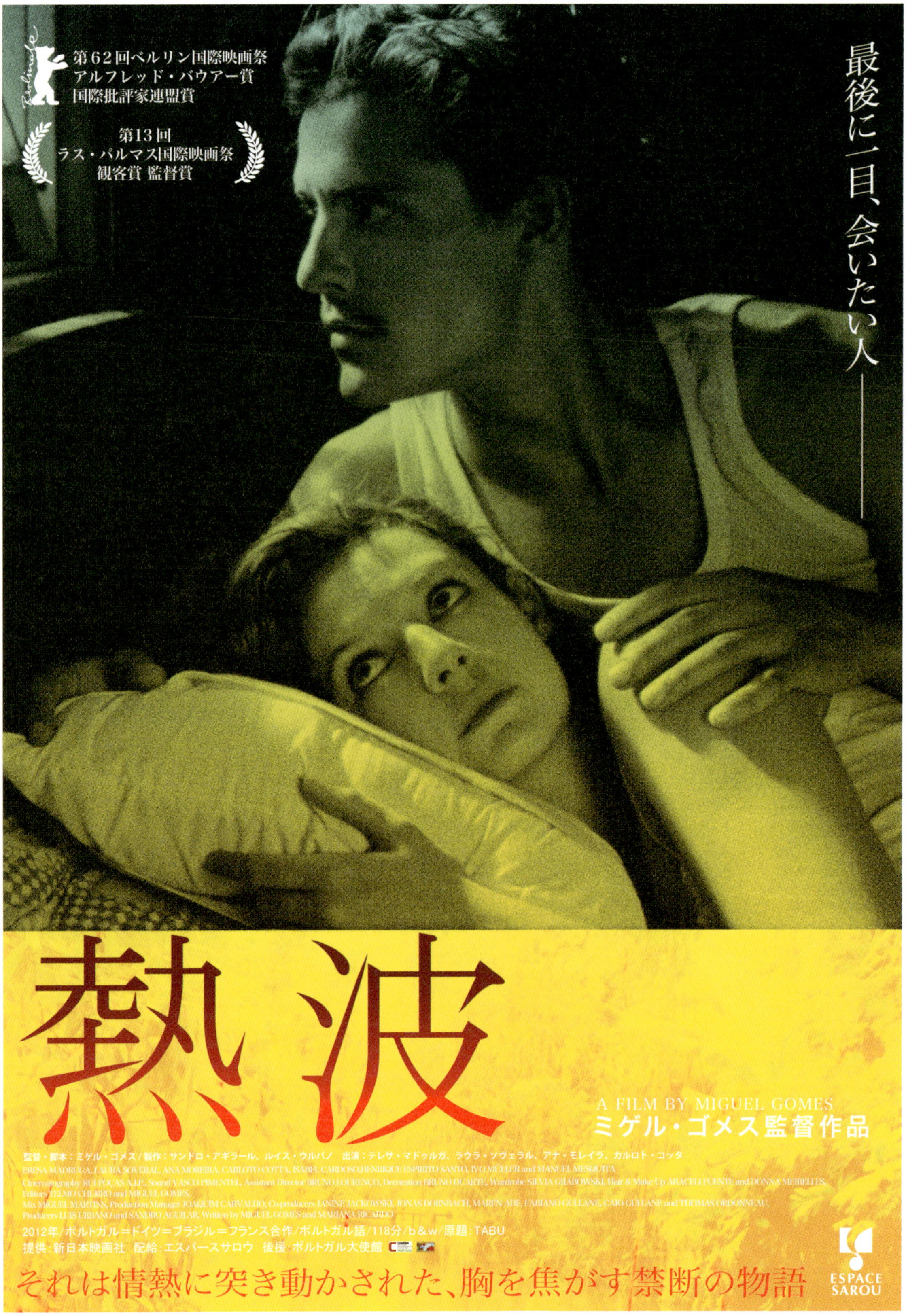
第62回ベルリン国際映画祭
アルフレッド・バウアー賞
国際批評家連盟賞
第13回
ラス・パルマス国際映画祭
観客賞 監督賞
最後に一目、会いたい人――
熱波
A FILM BY MIGUEL GOMES
ミゲル・ゴメス監督作品
監督・脚本：ミゲル・ゴメス／製作：サンドロ・アギラール、ルイス・ウルバノ　出演：テレサ・マドゥルガ、ラウラ・ソヴェラル、アナ・モレイラ、カルロト・コッタ
ERISA MADRUGA, LAURA SOVERAL, ANA MOREIRA, CARLOTO COTTA, ISABEL CARDOSO,HENRIQUE ESPIRITO SANTO, IVO MÜLLER and MANUEL MESQUITA
Cinematography RUI POÇAS A.I.P., Sound VASCO PIMENTEL, Assistant Director BRUNO LOURENÇO, Decoration BRUNO DUARTE, Wardrobe SILVIA GRABOWSKI, Hair & Make Up ARACELI FUENTE and DONNA MEIRELLES,
Editors TELMO CHURRO and MIGUEL GOMES,
Mix MIGUEL MARTINS, Production Manager JOAQUIM CARVALHO, Co-producers JANINE JACKOWSKI, JONAS DORNBACH, MAREN ADE, FABIANO GULLANE, CAIO GULLANE and THOMAS ORDONNEAU,
Producers LUIS URBANO and SANDRO AGUILAR, Written by MIGUEL GOMES and MARIANA RICARDO
2012年／ポルトガル＝ドイツ＝ブラジル＝フランス合作／ポルトガル語／118分／b＆w／原題：TABU
提供：新日本映画社　配給：エスパースサロウ　後援：ポルトガル大使館
それは情熱に突き動かされた、胸を焦がす禁断の物語
ESPACE SAROU

モノクロ作品の特性を逆手にとって訴求

TITLE

熱波

CONCEPT

現代のリスボンと1960年代の植民地時代のアフリカを舞台に、壮大な喪失のエピソードを2部構成で綴るモノクロ映画作品の公開告知フライヤー。ノスタルジックな印象が強いため、旧作に間違われないような配色をし、現代的なイメージにまとめあげたデザイン。

DATA

公開年 _ 2013 年
サイズ _ B5
CL_ エスパース・サロウ
DF_ トレノバ
D_ 孝学 直

最期の時を迎える老婆が薄れる意識のなかで想う「最後に一目、会いたい人。」
時を遡り、胸を焦がす熱波が甦る。
第62回ベルリン国際映画祭
アルフレッド・バウアー賞、国際批評家連盟賞W受賞
第13回ラス・パルマス国際映画祭
観客賞、監督賞W受賞
仏誌カイエ・デュ・シネマ2012ベストテン第8位／英誌サイト・アンド・サウンド2012ベストテン第2位
今ヨーロッパで注目度No.1の俊英！ ペドロ・コスタなど巨匠も絶賛する
ポルトガルの至宝＝ミゲル・ゴメス監督最新作
『ヴァンダの部屋』『コロッサル・ユース』のペドロ・コスタ監督に“ポルトガルで今最も注目すべき監督”とその才能を認められ、本作で、世界的な権威である仏誌「カイエ・デュ・シネマ」や英誌「サイト・アンド・サウンド」の2012年映画ベスト10入りを果たしたミゲル・ゴメス。前作『私たちの好きな八月』で世界の批評家たちを唸らせた俊英は、ある老婆の現在の虚無感と過去の情熱的な記憶を辿り、上質なメロドラマを完成させた。現代と過去、無機質感の漂うポルトガルの都市と冒険的な雄壮さに満ちたコロニアル時代のアフリカ、そして今目の前にあるものと眩い記憶。対比するものがそれぞれ持つ空気感を表現するため、35㎜と16㎜のフィルムを併用するなど、細部に至るまで様々な映像技法を駆使し、ミゲル・ゴメスは情感溢れる傑作を作り上げた。こだわり抜いた映像が胸を締め付ける。
60年代を彩った名曲によって綴られるコロニアル時代のアフリカ–熱き恋の物語
ザ・ロネッツの「あたしのベビー（Be My Baby)」「ベビー・アイ・ラヴ・ユー」といった色あせない永遠の名曲によって綴られる本作の恋物語は、過ぎ去った時の話でありながら、音楽同様に色あせず、まるで現在進行形のように鮮やかに現代に甦る。本作は、単に過去を懐かしむのではなく、珠玉の想い出をもう一度体験したかのような感動を、観る者に沸き起こさせる。
Story
気性が粗く、ギャンブル好きの老婆アウロラは、お手伝いのサンタと、何かと世話を焼いてくれる隣人ピラールを頼りに空虚な日々を過ごしていた。ある時、病に倒れたアウロラは、薄れる意識の中、ベントゥーラという男に会いたいと告げる。最期の願いを託されたピラールはその男を探そうとする。二人には、50年前に交わしたある約束があったのだ。時を遡り、二人が若かりし頃に出会ったアフリカ―タブウ山麓での、胸を焦がす熱い記憶が甦る。
熱波
監督・脚本：ミゲル・ゴメス
出演：テレサ・マドゥルガ（『アブラハム渓谷』）／ラウラ・ソヴェラル／アナ・モレイラ（『トランス』）カルロト・コッタ（『ミステリーズ 運命のリスボン』）
2012年｜118分｜b&w｜スタンダード｜ポルトガル＝ドイツ＝ブラジル＝フランス合作
ポルトガル語｜原題 TABU 字幕翻訳：西山敦子
提供：新日本映画社 配給・宣伝：エスパース・サロウ 後援：ポルトガル大使館
©O SOM E A FÚRIA, KOMPLIZEN FILM, GULLANE, SHELLAC SUD 2012
www.neppa.net

KEY POINT

❶ シャープな線でロゴにアクセントを

黄色の地に黒みのある赤のグラデーションが映えるタイトルロゴは、明朝体をベースに、はらいをより鋭角にアレンジしたものに。

❷ グラデーションで白黒写真を力強く

粒子の粗い白黒写真の力強さをグラデーションで引き立てることで、訴求効果を高め、ドラマティックで記憶に残りやすい印象にまとめている。

COLOR

強い配色で作品世界を象徴

赤・黄の配色を熱帯をイメージした背景と組み合わせて「情熱」と「洗練」という作品のテイストを体現している。

M96+Y97

C5+M30+Y100

C72+M44+Y65+K50

裏面 キーワードをグレイッシュなイエローで、タイトルロゴを赤のグラデーションで表現し、地のモノクロ面から浮き立たせている。これにより、視覚的なアクセントと、紙面の引き締め効果が生まれている。

反体制活動により「20年間の映画製作禁止」となった映画監督
ジャファール・パナヒ
(カンヌ国際映画祭カメラドール、ヴェネチア国際映画祭グランプリ、ベルリン国際映画祭審査員グランプリ受賞)
このタイトル、前代未聞。
This Is Not a Film
「映画」をつくったら即刻逮捕。だから ▸▸▸
これは映画ではない
2011 カンヌ国際映画祭キャロッスドール(黄金の馬車)賞
2011 トロント国際映画祭公式出品/2011 ニューヨーク国際映画祭公式出品
2011 ドバイ国際映画祭アジア・アフリカドキュメンタリー部門最優秀賞
2011 英SIGHT&SOUND誌トップ10/2011 米FILM COMMENT誌 ベスト1*
ロッテン・トマト好評価100%** *'まだ公開されていない映画'部門 **71レビュー 2012.6.13現在
逞しいユーモアで軟禁生活をアートにした。
世界中の映画監督が支持したプロテスト・エンターテインメント!
This Is Not a Film by Jafar Panahi and Mojtaba Mirtahmasb Wide
監督:ジャファール・パナヒ、モジタバ・ミルタマスブ | 配給:ムヴィオラ eigadewanai.com

プラカードを模して
事件性の高さを演出

TITLE

これは映画ではない

CONCEPT

反体制活動により20年間の映画製作禁止となった、イランの名匠ジャファール・パナヒ監督自身のドキュメンタリー風映像作品の公開告知フライヤー。この映像が映画ではないことをビジュアルとコピーの両面から否定するデザインとなっている。

DATA

公開年 _ 2012 年
サイズ _ B5
CL_ ムヴィオラ
AD/D_ 中 新（Lallasoo Poopo Lab.）

【ジャファール・パナヒ】
『白い風船』『チャドルと生きる』『オフサイド・ガールズ』で世界の3大映画祭を制したイランの名匠。2010年3月、反体制的な映画を撮ろうとしたという罪で警察に拘束され、保釈されるも自宅軟禁の状態がつづいている。
Free Panahi!　パナヒ解放を支持する主な監督たち
ポール・トーマス・アンダーソン｜ジョエル&イーサン・コーエン｜フランシス・コッポラ｜ジョナサン・デミ｜ロバート・デ・ニーロ｜カーティス・ハンソン｜ジム・ジャームッシュ｜アン・リー｜リチャード・リンクレーター｜テレンス・マリック｜マイケル・ムーア｜ショーン・ペン｜ロバート・レッドフォード｜マーティン・スコセッシ｜ジェームズ・シェイマス｜ポール・シュレーダー｜スティーヴン・ソダーバーグ｜スティーヴン・スピルバーグ｜オリヴァー・ストーン｜フレデリック・ワイズマン｜ジュリエット・ビノシュ｜ティム・バートン｜ショーレ・アグダシュルー｜シリン・ネシャト｜バフマン・ゴバディ｜ババク・パヤミ｜モフセン・マフマルバフ
映画製作を禁じられた映画監督が、ある映像をUSBに入れて密輸した!?
巧妙に演出された映画的スリルがスパークする
「プロテスト・エンターテインメント」!!
反体制的な活動により、20年間の映画製作禁止、出国禁止、マスコミとの接触禁止、そして6年間の懲役。そんな信じられない刑を申し渡されたイランの名匠ジャファール・パナヒ。しかし彼は逞しい。自宅で密かに映像を撮影し、その映像をUSBファイルに収め、お菓子の箱に隠して、あるルートで密かに国外へ持ち出しカンヌ映画祭に出品したのだ！USBファイルには、こんなタイトルが記されていた。『これは映画ではない』。
映るのはパナヒの軟禁生活。といっても語り口はユーモラス。限られた空間と時間にも関わらず、様々な創意工夫に溢れ、見所は満載。どこまでが偶然でどこまでが演出なのか。黄金期イラン映画を彷彿させるスタイルで、最後は建物のエレベーターを「自由」への逃走の場へと変えてしまうスリリングなラストへ！
タイトルの『これは映画ではない』は、映画製作は禁止でも、映画でなければ何をつくってもいいだろう、という痛烈なブラック・ユーモア。逞しきプロテストが日常をエンターテインメントに変える。世界中で絶賛され、映画レビューサイト“ロッテン・トマト”で驚きの好評価100%を記録したユニークな傑作である。
今まで存在しなかった形の傑作！ — New York Times
どんな映画のエンディングよりドラマチック！ — Newsday
タイトルを無視して言えば、これは素晴らしい「映画」だ！ — Entertainment Weekly
痛烈でエキサイティング！ — Les Inrockuptibles
★★★★★（満点） — Le Monde
ラース・フォン・トリアーの『ドッグヴィル』ばりに絨毯にテープを貼ってロケ地に見たて、撮れなかった映画の脚本を再現中のパナヒ監督 ▶▶▶
www.eigadewanai.com
This Is Not a Film
9月、独占ロードショー！
特別鑑賞券⇒¥1,400(税込)　*当日一般¥1,800のところ
★劇場窓口にてお買い求めの方にオリジナル・ポストカードをプレゼント！(限定数)
[シアター]イメージフォーラム
自由席／定員入替制
03-5766-0114
http://www.imageforum.co.jp
JR渋谷駅
[シアター]イメージフォーラム
渋谷駅より徒歩8分　宮益坂上り先右手入る

裏面　文字色をスミ100%からリッチブラックまでを、数パーセントずつ観取困難とも思えるレベルで濃度を変えたり、微妙なグラデーションを付けることで、一筋縄ではいかない映画の雰囲気を演出。左上端から放射状に斜め角度で文字を流すことで、勢いも演出されている。

KEY POINT

❶ 事件に重ねて現実感を演出

メインビジュアルは現代美術家、艾未未（アイ・ウェイウェイ）拘束時に解放デモで使われたプラカードに重ねて事件性を演出。

❷ 作品の性質を強調する文字のあしらい

タイトルロゴはリュウミンオールドと Helvetica Neue Bold の組み合わせ。欧文タイトルは、地色と色を反転させることで力強い印象に。和文タイトルはスタンプのようなカスレ加工を。

COLOR

差し色で意図を強調

モノトーンの構成に強い否定の意図をこめた赤とクラフトテープの茶を差すことで、強烈なインパクトに結びつけている。

M100+Y100

C67+M50+Y50+K100

C27+M36+Y55+K10

ドキュメンタリー映画
世界一
美しい
本を
作る男
ーシュタイデルとの旅ー
監督：ゲレオン・ヴェツェル『エル・ブリの秘密 世界一予約のとれないレストラン』&ヨルグ・アドルフ
出演：ゲルハルト・シュタイデル、ギュンター・グラス、カール・ラガーフェルド、ロバート・フランク、
ジョエル・スタンフェルド、ロバート・アダムス、マーティン・パー、ジェフ・ウォール
原題：「How to Make a Book with Steidl」／2010年／ドイツ／88分／カラー／
字幕翻訳：小尾恵理／字幕監修：寺本美奈子／写真提供：畑中清孝（HUgE 2008年9月号）／
協力：凸版印刷株式会社 印刷博物館・limArt・IDÉE
配給：テレビマンユニオン　配給協力：Playtime
www.steidl-movie.com
How
to Make
a Book
with
Steidl
Dokumentarfilm der IF... PRODUCTIONS in Koproduktion
mit ZDF/3SAT gefördert durch FFF BAYERN Produzent INGO FLIESS
Redaktion KATYA MADER/MAIK PLATZEN Recherche ALEX RÜHLE
Farbgestaltung MARTINA KIECHLE Tonmischung BENEDIKT HOENES
Musik THE NEW LOST CITY RAMBLERS

広い白面を有効に活用し各要素を印象付ける

TITLE

世界一美しい本を作る男
—シュタイデルとの旅—

CONCEPT

世界一美しい本を作るといわれるドイツの出版社「シュタイデル社」。その支持される理由に迫るドキュメンタリー映画の公開告知フライヤー。書籍にまつわるドキュメンタリーであるため「白い紙」と「スミ文字」のスッキリと知性的なトーンをベースにデザイン。

DATA

公開年 _ 2013年
サイズ _ B5
CL_ テレビマンユニオン
DF_ サイレン
D_ 三堀大介

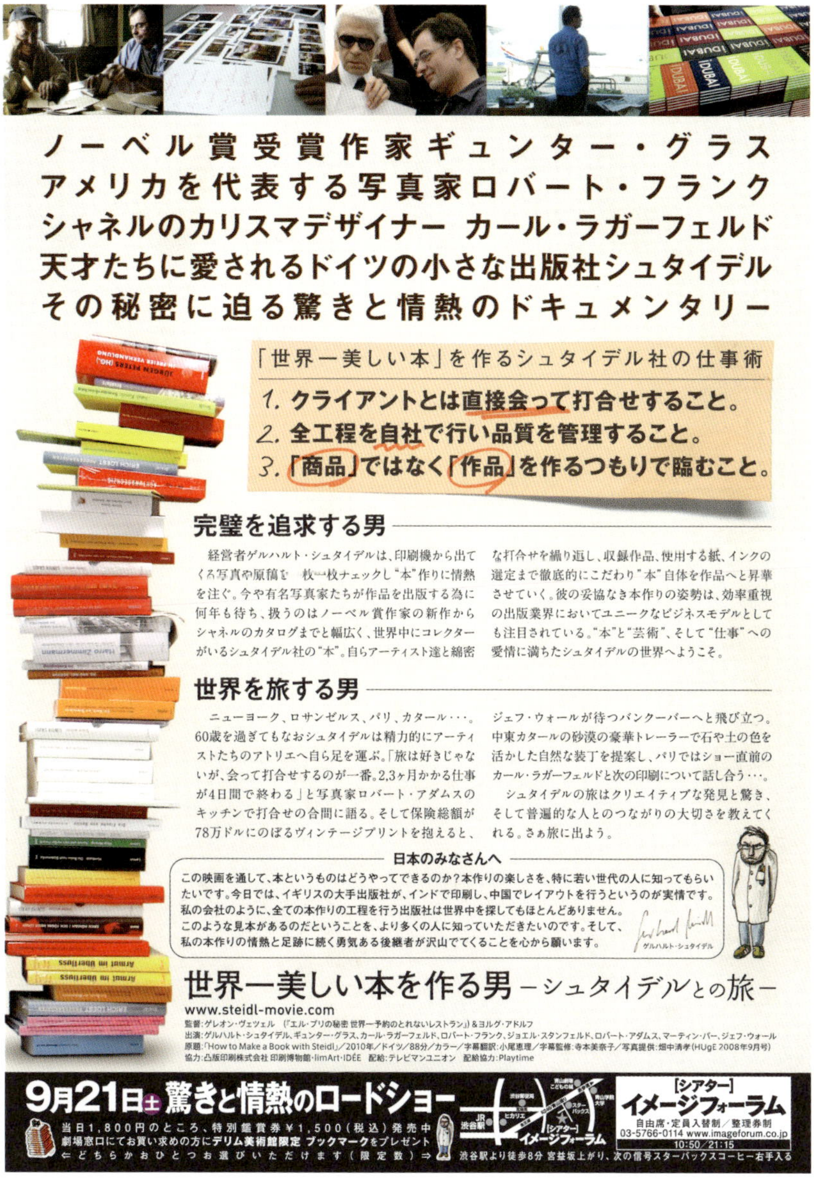
ノーベル賞受賞作家ギュンター・グラス
アメリカを代表する写真家ロバート・フランク
シャネルのカリスマデザイナー カール・ラガーフェルド
天才たちに愛されるドイツの小さな出版社シュタイデル
その秘密に迫る驚きと情熱のドキュメンタリー
「世界一美しい本」を作るシュタイデル社の仕事術
1. クライアントとは直接会って打合せすること。
2. 全工程を自社で行い品質を管理すること。
3. 「商品」ではなく「作品」を作るつもりで臨むこと。
完璧を追求する男
経営者ゲルハルト・シュタイデルは、印刷機から出てくる写真や原稿を一枚一枚チェックし"本"作りに情熱を注ぐ。今や有名写真家たちが作品を出版する為に何年も待ち、扱うのはノーベル賞作家の新作からシャネルのカタログまでと幅広く、世界中にコレクターがいるシュタイデル社の"本"。自らアーティスト達と綿密な打合せを繰り返し、収録作品、使用する紙、インクの選定まで徹底的にこだわり"本"自体を作品へと昇華させていく。彼の妥協なき本作りの姿勢は、効率重視の出版業界においてユニークなビジネスモデルとしても注目されている。"本"と"芸術"、そして"仕事"への愛情に満ちたシュタイデルの世界へようこそ。
世界を旅する男
ニューヨーク、ロサンゼルス、パリ、カタール・・・。60歳を過ぎてもなおシュタイデルは精力的にアーティストたちのアトリエへ自ら足を運ぶ。「旅は好きじゃないが、会って打合せするのが一番。2,3ヶ月かかる仕事が4日間で終わる」と写真家ロバート・アダムスのキッチンで打合せの合間に語る。そして保険総額が78万ドルにのぼるヴィンテージプリントを抱えると、ジェフ・ウォールが待つバンクーバーへと飛び立つ。中東カタールの砂漠の豪華トレーラーで石や土の色を活かした自然な装丁を提案し、パリではショー直前のカール・ラガーフェルドと次の印刷について話し合う・・・。
シュタイデルの旅はクリエイティブな発見と驚き、そして普遍的な人とのつながりの大切さを教えてくれる。さぁ旅に出よう。
日本のみなさんへ
この映画を通して、本というものはどうやってできるのか？本作りの楽しさを、特に若い世代の人に知ってもらいたいです。今日では、イギリスの大手出版社が、インドで印刷し、中国でレイアウトを行うというのが実情です。私の会社のように、全ての本作りの工程を行う出版社は世界中を探してもほとんどありません。このような見本があるのだということを、より多くの人に知っていただきたいのです。そして、私の本作りの情熱と足跡に続く勇気ある後継者が沢山でてくることを心から願います。
ゲルハルト・シュタイデル
世界一美しい本を作る男 －シュタイデルとの旅－
www.steidl-movie.com
監督：ゲレオン・ヴェツェル （『エル・ブリの秘密 世界一予約のとれないレストラン』）＆ヨルグ・アドルフ
出演：ゲルハルト・シュタイデル、ギュンター・グラス、カール・ラガーフェルド、ロバート・フランク、ジョエル・スタンフェルド、ロバート・アダムス、マーティン・パー、ジェフ・ウォール
原題：「How to Make a Book with Steidl」／2010年／ドイツ／88分／カラー／字幕翻訳：小尾恵理／字幕監修：寺本美奈子／写真提供：畑中清孝（HUgE 2008年9月号）
協力：凸版印刷株式会社 印刷博物館・limArt・IDÉE 配給：テレビマンユニオン 配給協力：Playtime
9月21日(土) 驚きと情熱のロードショー
当日1,800円のところ、特別鑑賞券￥1,500（税込）発売中
劇場窓口にてお買い求めの方にデリム美術館限定 ブックマークをプレゼント
⇐どちらかおひとつお選びいただけます（限定数）⇒
[シアター]イメージフォーラム
自由席・定員入替制／整理券制
03-5766-0114 www.imageforum.co.jp
10:50／21:15
渋谷駅より徒歩8分 宮益坂上がり、次の信号スターバックスコーヒー右手入る

裏面 特徴的なシーンのカットとうず高く重ねられた本、そしてビジネス書のようなポイントチェックが目を引く。どの要素もお互いを引き立てあい、主張しすぎていないのは、表面で構成された地色の白が抑制をきかせているからだ。

KEY POINT

❶ 目に飛び込んでくるスミ文字タイトル

タイトルロゴは可読性に優れるものの、細身で通常はタイトルに使用されない太ゴB101を若干太らせて使い、作品の知的な世界観を演出している。

❷ 用紙による質感表現でアクセント

余白を多めにとった紙面は、ラフ系マット紙のテクスチャで本のページを想起させる見た目と質感に。

COLOR

色数を抑えて文字を立たせる

広い白面に文字の黒と詳細情報の赤が映える構成。色数を抑え、シンプルにまとめたからこそタイトルロゴへ視線がいく仕掛け。

- C10+M100+Y90+K5
- K100
- C0+M0+Y0+K0

モノクロの世界を華麗な装飾と文字組みで魅惑的に

TITLE

ブランカニエベス

CONCEPT

世界の主要映画賞を50部門以上受賞したスペイン発のモノクロ&サイレント映画「ブランカニエベス」のフライヤー。スペイン語でいう「白雪姫 」に闘牛士の要素を織り交ぜた新しい世界観。そこに日本語表記がうまく溶け込んでいる。

DATA

公開年 _ 2013 年
サイズ _ B5
CL_ エスパース・サロウ
AD/D_ 大島依提亜

KEY POINT

❶ モノクロの世界を装飾で魅惑的に

モノクロの世界の妖しい美しさを全面に展開し、写真は背景に溶け込ませて。シンメトリーも意識し、飾りケイによる装飾も付けて魅惑的に。海外ビジュアルの世界観を踏襲し、日本版も違和感のないように配慮している。

❷ オリジナルロゴで印象を強める

欧文ロゴは海外版オリジナル、日本語ロゴはオリジナルに作成。和文は秀英５号 R、欧 文 は EdwardianEF-Light を使用。

COLOR

赤いリンゴとモノクロームの世界の対比

キーとなる赤いリンゴをモノクロームの世界観に持ち込むことによって、色彩的にも意味的にもアクセントに。

C90+M86+Y86+K77

C3+M2

C16+M96+Y86

もの悲しさと温かさを同居させた枯れた色調

TITLE

思秋期

CONCEPT

2011年、各国の映画祭でひときわ注目を集めたイギリス映画「思秋期」（原題は「Tyrannosaur」）のフライヤー。意味深な題名から想起される、どこかもの悲しさが漂う秋の風景。物語の痛々しさと寂しさに、ほのかな希望や温かさを同居させたイメージに。

DATA

公開年 _ 2012 年
サイズ _ B5
CL_ エスパース・サロウ
DF_ 301
AD/D_ 潟見 陽

KEY POINT

1 恐竜の骨で物語の痛々しさを

「ティラノサウルス」は主人公のトラウマとなったモチーフ。その骨を地中に埋め、地上の孤独な男女との対比で、物語の痛々しさを表現。

2 風景になじませたタイトルロゴ

日本語ロゴは玉漢宗特書体を加工。キャッチコピーはイワタオールド明朝Mで、活字に近く、情感が伝わる。欧文はITC Fenice-Lightを使用。

COLOR

秋のイメージの枯れた色調

もの悲しさが漂う秋の風景に、こげ茶色のタイトルロゴやオレンジの文字を加えて、温もりを感じるイメージに。シンメトリーも意識して。

C66+M83+Y98+K57

C6+M62+Y95

C4+M25+Y29

夕暮れ時の切なさをイメージした茜色中心の構成

TITLE

いとしきエブリデイ

CONCEPT

父を待ち続ける、母と4人の子どもたちの姿を描いた映画「いとしきエブリデイ」のフライヤー。一日の終わり、寂しさを感じる夕暮れ時の切なさや、夕焼けを見て幼い日の自分を思い出したり、家族を思い出したりする感覚をイメージして茜色を基調に。

DATA

公開年 _ 2012 年
サイズ _ B5
CL_ クレストインターナショナル
DF_ 大寿美デザイン
D_ 大寿美トモエ

あたりまえが
いちばん　特別。
いとしき
エブリデイ
EVERYDAY
父の帰りを待ち続ける、母と4人の子どもたち。
名匠マイケル・ウィンターボトムが、
『ひかりのまち』のスタッフ・キャストと共に
5年の歳月をかけて撮った珠玉の感動作。
監督：マイケル・ウィンターボトム　音楽：マイケル・ナイマン
出演：シャーリー・ヘンダーソン、ジョン・シム、ショーン・カーク、ロバート・カーク、カトリーナ・カーク、ステファニー・カーク、ダレン・タイ
脚本：ローレンス・コリアット、マイケル・ウィンターボトム／製作：レヴォリューション・フィルムズ／協力：チャンネル4
2012年／イギリス／英語／90分／カラー／シネスコ／HD／原題：EVERYDAY／配給：クレストインターナショナル
© 7 DAYS FILMS LIMITED 2012 ALL RIGHTS RESERVED.
www.everyday-cinema.com
1分が集まって、
1時間が重なって、
1日を繰り返す毎日——。
悲しみも喜びも切なさも、
みんなこの時間が紡いでいく。
WINNER
BEST FILM

KEY POINT

1 場面写真のコラージュで世界観を表現

何気ない日常の一コマで紡がれていく映画のため、一コマの場面写真を集め、コラージュすることにより映画の世界観を表現。

2 無邪気さや情感を伝える書体設計

タイトルロゴは子供の無邪気さのイメージで作成。説明文は情感が伝わる明朝体に。ベースとした書体は A-OTF 見出しゴ MB1 と ZEN オールド明朝ファミリー。

COLOR

夕焼けの茜色で映画の世界観を表現

夕焼けは、美しさや懐かしさを想起させる。それを表現するために茜色を基調に配色。赤い衣装の写真も均等にあしらって。

C8+M12+Y23

C6+M91+Y53+K19

C2+M30+Y14

不安や狂気を人物の表情と崩したロゴで表現

TITLE

父の秘密

CONCEPT

不条理な事故や暴力によって壊れていく家族の姿を、透徹した眼差しで描いた映画「父の秘密」のフライヤー。宣伝コンセプトに合わせ、一見何でもないように見える日常に潜む不安や狂気を、印象的な写真と静かなレイアウトで表現している。

DATA

公開年 _ 2013 年
サイズ _ B5
CL_ 株式会社 彩プロ
DF_ Move Graphics Inc.
AD/D_ 杉山聖吾

KEY POINT

1 同じ構図で異なる人物の心情を対比

窓からの暖かい日差しと人物の暗い表情で映画の空気が伝わる。同じ構図で異なる人物の写真を上下に並べて、その心情を対比。

2 バランスを崩したロゴで心情を表現

A1 明朝フォントをベースに、バランスを崩して加工したロゴを使用。登場人物の不安や狂気、亀裂を感じさせる。

COLOR

狂気を示す赤をアクセントに

日常的な落ち着いた色調の写真を使い、安定感のあるレイアウトの中で、狂気や危機感を示す赤をアクセントに使用。不安を感じさせる仕掛けに。

M100+Y100

C20+M55+Y90+K20

C0+M0+Y0+K0

温かさと儚さを色調の対比で表現

TITLE

リヴ&イングマール ある愛の風景

CONCEPT

スウェーデンの巨匠、イングマール・ベルイマン監督と、パートナーの女優リヴ・ウルマンの生涯を追った映画「リヴ&イングマール ある愛の風景」のフライヤー。二人の関係の温かさ、その対極にある儚さを感じさせる狙いで、画像は白黒写真に彩色している。

DATA

公開年 _ 2013 年
サイズ _ B5
CL_ ブロードメディア・スタジオ
DF_ nix graphics
AD/D_ 椚田 透

KEY POINT

❶ 写真の構図を活かしたレイアウト

メインの写真のスペースにタイトルや情報をゆったりと配置。写真からにじみ出る親密さを損わないよう、クレジットは控えめに。

❷ 空に映える白抜きのタイトルロゴ

上品で穏やかなタイトル文字が空に浮かぶ。他の文字組みには見出ゴ MB31、ゴシック MB101 を使用。

COLOR

映画の世界観を表現する色調の対比

人物の背景を寒色あるいは彩度の低い色に統一。人物にのみ暖色、彩度が高めの色を入れ際立たせている。

- C74+M22+Y16
- C0+M0+Y0+K0
- C58+M63+Y68+K41
- C9+M40+Y53

気品漂うタイポグラフィと端正なシンメトリーの構図

TITLE

白夜

CONCEPT

フランスの巨匠、ロベール・ブレッソンが70年代のパリの街で撮った「白夜」。セーヌ河畔とポンヌフを背景に若い男女の出会いが描かれる。そのリバイバル上映のフライヤー。ブレッソンの持つ知的なイメージから、デザイン要素を多層構造にはせず、シンプルに。

DATA

公開年 _ 2012 年
サイズ _ B5
CL_ エタンチェ
AD/D_ 塚本 陽
© Gian Vittorio Baldi

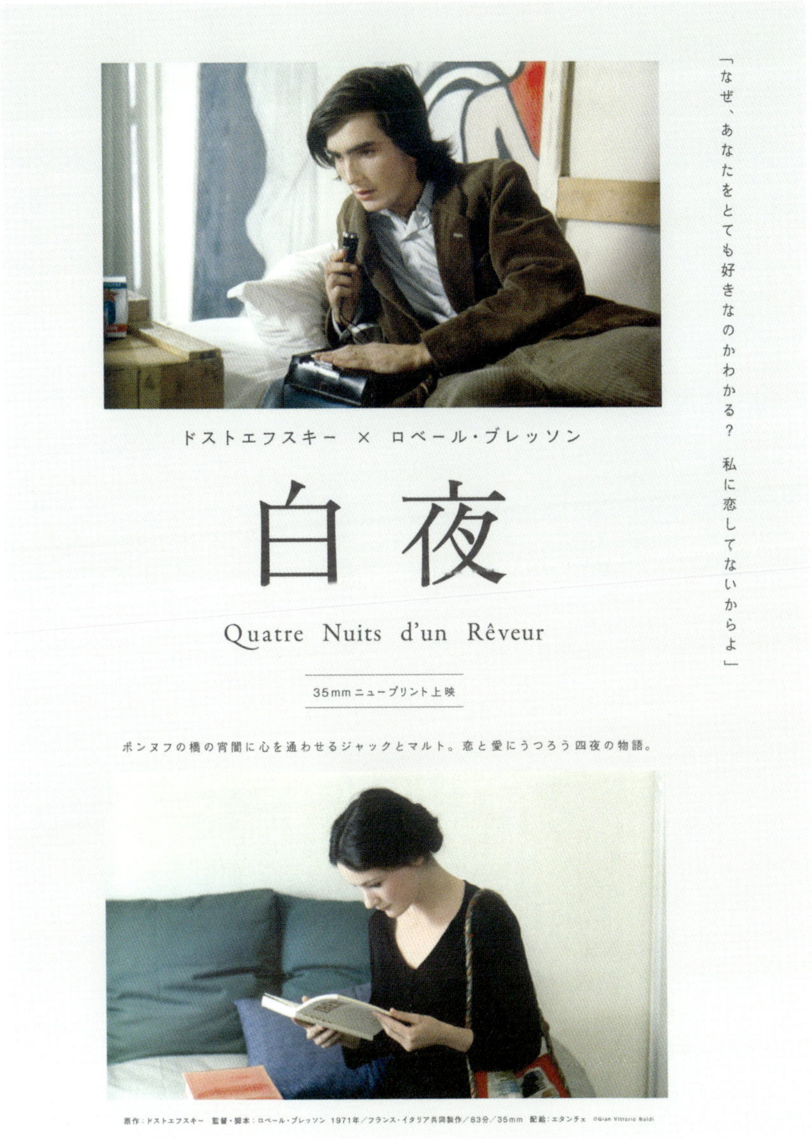
「なぜ、あなたをとても好きなのかわかる？ 私に恋してないからよ」
ドストエフスキー × ロベール・ブレッソン
白夜
Quatre Nuits d'un Rêveur
35mmニュープリント上映
ポンヌフの橋の宵闇に心を通わせるジャックとマルト。恋と愛にうつろう四夜の物語。
原作：ドストエフスキー 監督・脚本：ロベール・ブレッソン 1971年／フランス・イタリア共同製作／83分／35mm 配給：エタンチェ ©Gian Vittorio Baldi

KEY POINT

1 男女二人の表情の対比

男女二人の写真を、天地で対称に配置。左右もシンメトリーになるよう、顔の中心でそろえ、写真とそろうように文字を配置している。

2 端正な文字組みで気品ある印象に

日本語タイトルはZENオールド明朝、コピーなど本文は中ゴBBBとますらお、欧文はGaramond premierで端正に構成。

COLOR

背景のグラデーションで微妙な味わいを

背景のブルーグレーを、ごく微妙だがグラデーションにして、フラットになりすぎないような味付けにしている。

C15+M10+Y7

C10+M5+Y7

K100

隠し持ったピストルと タイトルロゴの絶妙なバランス

TITLE

THE ICEMAN 氷の処刑人

CONCEPT

温かい家庭を築いた、冷徹な殺人者の実話をもとにした映画「THE ICEMAN 氷の処刑人」のフライヤー。メインビジュアルには普通の家庭の食卓に座る、銃を隠し持った殺し屋の写真を使用。映画の持つ冷たい雰囲気を氷のような色調で表現している。

DATA

公開年 _ 2013 年
サイズ _ B5
CL_ 日活
DF_ nix graphics
AD/D_ 椚田 透

マイケル・シャノン ウィノナ・ライダー ジェームズ・フランコ with レイ・リオッタ and クリス・エヴァンス
100人殺した男
誰よりも妻を愛した夫 何よりも娘を大切にした父親
20年もの間、家族についていた唯一の嘘 それは、「殺し屋」だったということ――
OFFICIAL SELECTION VENICE FILM FESTIVAL 2012
OFFICIAL SELECTION TELLURIDE FILM FESTIVAL 2012
OFFICIAL SELECTION TORONTO INTERNATIONAL FILM FESTIVAL 2012
THE ICEMAN
氷の処刑人
あたたかい家庭を築いた、冷徹な殺人者の衝撃の実話
監督：アリエル・ヴロメン 脚本：モーガン・ランド アリエル・ヴロメン
iceman-movie.net

KEY POINT

❶ 銃口先のロゴ配置で視線を集める

原題から氷を思わせるグラデーションのタイトルロゴを作成。人物が持つピストルの先に配置して全体にまとまりと緊張感を。

❷ シンメトリーで文字を配置

写真の暗部に白抜き文字を配置して可読性を高めている。和文にはリュウミンStd、リュウミンEB、秀英5号Std EB、欧文はSnell Roundhand Blackを使用。

COLOR

青い色調に黄色を入れ人間味を匂わせる

全体を青で統一することによって氷のような冷たさを強調し、顔やコピーにその補色である黄を入れて、仄かに人間味を匂わせる。

C79+M35+Y38+K17

C27+M26+Y48

K100

カリスマデザイナーの世界観を シルエットとコラージュで表現

CONCEPT

モード界の革命児であり、フェンディやシャネルのデザイナーを務めるカール・ラガーフェルドのドキュメンタリー映画のフライヤー。彼の特徴的な後ろ髪を結ったシルエットと、シャネルを想起させる黒フチを組み合わせ、象徴的な表現に。

TITLE

ファッションを創る男
―カール・ラガーフェルド―

DATA

公開年 _ 2013 年
サイズ _ B5
CL_ アルシネテラン
DF_ 有限会社サイファ。
AD_ 岡野 登
D_ 沼田美佳

Festival International de Berlin
57.
第57回ベルリン国際映画祭
コンペティション部門
正式出品作品
シャネル、フェンディ、クロエ――世界のトップに君臨するデザイナー
カール・ラガーフェルドが語るパッションとドリーム。
LAGERFELD CONFIDENTIAL
ファッションを創る男 ―カール・ラガーフェルド―
監督・撮影・カメラ・録音:ロドルフ・マルコーニ　出演:カール・ラガーフェルド、ニコール・キッドマン、モナコ王妃カロリーヌ
2007年／フランス／フランス語・英語／89分　配給:アルシネテラン　© Realitism Film / Melange / NoSugarNoMilk.
REALITISM FILMS and GRÉGORY BERNARD present LAGERFELD CONFIDENTIAL　A film by RODOLPHE MARCONI
Delegate Producer GRÉGORY BERNARD for Realitism Films　Associate Producer SINDIKA DOKOLO　Editor LAURE MERCIER
Assistant Director LIOVA JEDLICKI　Sound NATHALIE VIDAL　CÉCILE CHAGNAUD　Executive Producer MATTHIEU WARTER
a REALITISM FILMS Production in association with Backup Films and Coficup a fund operated by Backup Films in association with Cinemao in association with Boris Baroudel Stéphane Lapiquonne Jérôme Brun
with the participation of Thibaud Revel Arnaud Bartholin Corner Berlin and André - a Melange co-production - International Sales Films Distribution - Press B.C.G Myriam Bruguière Olivier Guigues Thomas Percy
1983年、低迷していたシャネルを復活させた男。
時代と共に変容する“エレガント”を追い求め、世界中の女性を虜にするファッションを創り続けてゆく――
天才のすべてがここにある。

KEY POINT

❶ モードの世界を 写真コラージュで

華やかな世界と様々な登場人物を写真でコラージュ。カール・ラガーフェルドのシルエット内に収め、カリスマのイメージに。

❷ 全体を引き締める タイトな文字組み

タイトルやクレジットの英文はGotham フォント、和文はゴシック MB101Pro と新ゴシックを使用。シンプルかつタイトなイメージにまとめている。

COLOR

黒フチとゴールドで ラグジュアリーさを

シャネルのデザインに多用される黒フチを使用し、共通するイメージに。アクセントにゴールドを使い、華やかに演出。

C40+M50+Y80

C30+M100+Y100

K100

C0+M0+Y0+K0

モノクロでドライな雰囲気を シルバーを加えて強調

Chapter 1 _ MOVIE

CONCEPT

現代パリの裏社会を舞台にしたフィルムノワール「裏切りの闇で眠れ」の宣伝用フライヤー。装飾過多にせず、抑えたデザインが独特の迫力を生む。闇社会と暗黒街に生きる男たちの雰囲気が伝わってくるような、スタイリッシュなデザインに。

TITLE

裏切りの闇で眠れ

DATA

公開年 _ 2008 年
サイズ _ B5
CL_ ムヴィオラ
DF_ Akane design
AD/D_ 若林伸重

KEY POINT

1 写真をより効果的に見せて

印象的なモノクロ写真。映画の内容を捉えた写真に、絶妙なトリミングと配置で、よりキャッチーなビジュアルに。

2 細みのフォントでスタイリッシュに

メインタイトルのフォントにはリュウミンを。細みの流れるような形のフォントで、スタイリッシュなビジュアルとマッチさせて。背景の「NOIR」の文字には Futura Bold を使用してクールに。

COLOR

鈍く光るような配色でクールな印象を

モノクロ写真にマットブラック、シルバーという組み合わせ。邪悪で寒々としたイメージで映画の世界観を表現。

PANTONE 877C

マットブラック

人物の表情を魅力的に見せるグラデーション

TITLE

愛の残像

CONCEPT

フランスの名匠フィリップ・ガレル監督のモノクロ作品「愛の残像」の宣伝用フライヤー。60年代のフランス映画を意識したデザインで、悲恋の物語である作品の繊細な雰囲気が伝わるように。写真の人物の表情を尊重し、より引き立つよう演出している。

DATA

公開年 _ 2012 年
サイズ _ B5
CL_ ビターズ・エンド
DF_ Akane design
AD/D_ 若林伸重

La frontière de l'aube
愛ゆえの狂気。
パリ——
写真家フランソワと女優キャロル、
運命の邂逅。
名匠フィリップ・ガレルがモノクロームの映像美で綴る
悲恋の物語。
第61回カンヌ国際映画祭コンペティション部門 正式出品
愛の残像
監督:フィリップ・ガレル 脚本:フィリップ・ガレル、マルク・ショロデンコ、アルレット・ラングマン 撮影:ウィリアム・ルプシャンスキー 出演:ルイ・ガレル、ローラ・スメット、クレマンティーヌ・ポワダツ
フランス | 2008年 | 108分 | モノクロ | 1:1.85 | デジタル | ドルビーSRD 原題: La frontière de l'aube 配給: ビターズ・エンド © 2008 – Rectangle Productions / StudioUrania

KEY POINT

1 グラデーションで写真の効果を高める

繊細な表情を浮かべる人物とグラデーションの組み合わせで作品のテーマを象徴的に感じさせて、見る者の感情に訴えかける。

2 文字配置の差で全体に動きを与えて

タイトルにある「残像」を表現するため、タイトルロゴにはシャドウを。また、キャッチコピーにはA1明朝を用い、変則的な配置でリズムを生んでいる。

COLOR

沈んだ赤色がモノクロとマッチ

メインビジュアルに掛けられた沈んだ赤色はモノクロの写真と相まって、よりドラマティックな雰囲気を漂わせている。

C30+M34+Y33

C32+M100+Y98

C58+M83+Y82+K39

K100

過去から現在への絆を温もりのあるピンクで表現

TITLE

桃さんのしあわせ

CONCEPT

メイドの桃（タオ）と、世話をしてもらっていた雇い主の息子ロジャーの絆を描いた映画「桃さんのしあわせ」のフライヤー。二人の関係性を、過去と現在の写真で対比させている。タイトル名に「桃」が付くことから、キーカラーを淡いピンクにして温かい映画の世界を表現。

DATA

公開年 _ 2012 年
サイズ _ B5
CL_ ザジフィルムズ
DF_ 大寿美デザイン
D_ 大寿美トモエ

笑い合える人がいれば、
ささやかでも
人生はきっとバラ色。
ヴェネチア国際映画祭 主演女優賞 受賞
米アカデミー賞® 外国語映画賞 香港代表作品
第31回香港電影金像奨 主要5部門受賞 第48回台湾金馬奨 監督/主演男優/主演女優賞 受賞
A Simple Life
桃《タオ》さんのしあわせ
60年間、同じ家族に仕えてきた
桃さんの、人生の終い支度。
人と人との絆の尊さを描き、
ヴェネチア、アジアを涙でやさしく包み込んだ
実話から生まれた、感動の物語。
www.taosan.net

KEY POINT

❶ シンプルで安心感のあるレイアウト

上下の明暗のコントラスト、シンメトリーを意識した文字と人物の配置でバランス感のあるレイアウトに。

❷ 明朝系書体で情感を伝える

ZEN オールド明朝ファミリーや A1 明朝、秀英 3 号を使って、ストーリーが持つ温かい情感を伝える文字組みに。

COLOR

淡いピンクで優しい人の温もりを

タイトルの「桃」からのイメージと、優しい人の温もりを、淡いピンクを基調にして表現。白い背景との組み合わせで清らかなイメージに。

- C26+M77+Y27
- C0+M0+Y0+K0
- K100

シリアスな作品内容を女性に興味を持たせる工夫

TITLE

モンサントの不自然な食べもの

CONCEPT

遺伝子組み換え技術で作物を生産するモンサント社に対する疑念を追求したドキュメンタリー映画のフライヤー。女性にも興味を持ってもらい、シリアスな内容を堅苦しくとらえられないよう、明るい配色とイラストを用いポップに伝えようとしている。

DATA

公開年 _ 2013 年
サイズ _ A4
CL_ UPLINK
DF_ NNNNY
AD/D_ いすたえこ

モンサントの
不自然な食べもの
未来《これから》を生きるために
知っておきたい
多国籍企業のこと
Le monde selon Monsanto
2,3,7,8-Tetrachlorodibenzo-p-dioxin
ドイツ環境メディア賞受賞 2008
レイチェル・カーソン賞受賞 2008
監督：マリー＝モニク・ロバン　カナダ国立映画制作庁・アルテフランス共同製作
（2008年 / フランス、カナダ、ドイツ / 108分 / 原題：Le monde selon Monsanto）
協力：作品社、大地を守る会
農業大国フランスで150万人が観た「食」、ひいては「いのち」をめぐるドキュメンタリー
ヨーロッパ各国のGMO（遺伝子組み換え作物）政策にも大きな影響を与えた話題作！
UPLINK

KEY POINT

❶ 角丸のフォントで親しみやすさを

シリアスなテーマなので、角丸の TB 丸ゴシックフォントを使い、作品への難しい印象を抑え、気軽に興味を持てるようにしている。

❷ 丸いフレームを用いソフトなレイアウトに

四角いフレームばかりで堅苦しさが出ないよう、中央は丸いフレームを配置してソフトな印象に。

COLOR

女性ターゲットを意識した明るい配色

食物に関する問題なので、ピンクをキーカラーにして女性の目に留まるよう工夫している。

M80

C0+M0+Y0+K0

夏の終り
だって、愛してるの。
満島ひかり、綾野剛、小林薫
監督◎熊切和嘉　脚本◎宇治田隆史
原作◎瀬戸内寂聴『夏の終り』(新潮文庫刊)
出演◎満島ひかり　綾野剛　小林薫　赤沼夢羅、安部魁子、小市慢太郎　製作◎藤本款、伊藤和明
プロデューサー◎越川道夫、深瀬和美、穂山賢一　アソシエイトプロデューサー◎星野秀樹　音楽◎ジム・オルーク
撮影◎近藤龍人　照明◎藤井勇　美術◎安宅紀史　音響◎菊池信之　衣裳◎宮本まさ江
ヘアメイク◎清水ちえこ　スクリプター◎田口良子　編集◎堀善介　型染め協力◎西耕三郎　助監督◎松尾崇
制作担当◎林啓史　制作◎スローラーナー　制作協力◎ウィルコ
協力◎洲本市　加古川市　淡路島フィルムオフィス　神戸フィルムオフィス　ひょうごロケ支援Net　姫路フィルムコミッション
日本毛織株式会社　洲本オリオン　高砂市青年の家　文化服装学院　Kch Gen Doo
助成◎文化芸術振興費補助金　製作◎クロックワークス、バップ、ブランダス
配給◎クロックワークス　2012年／日本／アメリカンビスタ／DCP5.1ch／114分
©2012年映画『夏の終り』製作委員会
瀬戸内寂聴原作、
ひとりの女とふたりの男の、センセーショナルな愛の物語
natsu-owari.com

ヒロインの写真に視線を集め シンプルさと余韻を

TITLE

夏の終り

CONCEPT

瀬戸内寂聴が出家前に、自身の経験をもとに発表した小説の映画「夏の終り」。男女の深い愛の物語を描いている点を大切にして、その情感や雰囲気が伝わるようヒロインの満島ひかりさんの写真をセレクト。タイトルとキャッチコピーを背景に配置して写真に視線が集まるようにしている。

DATA

公開年 _ 2012 年
サイズ _ B5
CL_ クロックワークス
DF_ 大寿美デザイン
D_ 大寿美トモエ

四十歳の時に書いた私の小説「夏の終り」は、自分の作品の中で最も好きなものである。
これを越す小説を書きたいと思いつづけ、九十歳を越えてしまった。
ふたりの男の間で揺れ動く、ひとりの女の愛の迷いは半世紀を経ても色あせない。
度々映画やテレビドラマにされたが、今回の映画は原作にもっとも近く、
作者としては生々しさに圧倒され肌に粟を生じて見た。
瀬戸内寂聴
年上の男との包み込むような穏やかな愛の生活――
年下の男との激しい愛欲――
どちらも私を満たし、そして心を乱す
妻子ある年上の作家・慎吾と、長年一緒に暮らしている知子。
慎吾は妻のいる家と知子の家を週にきっちり半々、行ったりきたりしている。
妻と別れて欲しいと考えたこともなく、
知子はこの平穏な生活に、自分が満足していると思っていた。
しかしある日、木下涼太が訪ねてきて、知子の生活は微妙に狂い始める。
涼太は、昔、知子が結婚していた頃、どうしようもなく恋に落ち、
夫と子供を捨て駆け落ちをした男だった。
知子は慎吾との生活を続けながら、涼太と再び関係を持ってしまう。
そして涼太の知子を求める情熱はやがて、知子が心の底に仕舞い込み、
自分自身も気づいていなかった本当の気持ちを揺さぶり起こしていく。
出版50周年を迎える、瀬戸内寂聴の代表作『夏の終り』
センセーショナルな愛の物語を、熊切和嘉監督が映画化
発売してから今までに100万部を超えるロングセラー・ベストセラーとなっている『夏の終り』。
瀬戸内寂聴が自身の体験をもとに書いたこの小説が、発売から50周年の節目の年に待望の映画化となった。
監督は『鬼畜大宴会』で鮮烈なデビューを飾り、近年は『海炭市叙景』で高い評価を得た熊切和嘉。
男女の三角関係を描いたラブストーリーに初めて挑み、重厚で静寂な中に、
溢れ出るような登場人物たちの情熱を見事に描き出した。
魅力的な俳優陣が演じる、強烈に見るものを惹きつけるキャラクターたち
主人公・知子を演じるのは満島ひかり。妻子ある不遇な作家との長年に及ぶ愛の生活に疲れ果て、
年下の男との激しい愛欲にも満たされない、
自身の女の業に苦悩する知子という難役を見事に演じ切った。
知子を愛し優しく見守りながらも妻とも別れられない、
寛容さとずるさを併せ持つ年上の男・慎吾を演じるのは小林薫。
そして知子を求め嫉妬と孤独に苦しむ年下の男・涼太を演じるのは、
今最も注目の俳優、綾野剛。
静かな色気と心に深い絶望を抱える慎吾と、
どんなに虐げられても一途に相手を求める涼太、
そしてふたりの間で揺れながら独自の愛を生きようとする
知子というキャラクターたちを、
実力派俳優が鮮烈にスクリーンに焼き付ける。
出演：満島ひかり 綾野剛 ／ 小林薫
監督：熊切和嘉 脚本：宇治田隆史
原作：瀬戸内寂聴「夏の終り」（新潮文庫刊）
natsu-owari.com
8.31（土）"夏の終り"全国ロードショー
特別鑑賞券絶賛発売中! ¥1,300（税込）（当日一般¥1,800の処）
JR有楽町駅 日比谷口改札 有楽町ビル内
有楽町スバル座
03-3212-2826 www.subaru-kougyou.jp
新宿駅東口 伊勢丹メンズ館隣 B1F
テアトル新宿
03-3352-1846 www.ttcg.jp
明治通り沿い地下鉄13番出口正面 ココチビル8F
ヒューマントラストシネマ渋谷
03-5468-5551 www.ttcg.jp

KEY POINT

1 余白を多くとって余韻を残す

デザインは極めてシンプルに、飾りも控えめにして、余白を多くとり、強い印象と余韻が残るようにしている。

2 女性らしさを感じさせる書体

俳優の名前やクレジットはA-OTF 欧体楷書 Std Light で組み、端麗な印象に。A-OTF A1 明朝 Std Light（漢字）＋A-OTF 秀英3号 Std（仮名）も使い、やわらかな印象に。

COLOR

シンプルな飾りで写真を引き立てる

余白を多くとりつつ、紫の飾り（あじさい）は控えめにして、憂いのある艶っぽい写真を引き立てている。

C28+M40

C1+M6+Y12

C0+M0+Y0+K0

K100

裏面 物語の雰囲気が伝わるカットをセレクトし、情緒ある落ち着いた色調に。女性らしさを感じさせる花と紫のグラデーションで装飾している。

5 windows
映画監督・瀬田なつきと音楽家・蓮沼執太が初のコラボレーション
気鋭のアーティストと横浜の街が作り出すまったく新しい映画体験
監督
瀬田なつき×
音楽
蓮沼執太
出演
中村ゆりか
斉藤陽一郎
長尾寧音
染谷将太
撮影／佐々木靖之　録音／藤口諒太　製作／studio402
助監督／平田大輔・星 悠平・田添裕也　撮影助手／斎藤亮太郎　宣伝／大沢雄城　制作／林雄太郎　プロデューサー／汐田海平
メイク／長窪美恵　メイク協力／atelier ism®　メイク監修／橋本申二　衣装協力／THEATRE PRODUCTS
助成／アーツコミッション・ヨコハマ　協力／NPO法人黄金町エリアマネジメントセンター

シンプルな構成の中にちょっとした仕掛けを

TITLE

5windows

CONCEPT

5本の短編を制作し、うち4本を屋外上映。5本目を映画館で単独上映するという実験的な趣向で話題になった、瀬田なつき監督作品「5windows」の宣伝用フライヤー。素朴で感じの良い印象を与えるメインビジュアルを活かし、シンプルなレイアウトで。

DATA

公開年 _ 2012 年
サイズ _ A4 変型（183×258mm）
CL_ NPO 法人ドリフターズ・インターナショナル
DF_ suyama design
AD/D_ 須山悠里

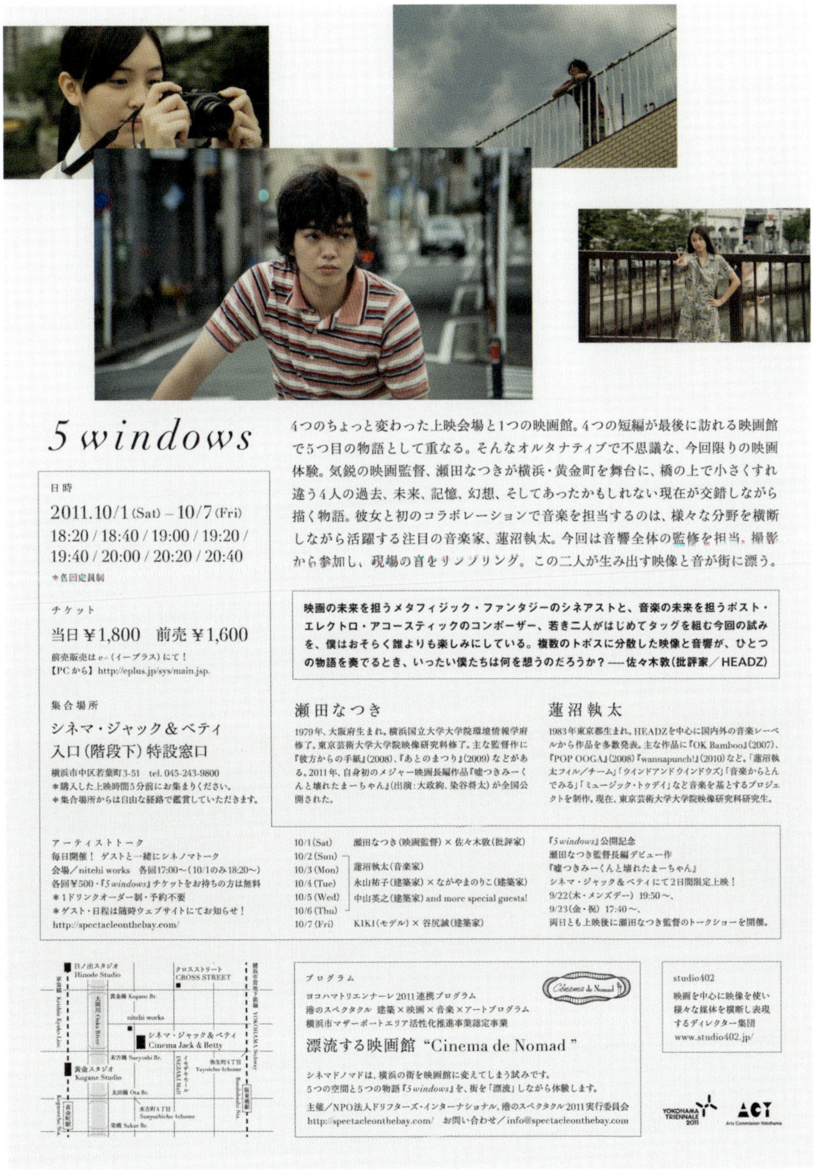
5 windows
4つのちょっと変わった上映会場と1つの映画館。4つの短編が最後に訪れる映画館で5つ目の物語として重なる。そんなオルタナティブで不思議な、今回限りの映画体験。気鋭の映画監督、瀬田なつきが横浜・黄金町を舞台に、橋の上で小さくすれ違う4人の過去、未来、記憶、幻想、そしてあったかもしれない現在が交錯しながら描く物語。彼女と初のコラボレーションで音楽を担当するのは、様々な分野を横断しながら活躍する注目の音楽家、蓮沼執太。今回は音響全体の監修を担当。撮影から参加し、現場の音をサンプリング。この二人が生み出す映像と音が街に漂う。
日時
2011.10/1 (Sat) – 10/7 (Fri)
18:20 / 18:40 / 19:00 / 19:20 / 19:40 / 20:00 / 20:20 / 20:40
＊各回定員制
チケット
当日 ¥1,800　前売 ¥1,600
前売販売はe+（イープラス）にて！
【PCから】http://eplus.jp/sys/main.jsp.
集合場所
シネマ・ジャック＆ベティ
入口（階段下）特設窓口
横浜市中区若葉町3-51　tel. 045-243-9800
＊購入した上映時間5分前にお集まりください。
＊集合場所からは自由な経路で鑑賞していただきます。
映画の未来を担うメタフィジック・ファンタジーのシネアストと、音楽の未来を担うポスト・エレクトロ・アコースティックのコンポーザー、若き二人がはじめてタッグを組む今回の試みを、僕はおそらく誰よりも楽しみにしている。複数のトポスに分散した映像と音響が、ひとつの物語を奏でるとき、いったい僕たちは何を想うのだろうか？ ── 佐々木敦（批評家／HEADZ）
瀬田なつき
1979年、大阪府生まれ。横浜国立大学大学院環境情報学府修了。東京芸術大学大学院映像研究科修了。主な監督作に『彼方からの手紙』(2008)、『あとのまつり』(2009) などがある。2011年、自身初のメジャー映画長編作品『嘘つきみーくんと壊れたまーちゃん』(出演：大政絢、染谷将太) が全国公開された。
蓮沼執太
1983年東京都生まれ。HEADZを中心に国内外の音楽レーベルから作品を多数発表。主な作品に『OK Bamboo』(2007)、『POP OOGA』(2008)『wannapunch!』(2010) など。「蓮沼執太フィル／チーム」「ウインドアンドウインドウズ」「音楽からとんでみる」「ミュージック・トゥデイ」など音楽を基とするプロジェクトを制作。現在、東京芸術大学大学院映像研究科研究生。
アーティストトーク
毎日開催！ ゲストと一緒にシネノマトーク
会場／nitehi works　各回17:00〜（10/1のみ18:20〜）
各回¥500・『5 windows』チケットをお持ちの方は無料
＊1ドリンクオーダー制・予約不要
＊ゲスト・日程は随時ウェブサイトにてお知らせ！
http://spectacleonthebay.com/
10/1 (Sat)　瀬田なつき（映画監督）× 佐々木敦（批評家）
10/2 (Sun)
10/3 (Mon)　蓮沼執太（音楽家）
10/4 (Tue)　永山祐子（建築家）× ながやまのりこ（建築家）
10/5 (Wed)　中山英之（建築家）and more special guests!
10/6 (Thu)
10/7 (Fri)　KIKI（モデル）× 谷尻誠（建築家）
『5 windows』公開記念
瀬田なつき監督長編デビュー作
『嘘つきみーくんと壊れたまーちゃん』
シネマ・ジャック＆ベティにて2日間限定上映！
9/22（木・メンズデー） 19:50〜、
9/23（金・祝） 17:40〜、
両日とも上映後に瀬田なつき監督のトークショーを開催。
日ノ出スタジオ Hinode Studio
クロスストリート CROSS STREET
黄金橋 Kogane Br.
大岡川 Ooka River
nitehi works
シネマ・ジャック＆ベティ Cinema Jack & Betty
末吉橋 Sueyoshi Br.
黄金スタジオ Kogane Studio
イセザキモール ISEZAKI Mall
弥生町4丁目 Yayoicho 4chome
太田橋 Ota Br.
末吉町4丁目 Sueyoshicho 4chome
栄橋 Sakae Br.
京急線 Keikyu Kyuko Line
横浜市営地下鉄線 YOKOHAMA Subway
黄金町駅 Koganecho Sta.
阪東橋駅 Bandobashi Sta.
プログラム
ヨコハマトリエンナーレ2011連携プログラム
港のスペクタクル 建築×映画×音楽×アートプログラム
横浜市マザーポートエリア活性化推進事業認定事業
漂流する映画館 “Cinema de Nomad ”
Cinema de Nomad
シネマドノマドは、横浜の街を映画館に変えてしまう試みです。
5つの空間と5つの物語『5 windows』を、街を「漂流」しながら体験します。
主催／NPO法人ドリフターズ・インターナショナル、港のスペクタクル2011実行委員会
http://spectacleonthebay.com/　お問い合わせ／info@spectacleonthebay.com
studio402
映画を中心に映像を使い様々な媒体を横断し表現するディレクター集団
www.studio402.jp/
YOKOHAMA TRIENNALE 2011
ACY Arts Commission Yokohama

KEY POINT

1 透かしを活かした矩形の仕掛け

タイトルを取り巻く４つの矩形の図版。裏面の写真図版と対応させることで、紙面を透かすと窓のように透けて見える象徴的な仕掛けが。

2 文字周りはシンプルに写真を魅せて

タイトルのフォントは Didot Italic を選択し、その他の文字要素は写真の世界観を邪魔しないよう、細みでシンプルな配置に。

COLOR

白抜き文字を活かしナチュラル感を

写真のナチュラルな色合いを尊重して。白抜きがポイントとなり、背景の木々の緑を引き立てている。

C72+M50+Y84+K9

C21+M34+Y47

C0+M0+Y0+K0

裏面 上部には表面と対応した写真をレイアウト。本明朝、Didot などの書体を使用している。

心象風景を寒色系で繊細にまとめたデザイン

CONCEPT

さまざまな苦しみや悲しみを抱えながらも懸命に生きる女性たちを描く映画「ペタル ダンス」のフライヤー。車での小旅行を機に自分を見つめ直し、前を向いていこうとする姿を描く。女優が今まで見せたことのない表情を切り取って、等身大の女性の姿を表現。

TITLE

ペタル ダンス

DATA

公開年_2013年
サイズ_B5
CL_ビターズ・エンド
DF_大寿美デザイン
D_大寿美トモエ

KEY POINT

1 人物と背景の写真を組み合わせた構成

台詞のような文学的な縦組みのキャッチコピーと、空の高さを強調した写真を組み合わせた垂直方向の構成。

2 印象的なタイトル文字にアクセントを

花びらを意味する「ペタル」というタイトルの語感の珍しさや、「タ」の一部のかすれが目に留まる。フォントはZENオールド明朝Mを使用。

COLOR

極寒の北の旅を寒色系のトーンで

登場人物達の表情と寒色系のトーンが相まって、極寒の北の旅の雰囲気を伝えている。

C31+M9+Y12

C40+M14+Y8

子どもたちの純粋さを うさぎの純白性で印象付ける

TITLE

楽隊のうさぎ

CONCEPT

吹奏楽に取り組む中学生のいきいきとした姿を描いた映画「楽隊のうさぎ」のフライヤー。演技経験のない子どもたちの瑞々しさが伝わるように、従来の音楽映画の雰囲気ではない、個々の表情、等身大の姿をとらえた写真で構成。

DATA

公開年 _ 2013 年
サイズ _ B5
CL_ 太秦
DF_ RESTA FILMS
AD/D_ 成瀬 慧

KEY POINT

❶ うさぎのシルエットを メインモチーフに

うさぎの純白性が子どもたちの純粋さと、多くの写真をまとめるデザインの余白として機能するように配置。

❷ 軽やかさと素朴さを 表すタイトルロゴ

タイトルロゴはS明朝体ソフトをベースに作成。濁点に装飾的な丸みを加え、軽やかさを演出。

COLOR

管楽器をイメージする金色

吹奏楽の管楽器をイメージするゴールド系の色でタイトルを付加。余白の白との組み合わせで上品にまとまっている。また雪のような丸い淡い色合いのモチーフをアクセントに。

C55+M60+Y95+K12

C0+M0+Y0+K0

C15+M20

Y50

箱入り息子の恋
恋をすれば傷を負う。
いつだって僕らは傷だらけだ。
星野 源
夏帆
平泉 成
森山良子
大杉 漣
黒木 瞳
穂のか
柳俊太郎
竹内都子
古舘寛治
代理見合いから始まるたった一度の恋と、取り巻く家族を描いた、大人になりきれない大人たちの、問題山積み感動作！
監督・脚本：市井昌秀　共同脚本：田村孝裕　音楽：高田 漣　小説版「箱入り息子の恋」市井昌秀＋今野早苗 著（ポプラ社刊）
製作総指揮：木下直哉、水口昌彦、齋藤正登　プロデューサー：武部由実子、中林千賀子　撮影：相馬大輔　照明：佐藤浩太　録音：尾崎 聡　編集：洲崎千恵子　装飾：松田光畝
助監督：副島宏司　衣裳：高橋さやか　ヘアメイク：内城千栄子　制作担当：齋藤大輔　製作：「箱入り息子の恋」製作委員会　特別協賛：吉野家、㈱IBJ
制作プロダクション：キノフィルムズ、ブースタープロジェクト　配給：キノフィルムズ　宣伝協力：SKIP　2013年／日本／アメリカンヴィスタ／5.1ch／117分　©2013『箱入り息子の恋』製作委員会
www.hakoiri-movie.com
kino films

「箱入り」らしさを要所で示し作品世界へ誘い込む

TITLE

箱入り息子の恋

CONCEPT

恋愛初心者の主人公が代理見合いをきっかけに動き出す恋と、人間同士のぶつかりあいを描いた映画の告知フライヤー。作品を象徴するカットを角版で配置。余白には、緩急を付けたタイトルとキャッチを配してアクセントを付けたデザインに。

DATA

公開年＿2013年
サイズ＿B5
CL＿キノフィルムズ
DF＿マッチアンドカンパニー
AD＿町口 覚

天雫《あまのしずく》家
お前の婚活に行ってきた！
俺の?!
今井家
私、どうしても誰かと会わなきゃだめ…？
まっとうな男じゃないと娘は任せられん！
健太郎の両親
結婚する気配が無い息子を心配し、親同士の代理見合いに参加。
健太郎
市役所勤め、彼女いない歴＝年齢の童貞こじらせ系独身男。
奈穂子
目が見えないハンデがあり、過保護な両親から独り立ちできない。
奈穂子の両親
娘と伴侶となるに相応しい男を探して、代理見合いに参加。
自宅と職場の市役所をただ行き来する日々を送っている天雫健太郎は、内気で愛想がなく、唯一の趣味はペットのカエルだけ。見かねた両親は親同士が婚活する“代理見合い”に参加し、今井家の美しい一人娘・奈穂子とお見合いするチャンスを掴んでくる。実は彼女の目がまったく見えないとは知らずに…。それでも奈穂子と初めての恋に落ちた健太郎。「好き」という感情を一気に爆発させる彼だったが、行く手には思わぬ障害が待ち構えていた——。
走り、傷つき、
絶叫し、胸かきむしる。
恋するだけで、
人生はこんなにもスペクタクルだ。
俳優、音楽家、文筆家として多彩な才能を発揮してきた星野源が、ついに映画初主演！ 冴えない男が、恋のために走って転んで絶叫する姿をエモーショナルに演じている。ヒロインには、盲目の女性という難役を、透明感溢れる居ずまいで演じきった夏帆。またそれぞれの両親には、平泉成、森山良子、大杉漣、そして黒木瞳という実力派俳優たちが豪華共演し、見応えのある人間ドラマに昇華させている。
監督・脚本を務めたのは、『無防備』（08）でぴあフィルムフェスティバル、釜山国際映画祭にてグランプリを受賞、ベルリン国際映画祭にも正式出品され、世界的な注目を集める市井昌秀。今回もシリアスとコメディを絶妙にブレンドし、人間同士がぶつかりあう葛藤や絆に肉迫する。
真剣だからこそ滑稽で、無様だからこそ心に刺さる、“35歳の童貞男”の恋の行方は果たして——。
星野 源　夏帆 ／ 平泉 成　森山良子　大杉 漣 ／ 黒木 瞳
監督・脚本：市井昌秀　共同脚本：田村孝裕　音楽：髙田 漣　小説版「箱入り息子の恋」（ポプラ社刊）
製作：「箱入り息子の恋」製作委員会　特別協賛：吉野家、㈱IBJ　配給：キノフィルムズ　宣伝協力：SKIP　©2013「箱入り息子の恋」製作委員会
www.hakoiri-movie.com
kino films
6月8日（土）
殻を打ち破れ。
特典付前売り鑑賞券は3月頃から発売予定です。
新宿駅 東口 伊勢丹メンズ館隣 B1
テアトル新宿
03(3352)1846
www.ttcg.jp
JR有楽町駅すぐ 有楽町イトシア 4F
ヒューマントラストシネマ有楽町
03(6259)8608
www.ttcg.jp
立川シネマシティ 042(525)1251
【神奈川】109シネマズMM横浜 045(664)0109
TOHOシネマズ ららぽーと横浜 045(929)1040
109シネマズ川崎 0570(007)109
【大阪】テアトル梅田 06(6359)1080
なんばパークスシネマ 06(6643)3215
吉祥寺バウスシアター 0422(22)3555
【京都】MOVIX京都 075(254)3215
【兵庫】シネ・リーブル神戸 078(334)2126
MOVIXココエあまがさき 06(4960)7500
【愛知】センチュリーシネマ 052(264)8580
【福岡】KBCシネマ 092(751)4268
【北海道】札幌シネマフロンティア 011(209)5400

裏面 キーワードとなる部分を太くし、かつ斜体をかけることで動感を与えた構成。不透明の白窓つきのコピー部分はカット写真と重ねることで、視線を集めている。

KEY POINT

❶ 窓付きの文字で視線を集める

タイトルロゴはエレメントをそれぞれ変えたオリジナル書体。緩急ある表現が作品のシリアスさとユーモラスな雰囲気を伝えている。

❷ 文字を引き立てる構成

文字要素が重要な役割を果たす構成となっているため、それぞれに書体、サイズ、傾きで変化を付けることでキャッチ効果を出している。

COLOR

爽やかな印象を出す

のどかな印象を与える色面構成にして、「箱入り」らしいのんびりしたイメージを表現している。

C38+M8
C10+M98+Y100
C70+M45+Y100
C0+M0+Y0+K0

なにもこわいことはない
斎藤久志監督作品
高尾祥子
吉岡睦雄
岡部尚　山田キヌヲ　谷川昭一朗　柏原寛司　角替和枝
森岡龍　猫田直　鈴木元　長田青海　大島まり菜
柄本明
脚本＝加瀬仁美　撮影＝石井勲
照明＝大坂章夫　録音＝小川武
衣装＝江頭三絵　田口慧　ヘアメイク＝宮本真奈美
音楽＝小川洋　編集＝鹿子木直美
助監督＝田山雅也　石井晋一　古畑耕平
協力プロデューサー＝小林勝彦　鈴木ゆたか
制作協力＝ノックアウト　リクリ
劇中上映作品＝『三月のライオン』（矢崎仁司監督作品）
劇中引用＝『ひかりの素足』（宮沢賢治）
配給＋宣伝＝MEgANE company　宣伝＝contrail
二〇一三年｜日本｜一一〇分｜HD｜ステレオ
kowaikotohanai.com
TOKYO INTERNATIONAL FILM FESTIVAL
第26回東京国際映画祭 日本映画スプラッシュ部門正式出品作品

印象的な写真と手書き風書体で「日常」テーマを繊細に表現

TITLE

なにもこわいことはない

CONCEPT

ある夫婦の「特別でない些細な日常」の積み重なりに潜む孤独やエゴを描いた作品。メインビジュアルである主人公の女性のささやきが聞こえてくるようなタイトルに合わせ、物静かさと、言葉の力強さを共存させた表現で作品世界を演出している。

DATA

公開年 _ 2013 年
サイズ _ B5 変型 （255×182mm）
CL_ MEgANE company / 中野 香
DF_ RESTA FILMS
AD/D_ 成瀬 慧

圧倒的な日常
誰も傷つけないように生きてきた。誰からも傷つけられないように生きてきた。
それは、優しいことなのか。残酷なことなのか。
罵り、罵倒するでもないに、日々の穏やかな生活がゆっくりと空々しく枯れていた。
水分を無くした花々は、おしべもめしべも喪失し、交わることもなくなっていた。
ドライフラワーのようにパサパサになって、ただ嘘っぽく咲いている。
なにもこわいことはない。たとえ終わっているとしても。
なにもこわいことはない。もう一度あの人の手を握ってみてください。
目と鼻先で、あなたを感じてみないとこわいから。
新宿K's cinema・酒井正史、家田祐明
私たちは映画やドラマで描かれる劇的なシーンを生きている訳ではなく、
日常というある意味退屈な敵と向き合いながら生きて、そして老い、死んで行くのである。
劇中で高尾祥子が朗読し続ける宮沢賢治の童謡『ひかりの素足』に出てくる言葉
「なにもこわいことはない」をタイトルに持つ本作は、ある死生観を提示しているかもしれない。
私たちが見ることによって決して分かりやすい感動を与えてくれる訳でもない映画を撮った
斎藤久志監督の野心的な企みに巻き込まれて行くにはある種の決意が必要かもしれない。
大阪・第七藝術劇場・松村厚
静かに、ひたひたと、何かが終わって、また始まっていく。
ここで語られている事は、映画の中だけで完結する話ではなくて、
また明日が来て、夜が来て、何かが終わって始まっていく事だから、
観終わった後、まるで友人の日常を聞かされているような気持ちになりました。
後日、最近どう？ その後、あの話はどうなった？って聞かせて欲しいような、
そんな身近な誰かの物語のように感じています。
京都みなみ会館・吉田由利香
愛は確かにあるのに、なぜかわかり得ない孤独とは、一つの家具になるために切り出され、
ぴったりと合わさるはずの木材のざらつきがそのまま残されてしまうときなのかもしれない。
人はそのざらつきに気づいているのに、あえて見逃すのだろう。
カメラはそのざらつきを、圧倒的な日常の中にとらえる。映し出す。
胸の奥がチクリと痛む感覚に数度襲われた。まざまざと見せつけられるのだから。
でも、一度外してヤスリで削ればさらに美しく強固な家具は出来上がっていくのだ。
恵理と史也はどんな家具をつくり出していくのか。そう考えていくと胸のすく思いがした。
シネマテークたかさき・志尾睦子
観賞後、真冬だったのにさわやかな風が頬をさわり、充実感に包まれたのを覚えています。
なにも起こらないといえばそれまでですが、そこにはくっきりと、わたしの毎日がありました。
けんかをした友達のことが気になって、お母さんのカレーライスが食べたくなって、
逝ってしまったひとたちを思い出す。幸せを感じる瞬間もあれば、想像もできなかった絶望感に
打ち拉がれる、小さなことも大きなことも、本当にいろんなことの繰り返しが毎日で、
そんな毎日が愛おしく、だけど悲しみもあって、でもそれが毎日なんだよと、
背中をぽんと押された気がしました。
川崎市アートセンター・中野香
●劇場からのコメント全文は公式サイトにて公開中です。
夫婦でいる、こういう事。
恵理と史也は、子どもを持たないと決め二人の時間を大切にし、ささやかな幸せを感じながら日々を送っていた。職場の苦手な上司のこと、愛犬の虚勢手術、すくすくとベランダで育つゴーヤや美しく咲いた朝顔の花、懐かしい母の訪問、友人の突然の死。喜びも悲しみも、二人は共有しようとするが、ふとした瞬間に孤独になり、このままずっと変わらないわけがないという不安にどうしようもなく囚われてしまう。特別ではない日常の中に潜む人間の孤独やエゴを微細に描き出す。
http://kowaikotohanai.com
12/14[土]より, リレー公開本格スタート!
新宿駅東南口階段下ル 甲州街道沿ドコモショップ左入ル
新宿 K's cinema
03(3352)2471 www.ks-cinema.com
12/14～20 13:00 12/21～27 17:00 12/28～ 17:20
初日上映後舞台挨拶予定
JR新宿駅
ルミネエスト
ピックロ
ライオン
ホテル
FLAGS
パチンコ
K's cinema
DOCOMO
大塚家具
甲州街道
リレー劇場続々決定、他順次公開
[リレー公開]……「自信を持って『なにもこわいことはない』を推したい」という映画館の声が、ひとつの場所で終わらない《リレー(つないでいく)公開》を実現!
横浜 ジャック&ベティ
045(243)9800
1/18(土)～
川崎市アートセンター
044(955)0107
1/25(土)～
シネマテークたかさき
027(325)1744
2/8(土)～
渋谷アップリンク
03(6825)5503
2/15(土)～
第七藝術劇場
06(6302)2073
京都みなみ会館
075(661)3993
名古屋シネマテーク
052(733)3959

KEY POINT

❶ 角版写真と文字のバランス

紙面の大部分を角版写真で構成し、さらに大胆に余白を設けることで、タイトルロゴがコピーのように見える演出効果を与えている。

❷ 繊細さの中にインパクトを加える

特徴的なタイトルは「奔行かな」書体がベースとなっている。手描き風の繊細さを活かしつつ、改行位置でインパクトを残している。

COLOR

明暗を付けて不安感を誘う

どこか空々しさを感じさせるライティングで構成されたメインビジュアルと地色とで明暗差を出し、作品の世界観へ引き込む構成。

C35+M85+Y90+K7

C25+M32+Y32

C17+M15+Y60

C0+M0+Y0+K0

裏面　上映各館の作品への感想を上段に配し、サイズと行の変化で緩急を付けて構成。紙面のほとんどを文字情報が占めているため、地を引き立てつつインパクトが出るように工夫している。白抜きの文字は、夕焼けの空に浮かび上がる雲のようなイメージで。

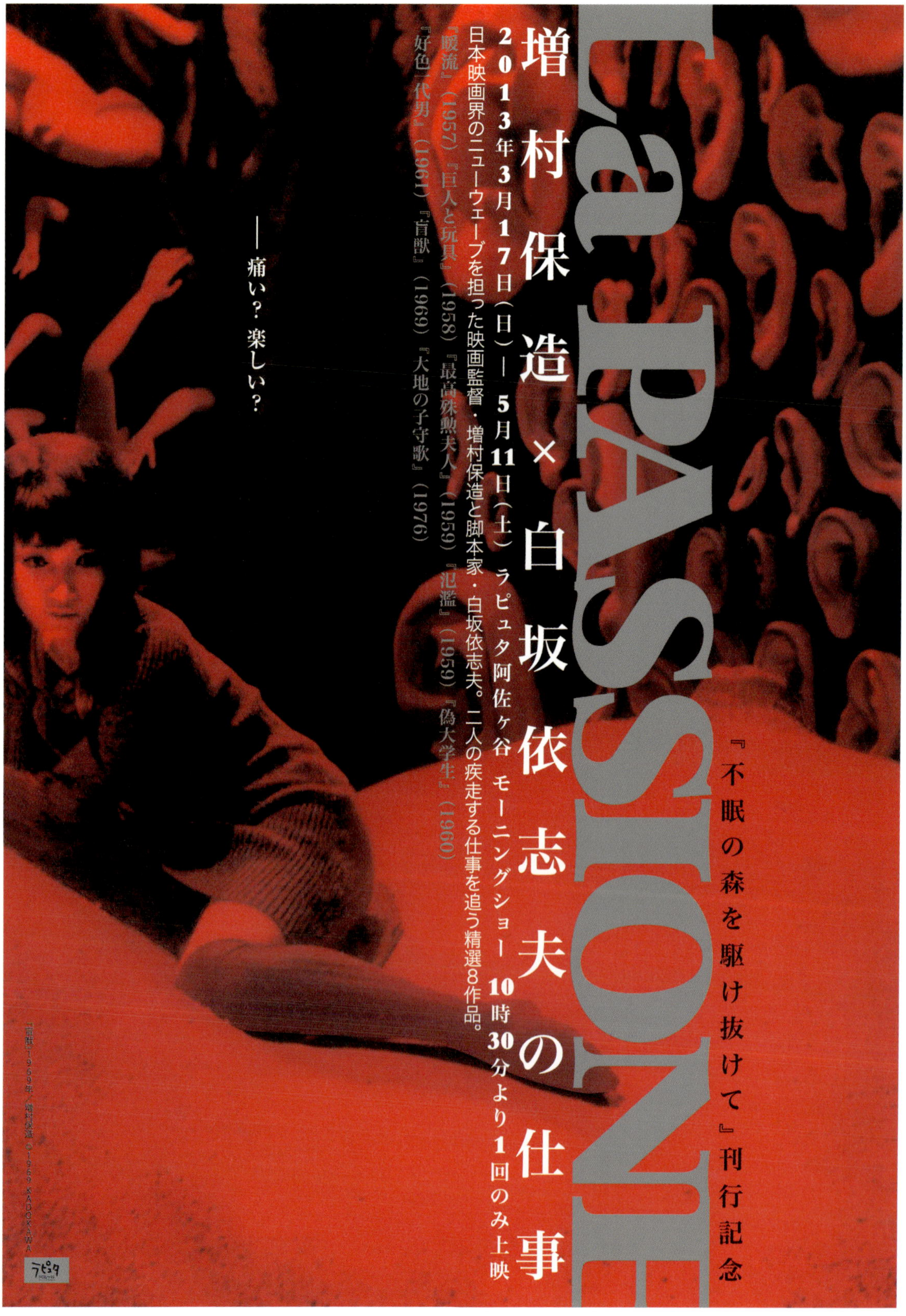
『不眠の森を駆け抜けて』刊行記念
La PASSIONE
増村保造×白坂依志夫の仕事
2013年3月17日（日）―5月11日（土）ラピュタ阿佐ヶ谷 モーニングショー 10時30分より1回のみ上映
日本映画界のニューウェーブを担った映画監督・増村保造と脚本家・白坂依志夫。二人の疾走する仕事を追う精選8作品。
『暖流』（1957）『巨人と玩具』（1958）『最高殊勲夫人』（1959）『氾濫』（1959）『偽大学生』（1960）
『好色一代男』（1961）『盲獣』（1969）『大地の子守歌』（1976）
――痛い？ 楽しい？
『盲獣』1969年／増村保造 ©1969 KADOKAWA
ラピュタ

単色フィルターのインパクトで見る者を引き込む

TITLE

La PASSIONE
増村保造 × 白坂依志夫の仕事

CONCEPT

60年代、斬新な作風で一世を風靡した監督と脚本家の特集上映チラシ。脚本家は、23歳という異例の若さでデビューを果たした白坂依志夫、そして映画監督はイタリア留学を終えたばかりの増村保造。この両名からなる代表作「盲獣」の画像を活かしたデザイン。

DATA

公開年 _ 2013 年
サイズ _ B5
CL_ ラピュタ阿佐ヶ谷
DF_ 株式会社ふゅーじょんぷろだくと
D_ 野本理香

裏面　グリッドに沿って、構成内容を整然と配置。青地に白抜きの文字と、シンプルに構成することで、強烈なインパクトの表面との好コントラストを引き出す。すべての要素を等質に見せることで、ひとつひとつの作品が立っている。

KEY POINT

❶ 作品の制作年代を彷彿とさせる

裁ち落としで印象を強めた欧文タイトルロゴは、60年代ヌーヴェルバーグのデザインを想わせるBambi fontを使用してシンプルに。

❷ 地を単色にして奥行きを出す

色面の構成を一定にすることで、文字要素が引き立ち、かつビジュアルに奥行きが生まれている。視覚的に見る者を引き込む仕掛け。

COLOR

全体の色調を一定にして見せる

情熱的な人物像と社会風刺が特徴的な二人の作品を表すために表面と裏面を単色のフィルターで表現。表面の欧文タイトルにはシルバーを。

C10+M100+Y100

K100

DIC 621

C85

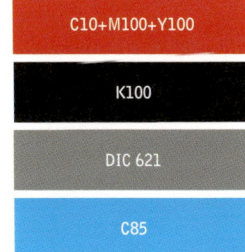

モノクロプリント風の表現で文字へ視線を誘導

TITLE

友川カズキ　花々の過失

CONCEPT

詩人、歌手、画家、競輪愛好家、エッセイスト、俳優、酒豪、そして無頼詩人として。多くの顔をもつ表現者、友川カズキ初のドキュメンタリー映画の公開告知フライヤー。友川カズキというミュージシャンの存在を印象付け、アングラによりすぎないデザインに。

DATA

公開年＿2010年
サイズ＿B5
CL_スリーピン
AD/D_渡辺 純

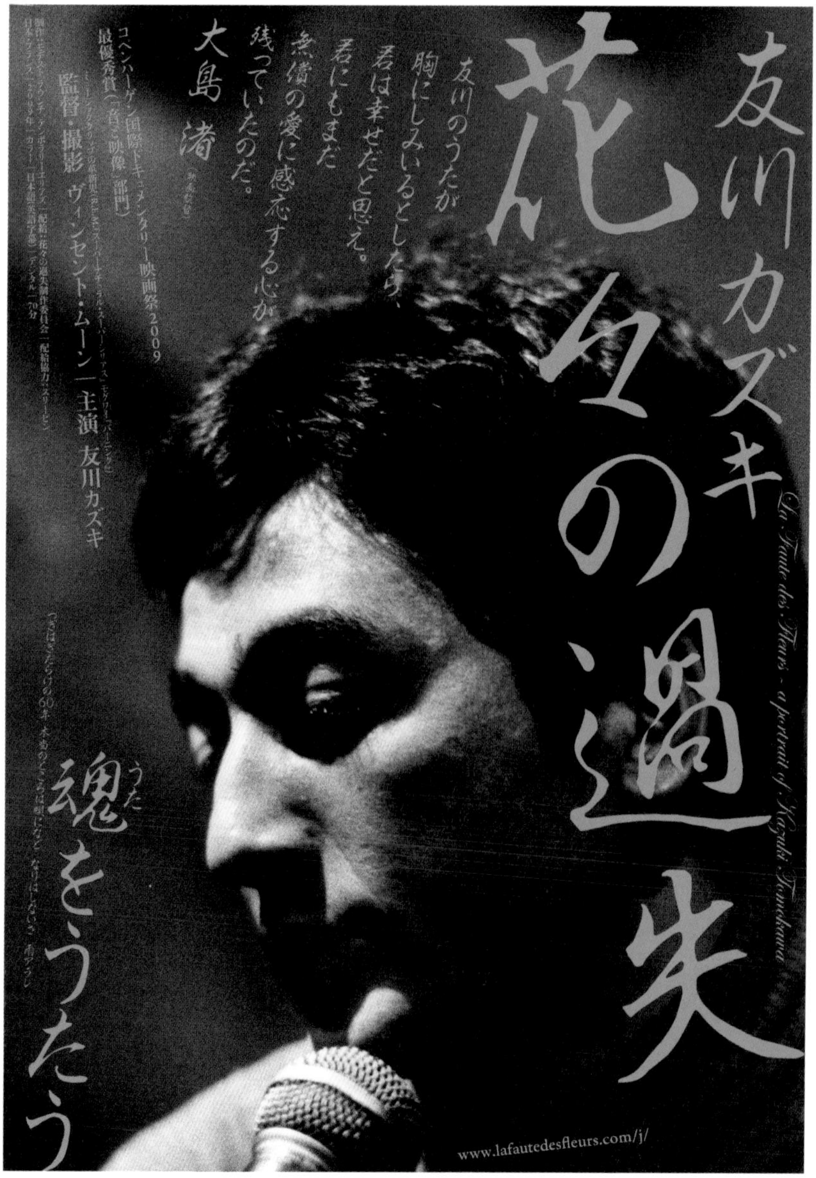
友川カズキ
花々の過失
友川のうたが
胸にしみいるとしたら、
君は幸せだと思え。
君にもまだ
無償の愛に感応する心が
残っていたのだ。
大島 渚
コペンハーゲン国際ドキュメンタリー映画祭2009
最優秀賞（音と映像部門）
監督・撮影 ヴィンセント・ムーン｜主演 友川カズキ
魂《うた》をうたう
La Faute des Fleurs - a portrait of Kazuki Tomokawa
www.lafautedesfleurs.com/j/

KEY POINT

❶ 文字を散らし詩情を高める

格調高い明朝体をタイトルとコピーに用い、かつ角度を付けて配置することで、肉声が視覚化されたような雰囲気を演出している。

❷ モノクロ写真で文字要素を立てる

人物の写真を地に敷き、モノクロプリント風に粗い粒子感を与えて表現することで、文字の銀面へ視線を集める効果が生み出されている。

COLOR

シンプルかつ効果的な2色印刷

スミ版と特色シルバーの2版でシンプルに表現。「魂をうたう」というコピーが引き立っている。

K80

DIC 621

第二章 / アート

Chapter 2

ART

ルネサンスの優美《グラツィア》、
500年目の初来日。
R.
Raffaello
ラファエロ
2013年3月2日㊏—6月2日㊐
国立西洋美術館 [東京・上野公園]
The National Museum of Western Art
午前9時30分〜午後5時30分。金曜日は午後8時まで。入館は閉館の30分前まで。
毎週月曜日休館。ただし、4月29日、5月6日は開館。5月7日は休館。
[主催] 国立西洋美術館、フィレンツェ文化財・美術館特別監督局、読売新聞社、日本テレビ放送網 [後援] 外務省、イタリア大使館
[特別協賛] Canon [協賛] 清水建設、損保ジャパン、大日本印刷、東レ、トヨタ自動車、みずほ銀行、三井物産
[協力] アリタリア-イタリア航空、日本航空、日本貨物航空、オーストリア航空、ルフトハンザ カーゴ AG、ルーチェ・デッラ・ヴィーテ、西洋美術振興財団
http://raffaello2013.com
ラファエロ展 2013 検索
ラファエロ・サンツィオ 《大公の聖母》(部分) 1505-06年頃 油彩/板 84.4×55.9cm フィレンツェ、パラティーナ美術館 Su concessione del Ministero per i Beni e le Attività culturali ©Antonio Quattrone
日本におけるイタリア
2013
ITALIA IN GIAPPONE

作品を文字でトリミングして印象的な効果を出す

TITLE

ラファエロ展

CONCEPT

国立西洋美術館のラファエロ展フライヤー。1年近くあった長いプロモーション期間の中でメインとなる「大公の聖母」と「自画像」をいかに持続的、かつ効果的に見せられるかが、プロモーションの大きなポイントだった。

DATA

開催年 _ 2013 年
サイズ _ 210×584mm（二つ折り）
CL_ 読売新聞社
DF_ groovisions

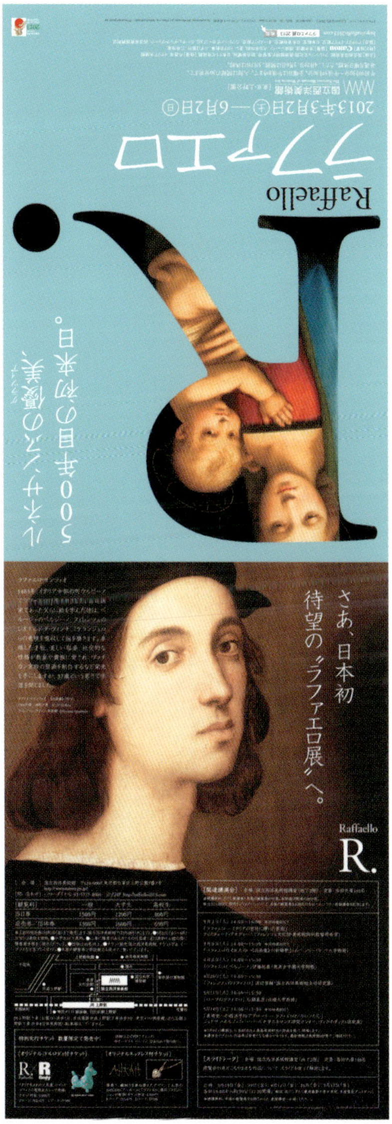

裏面

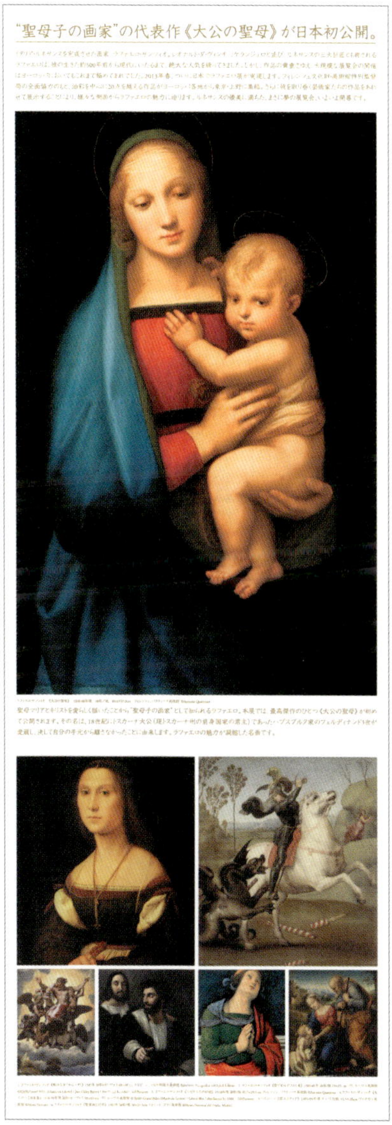

原画の構図を利用した文字の配置ですっきりとした構成に。背景色を活かし、白文字で可読性に考慮している。右が中面。

KEY POINT

1 絵のトリミングで興味を引く

メインの作品のすべてを見せず、Garamond Pro フォントの「R」でトリミング。それによって見る人の興味を引いている。

2 優美な曲線のフォント

ソフトな作品の印象に合わせて優美な曲線のフォントを使用。和文は A-OTE 教科書 ICA Pro、英文は Garamond Pro を使用。

COLOR

象徴的なターコイズブルー

メインカラーのターコイズブルーは、ラファエロの活躍したイタリアと地中海および作品中の色であり、象徴的な色である。

C60 + Y25

C43+M53+Y88

K100

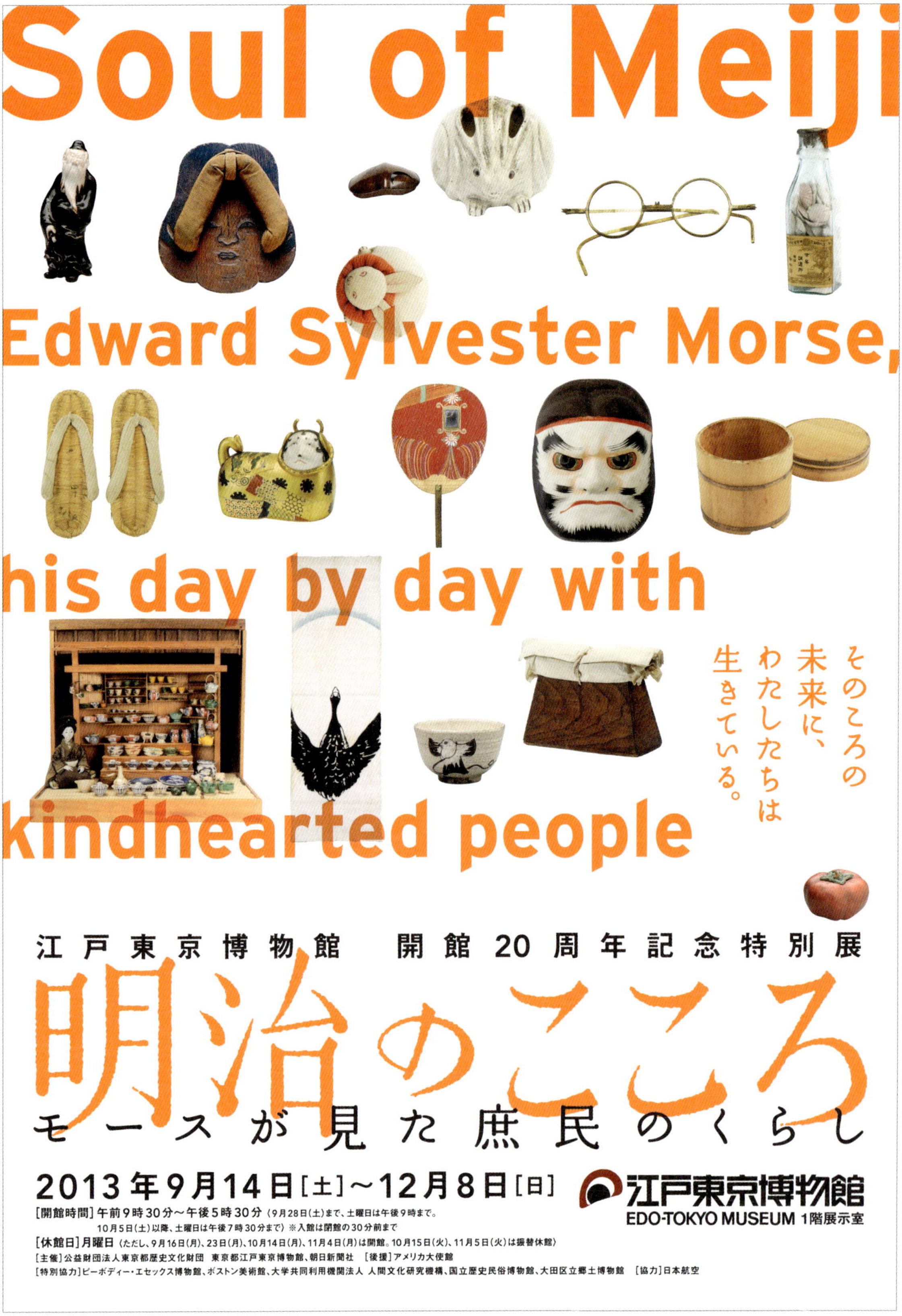
Soul of Meiji
Edward Sylvester Morse,
his day by day with
kindhearted people
そのころの
未来に、
わたしたちは
生きている。
江戸東京博物館　開館20周年記念特別展
明治のこころ
モースが見た庶民のくらし
2013年9月14日[土]～12月8日[日]
江戸東京博物館
EDO-TOKYO MUSEUM 1階展示室
[開館時間]午前9時30分～午後5時30分〈9月28日(土)まで、土曜日は午後9時まで。
10月5日(土)以降、土曜日は午後7時30分まで〉※入館は閉館の30分前まで
[休館日]月曜日〈ただし、9月16日(月)、23日(月)、10月14日(月)、11月4日(月)は開館。10月15日(火)、11月5日(火)は振替休館〉
[主催]公益財団法人東京都歴史文化財団　東京都江戸東京博物館、朝日新聞社　[後援]アメリカ大使館
[特別協力]ピーボディー・エセックス博物館、ボストン美術館、大学共同利用機関法人 人間文化研究機構、国立歴史民俗博物館、大田区立郷土博物館　[協力]日本航空

「くらし」と「こころ」を感じさせる表現

TITLE

明治のこころ モースが見た庶民のくらし

CONCEPT

アメリカの動物学者エドワード・モースが明治の日本で収集した生活道具や写真の展覧会フライヤー。収集物を標本のように並べ、見る人が当時の「くらし」を想像できるように。また、骨董的なイメージを払拭する新鮮味のあるデザインに。

DATA

開催年 _ 2013 年
サイズ _ A3（二つ折り）
CL_ 江戸東京博物館 / 朝日新聞社
DF_ 野村デザイン制作室
AD/D_ 野村勝久
D_ 坂本実央　CW_ 大賀郁子

日本語と英語を縦横に配置して動きのある構成に。収集物の写真にその用途を秀英5号フォントのやさしいひらがなで添えて、収集物への愛着を示している。

KEY POINT

❶ 人々の表情で当時の「こころ」を表現

当時の人々の様子を捉えた写真と生活道具で「くらし」を、表情を捉えた写真で「こころ」を想像できるように構成。

❷ 英語の文字組みで外国人の視点を

欧文フォントの「Interstate」による文字組みと、市井の人々の写真や生活道具で、外国人から見た明治の日本の姿を表現。

COLOR

鮮やかなオレンジで新鮮な印象に

骨董的なイメージを払拭するため、発色の良いオレンジ色（特色 DIC 162）をキーカラーとして展開。

DIC 162

C0+M0+Y0+K0

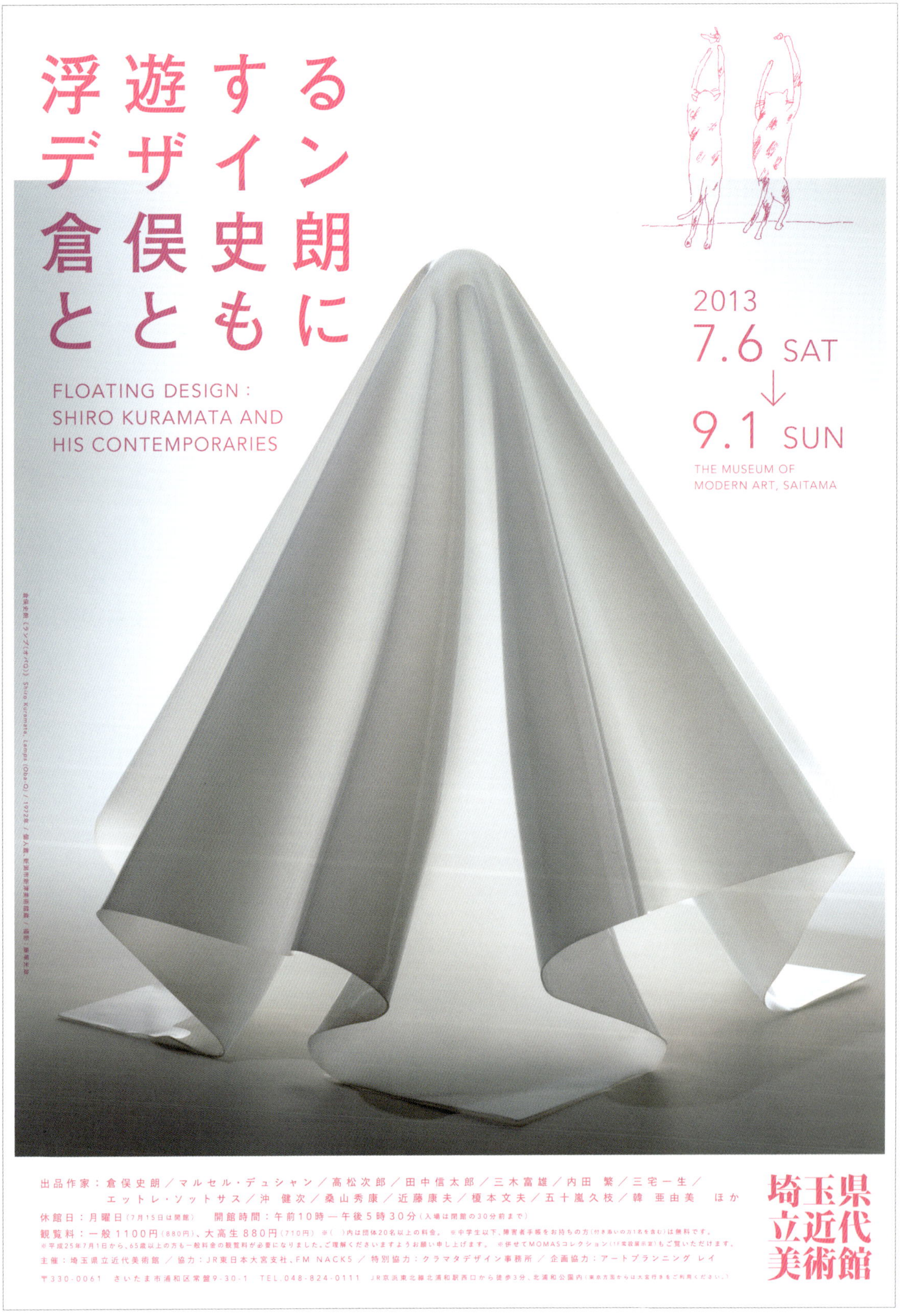
浮遊する
デザイン
倉俣史朗
とともに
FLOATING DESIGN:
SHIRO KURAMATA AND
HIS CONTEMPORARIES
2013
7.6 SAT
↓
9.1 SUN
THE MUSEUM OF
MODERN ART, SAITAMA
倉俣史朗《ランプ(オバQ)》 Shiro Kuramata, Lamps (Oba-Q) / 1972年
出品作家：倉俣史朗／マルセル・デュシャン／高松次郎／田中信太郎／三木富雄／内田 繁／三宅一生／
エットレ・ソットサス／沖 健次／桑山秀康／近藤康夫／榎本文夫／五十嵐久枝／韓 亜由美 ほか
休館日：月曜日（7月15日は開館） 開館時間：午前10時―午後5時30分（入場は閉館の30分前まで）
観覧料：一般1100円（880円）、大高生880円（710円） ※（ ）内は団体20名以上の料金。 ※中学生以下、障害者手帳をお持ちの方（付き添いの方1名を含む）は無料です。
※平成25年7月1日から、65歳以上の方も一般料金の観覧料が必要になりました。ご理解くださいますようお願い申し上げます。 ※併せてMOMASコレクション（1F常設展示室）もご覧いただけます。
主催：埼玉県立近代美術館 ／ 協力：JR東日本大宮支社、FM NACK5 ／ 特別協力：クラマタデザイン事務所 ／ 企画協力：アートプランニング レイ
〒330-0061 さいたま市浦和区常盤9-30-1 TEL.048-824-0111 JR京浜東北線北浦和駅西口から徒歩3分、北浦和公園内（東京方面からは大宮行きをご利用ください。）
埼玉県立近代美術館

作品の持つ「浮遊感」を大切にしたデザイン

TITLE

浮遊するデザイン—倉俣史朗とともに

CONCEPT

倉俣史朗がデザインした「浮遊感」のある作品の展覧会フライヤー。テーマを象徴するプロダクトがキービジュアルであることを考慮。また、ネームバリューのある作家名が展覧会タイトルに含まれるので、浮遊感のあるピンクのトーンと、タイトルの視認性とのバランスを大切にしている。

DATA

開催年 _ 2013 年
サイズ _ A4
CL_ 埼玉県立近代美術館
AD/D_ 遠藤一成

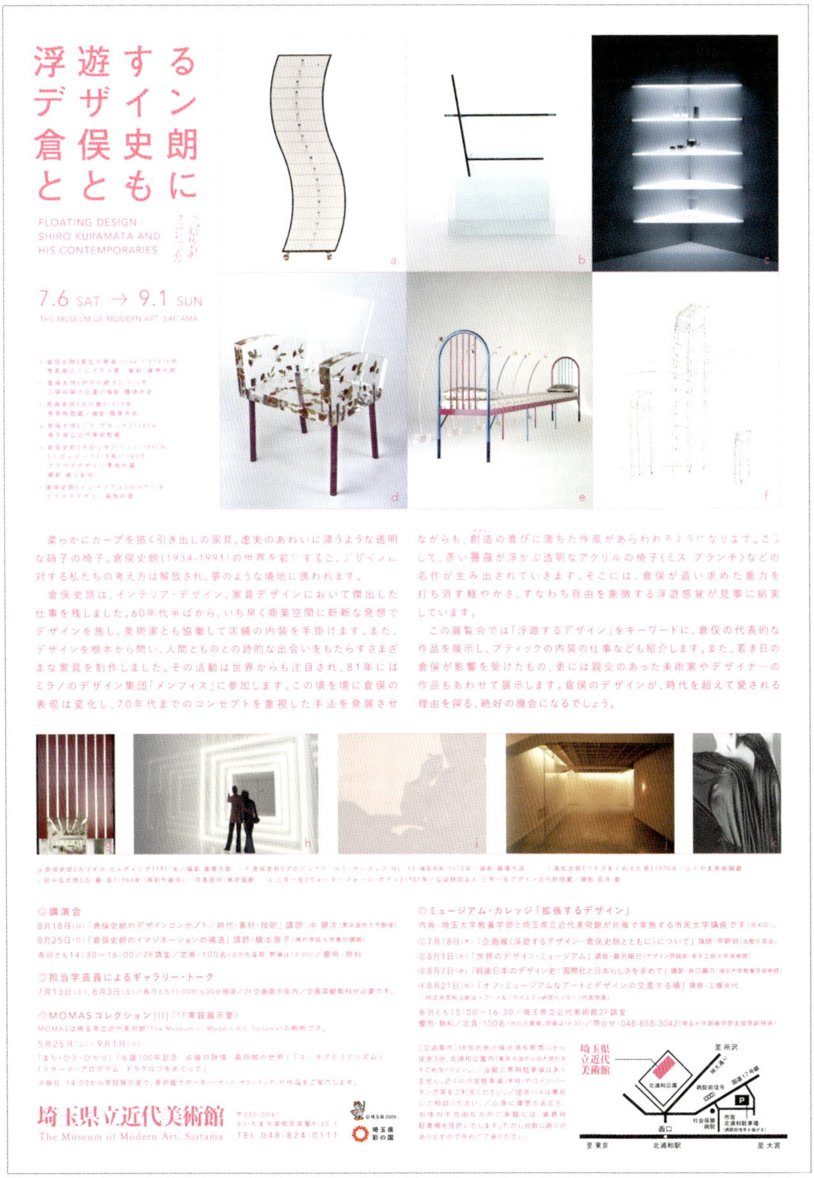
浮遊する
デザイン
倉俣史朗
とともに
FLOATING DESIGN:
SHIRO KURAMATA AND
HIS CONTEMPORARIES
7.6 SAT → 9.1 SUN
THE MUSEUM OF MODERN ART, SAITAMA
a
b
c
d
e
f
柔らかにカーブを描く引き出しの家具。虚実のあわいに漂うような透明な硝子の椅子。倉俣史朗(1934-1991)の世界を前にすると、デザインに対する私たちの考え方は解放され、夢のような境地に誘われます。
倉俣史朗は、インテリア・デザイン、家具デザインにおいて傑出した仕事を残しました。60年代半ばから、いち早く商業空間に斬新な発想でデザインを施し、美術家とも協働して店舗の内装を手掛けます。また、デザインを根本から問い、人間とものとの詩的な出会いをもたらすさまざまな家具を制作しました。その活動は世界からも注目され、81年にはミラノのデザイン集団「メンフィス」に参加します。この頃を境に倉俣の表現は変化し、70年代までのコンセプトを重視した手法を発展させながらも、創造の喜びに満ちた作風があらわれるようになります。こうして、赤い薔薇が浮かぶ透明なアクリルの椅子《ミス ブランチ》などの名作が生み出されていきます。そこには、倉俣が追い求めた重力を打ち消す軽やかさ、すなわち自由を象徴する浮遊感覚が見事に結実しています。
この展覧会では「浮遊するデザイン」をキーワードに、倉俣の代表的な作品を展示し、ブティックの内装の仕事なども紹介します。また、若き日の倉俣が影響を受けたもの、更には親交のあった美術家やデザイナーの作品もあわせて展示します。倉俣のデザインが、時代を超えて愛される理由を探る、絶好の機会になるでしょう。
g
h
i
j
k
◎講演会
8月18日(日)「倉俣史朗のデザインコンセプト／時代・素材・技術」講師：沖 健次
8月25日(日)「倉俣史朗のイマジネーションの構造」講師：橋本啓子
各日とも14:30〜16:00／2F講堂／定員・100名／費用・無料
◎担当学芸員によるギャラリー・トーク
7月13日(土)、8月3日(土)／各日とも15:00から30分程度／2F企画展示室内／企画展観覧料が必要です。
◎MOMASコレクション[II](1F常設展示室)
MOMASは埼玉県立近代美術館(The Museum of Modern Art, Saitama)の略称です。
5月25日(土)〜9月1日(日)
「まち・ひと・ひかり」「生誕100年記念　点描の詩情－高田誠の世界」「ユーモアとリアリズム」
「リサーチ・プログラム　ドラクロワをめぐって」
◎ミュージアム・カレッジ「拡張するデザイン」
内容・埼玉大学教養学部と埼玉県立近代美術館が共催で実施する市民大学講座です。
①7月18日(木)「企画展〈浮遊するデザイン—倉俣史朗とともに〉について」講師・平野到
②8月1日(木)「世界のデザイン・ミュージアム」講師・暮沢剛巳
③8月7日(水)「戦後日本のデザイン史：国際化と日本らしさを求めて」講師・井口壽乃
④8月21日(水)「オフ・ミュージアムなアートとデザインの交差する場」講師・工藤安代
各日とも15:00〜16:30／埼玉県立近代美術館2F講堂
費用・無料／定員・100名／問合せ・048-858-3042
埼玉県立近代美術館
The Museum of Modern Art, Saitama
〒330-0061
さいたま市浦和区常盤9-30-1
TEL 048-824-0111
埼玉県
彩の国
埼玉県
立近代
美術館
至 所沢
埼大通り
国道17号線
北浦和公園
P
西口
北浦和駅
至 東京
至 大宮

KEY POINT

❶「浮遊感」のあるイメージ

「浮遊感」のあるプロダクトがキービジュアルとなるので、フライヤーのデザインもその感覚を活かす、すっきりとしたものに。

❷太ゴシック体で端正な文字組みに

太ゴシック B101 で文字組みし、写真とともにグリッドでまとめて端正なレイアウトに。タイトルや美術館名も四角くまとめて安定感を。

COLOR

特色ピンクで目を引かせる

文字部分はすべて特色ピンクを使用。白い背景から浮かび上がる印象にして、端正なプロダクト写真とのバランスを取っている。

PANTONE 225M
C0+M0+Y0+K0

裏面 写真の点数が多く、柔らかなものや冷たい印象のものなど、様々な個性を持っているので、グリッドでまとめて表情豊かに。文字も同じく内容ごとにグリッドでまとめて、整然とした印象に仕上げている。

MOT COLLECTION

第1部

わたしたちの90年 1923–2013

第2部

ぼくからきみへ —ちかくてとおいたび—

Part1: Our Ninety Years 1923–2013 Part2: From Me to You –Close but Distant Journeys–

東京都現代美術館 常設展示室

Museum of Contemporary Art Tokyo, Collection Gallery

2013年6月29日(土)–9月8日(日)

June 29 (Sat) – September 8 (Sun), 2013

開館時間 10:00–18:00（入場は17:30まで）
Hours 10:00–18:00 (ticket available until 17:30)

休館日 月曜日
（ただし7月15日は開館、7月16日は休館）
Closed on Mondays
(except for July 15) and July 16

観覧料 一般500円、
大学生400円、高校生・65歳以上250円
中学生以下無料（ただし企画展のチケットでご覧頂けます）
Admission Adults 500 yen,
College & University Students 400 yen,
High School & Adults over 65- 250 yen,
Free for under Junior High & Temporary exhibition ticket holders

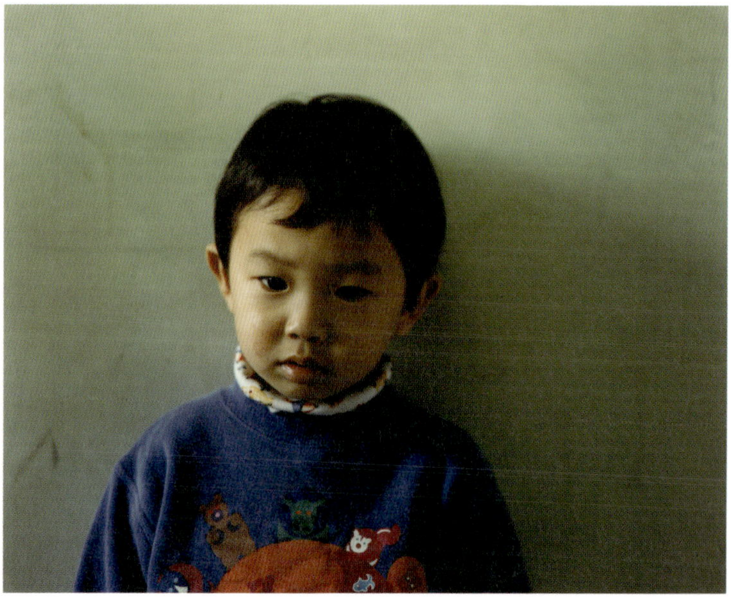

ホンマ タカシ《少年1》1999年 Takashi Homma, *Boy-1*, 1999

MUSEUM OF CONTEMPORARY ART TOKYO
東京都現代美術館

〒135-0022 東京都江東区三好4-1-1
Tel. 03-5245-4111（代表） 03-5777-8600（ハローダイヤル）
4-1-1, Miyoshi, Koto-ku, Tokyo, Japan 135-0022
Tel. +81-(0)3-5245-4111 (General Information) +81-(0)3-5405-8686 (Hello Dial)

展覧会の連続性を感じさせるデザイン要素の追加

TITLE

MOT コレクション 第２期

CONCEPT

東京都現代美術館の「MOTコレクション」展覧会フライヤー。収蔵品によって、年4回行われる展覧会のため、その4回の繋がりが感じられるような要素を紙面に加えた。その上で、各回のテーマを明確にしてデザインしている。

DATA

開催年 _ 2013 年
サイズ _ A4
CL_ 東京都現代美術館
DF_ suyama design
AD/D_ 須山悠里

MOT COLLECTION
第1部
わたしたちの90年 1923–2013
第2部
ぼくからきみへ —ちかくてとおいたび—
Part1: Our Ninety Years 1923–2013
Part2: From Me to You –Close but Distant Journeys–
今期のMOTコレクションでは、夏休みにあわせた現代美術の入門編として、作品を通した「他者」との出会いを、いくつもの「旅」として紹介します。異なるものと交感し共存すること、複数の世界の存在を受け入れること——これらは、美術作品がひろく伝えてきた重要なメッセージのひとつといえます。「他者」へのまなざしは、つまるところ「自分」とは何かという問いに、私たちを導くかもしれません。近いような遠いような「ぼく」と「きみ」のあいだの距離。これまで出会った様々な顔を思い浮かべながら、歩いてみませんか。
第1部では、当館の代表的な収蔵品をもとに、関東大震災から現在に至るまで、危機的な状況に際して、画家たちが表現の力をいかに信じ、これに抗したかをたどります。
The upcoming MOT Collection exhibition is scheduled to coincide with the summer holidays and has been designed to serve as an introduction to contemporary art, using artworks to create encounters with 'others', that are presented in the form of various 'journeys'. To commune and coexist with different things and to accept the existence of multiple worlds—these can be said to form part of the important messages that are widely transmitted by art works. Looking towards 'others' in this way may ultimately lead us to question the meaning of 'self'. The distance that exists between 'me' and 'you' simultaneously seems both close yet distant. Why not walk along trying to recall all the various faces you have met in the past?
The first floor will continue to show part one of the exhibition: 'Our Ninety Years: 1923–2013'. Comprising largely of works representative of the museum's collection, it looks at the way in which art has acquired the power to resist when confronted with critical situations, from the Great Kanto Earthquake of 1923 to the present day.
出品予定作家
ホンマ タカシ、サキ サトム、Chim↑Pom、加藤泉、泉太郎、奈良美智ほか
こどものみなさんへ
夏《なつ》のMOT《もっと》コレクションは、世界《せかい》のあちこちにいる、たくさんの「きみ」に会《あ》いに行《い》く旅《たび》。はじめましての人《ひと》もいれば、友《とも》だちや「ぼく」に似《に》た子《こ》もいるかもしれない。作品《さくひん》のなかから聞《き》こえるいろんな声《こえ》と、おしゃべりしながら考《かんが》えてみよう。
「ぼく」と「きみ」、どこがおなじで、どこがちがう？
To All Children
The MOT Summer Collection offers you a journey to meet numerous other 'yous' who live around the world. Some you may meet for the first time, some may resemble your friends or 'yourself'. As you chat with the voices you hear issuing from the artworks, you should ask yourself:
What is the same and what is different between 'me' and 'you'?
関連イベント
担当学芸員によるツアー「もっと！ MOTコレクション」
第2木曜日15:30より1時間程度
展覧会チケットをお持ちの上、常設展示室入口にお集まりください。
Curators' Tour: MOT Curators take you behind the scenes of MOT collection. (Every second Thursday from 15:30 during the exhibition period)
Tours will only be held in Japanese. Please buy a ticket prior to participating the tour.
清澄通り
三ツ目通り
大門通り
新大橋通り
清州橋通り
葛西橋通り
永代通り
半蔵門線清澄白河駅B2番出口
Exit B2 "Kiyosumi-Shirakawa Sta." Hanzomon Line
都営新宿線菊川駅A4番出口
ExitA4 "Kikukawa Sta." Shinjuku Line
「新橋」行バス停
大江戸線清澄白河駅A3番出口
Exit A3 "Kiyosumi-Shirakawa Sta." Oedo Line
深川資料館通り
「東京都現代美術館前」バス停
MOT
木場公園
首都高「木場IC」出入口
「とうきょうスカイツリー駅前」行バス停
門前仲町駅
首都高「枝川IC」出口
東西線木場駅3番出口
Exit3 "Kiba Sta." Tozai Line
交通案内
・東京メトロ半蔵門線・清澄白河駅B2番出口より徒歩9分
・都営地下鉄大江戸線・清澄白河駅A3番出口より徒歩13分
Access Information
・From Kiyosumi-Shirakawa Station on the Hanzomon Line: 9min.-walk from the B2 exit.
・From Kiyosumi-Shirakawa Station on the Toei Oedo Line: 13min.-walk from the A3 exit.
http://www.mot-art-museum.jp

裏面 紙面の上半分で色を反転したレイアウトにして、単調にならないようにしている。

第 1 期

第 3 期

KEY POINT

❶ シリーズを示すグラデーション

第 1 期から第 3 期までのフライヤーにおいて、上部のグラデーションの色に繋がりを持たせ、一連の展覧会であることを表現。第 1 期、3 期は上図。

❷ 子供たちに呼びかける吹き出し

次世代の子供たちへ向けての展覧会であるため、裏面ではメッセージ部分をマンガの吹き出しのようにして目を引いている。

COLOR

鮮やかなグラデーション

1923 年から 2013 年までの時代の変遷を感じさせるグラデーションを追加。子供の未来への希望を感じさせる鮮やかな色に。

M90

M15+Y100

PANTONE 1805 U

C0+M0+Y0+K0

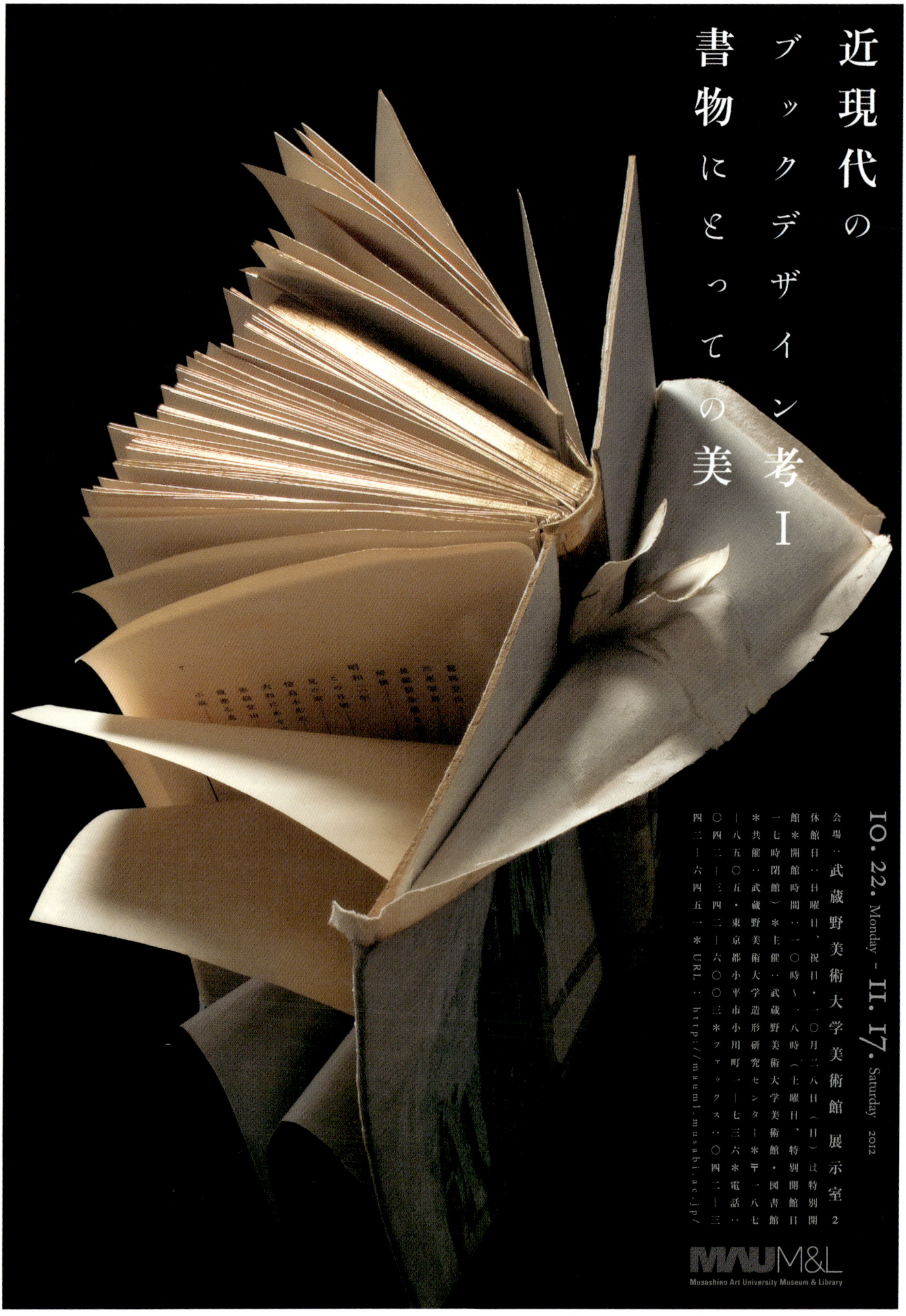
近現代のブックデザイン考 I
書物にとっての美
10. 22. Monday - 11. 17. Saturday 2012
会場：武蔵野美術大学美術館 展示室2
休館日：日曜日、祝日・一〇月二八日（日）は特別開館＊開館時間：一〇時～一八時（土曜日、特別開館日一七時閉館）＊主催：武蔵野美術大学美術館・図書館＊共催：武蔵野美術大学造形研究センター＊〒一八七ー八五〇五・東京都小平市小川町一ー七三六＊電話：〇四二ー三四二ー六〇〇三＊ファックス：〇四二ー三四二ー六四五一＊URL：http://mauml.musabi.ac.jp/
MAU M&L
Musashino Art University Museum & Library

解体した書物のフォルムと照明による造形美

TITLE

近現代のブックデザイン考 I
書物にとっての美

CONCEPT

近現代の文芸書の造本、ブックデザインを考察する展覧会のフライヤー。展覧会コンセプトをふまえて、書物自体を使った写真で表現しようと考えて制作。また、当時の日本の書物の雰囲気も取り入れ、時代の空気を再現しようとしている。

DATA

開催年 _ 2012 年
サイズ _ A4
CL_ 武蔵野美術大学美術館・図書館
DF_ 株式会社中野デザイン事務所
AD/D_ 中野豪雄

会期 2012年10月22日(月)~11月17日(土) 休館日 日曜日、祝日・10月28日(日)は特別開館 開館時間 10時~18時(土曜日、特別開館日:17時閉館)
会場 武蔵野美術大学美術館 展示室2 入館料 無料 主催 武蔵野美術大学 美術館・図書館 共催 武蔵野美術大学 造形研究センター
監修 新島実(本学視覚伝達デザイン学科教授) 共同監修 寺山祐策(本学視覚伝達デザイン学科教授)、白井敬尚(本学視覚伝達デザイン学科教授)
住所 武蔵野美術大学 美術館・図書館 〒187-7505 東京都小平市小川町1-736 電話 0-2-342-6003 ファックス 042-342-6451 URL http://mauml.musabi.ac.jp/
交通アクセス 西武国分寺線「鷹の台」駅下車徒歩20分・国分寺駅北口よりバス「武蔵野美術大学」下車すぐ(バス所要時間約20分)
わが国における近現代の文芸書の造本に目を向けると、様々な書物文化の諸相が見えてきます。そこには西欧の芸術運動の影響を受けながらも日本の伝統美との融合を図った美しい書物が多数見られます。また他方で著者自らの考えによって制作された抑制のきいた美しさを持つ書物も見られます。さらに画家の個性の表出によって包まれた書物や、装丁家によって制作された書物までと、近現代における文芸書の造本の世界は、言葉(文学)と形(美術)の関係が書物を通して自由に混じり合い、豊かな視覚造形の世界を作り上げています。本展では当館所蔵のコレクションの中から約二五〇点を選び、これらの書物を「造本の美」「装丁の美」「本文組の美」の三つの視点からとらえ直し、明治から昭和までの間で、主に活版印刷によって制作され出版された「書物の美しさ」を探ります。書物に見いだす美の世界をご覧下さい。
1 童謡集 七つの胡桃/北原白秋(著)・武井武雄(装)/フタバ書院成光館/昭和17年(1942) 2 風立ちぬ/堀辰雄(著)/野田書房/昭和13年(1938) 3 紀行 世界図絵/梅沢健(著)・藤田嗣治(装)/岡倉書房/昭和11年(1936) 4 日本の憂愁/恩地孝四郎(著・装)/龍星閣/昭和30年(1955)
5 童謡集 凧/竹久夢二(著・装)研究社/大正15年(1926) 6 書窓 製本之輯/恩地孝四郎(編)・武井武雄(装)/アオイ書房/昭和16年(1941) 7 虞美人草/夏目漱石(著)・橋口五葉(装)/春陽堂/明治41年(1908) 8 粧蝶集/泉鏡花(著)・小村雪岱(装)/春陽堂/大正7年(1918)
MAU M&L
朝鮮大学校
武蔵野美術大学
鷹の台駅

KEY POINT

1 書物のフォルムによる造形美

展覧会コンセプトを、書物を解体して検証する意味合いに変換し、写真で表現。解体された書物のフォルムを強調した造形美。

2 懐古的な文字組みの再現

表面、裏面での組版は、当時の日本の書物に多く見られた二分アキ、二分四分アキや、約物の食い込み処理を再現している。

COLOR

古びた紙の風合いを強調する色調

メインの写真では書物自体の古びた紙の風合い、その立体感、存在感を強調する照明を施し、他の色は加えずシンプルに。白抜きタイトルが静かに添えられている。

C7+M10+Y22

C49+M69+K84

C76+M62+Y60+K99

C0+M0+Y0+K0

裏面 資料を淡々とレイアウトし、当時の組版を再現。和文が本明朝、築地体前期五号仮名、欧文が Caslon。

「記憶」という展覧会の主要なテーマを静謐な色使いで表現

TITLE

フィオナ・タン｜エリプシス

CONCEPT

現代美術作家、フィオナ・タンの展覧会フライヤー。人々の記憶と心象の関係を、展覧会タイトルの「エリプシス」(省略)という言葉に寄り添うように、映像・写真・インスタレーション作品を展示。時間の断片を捉えた美しい作品画像と、見る人々も含めた空間を紙面で表現。

DATA

開催年 _ 2013 年
サイズ _ A4 変形（204x286mm）
CL_ 金沢 21 世紀美術館
DF_ Deco design
AD/D_ 林 琢真

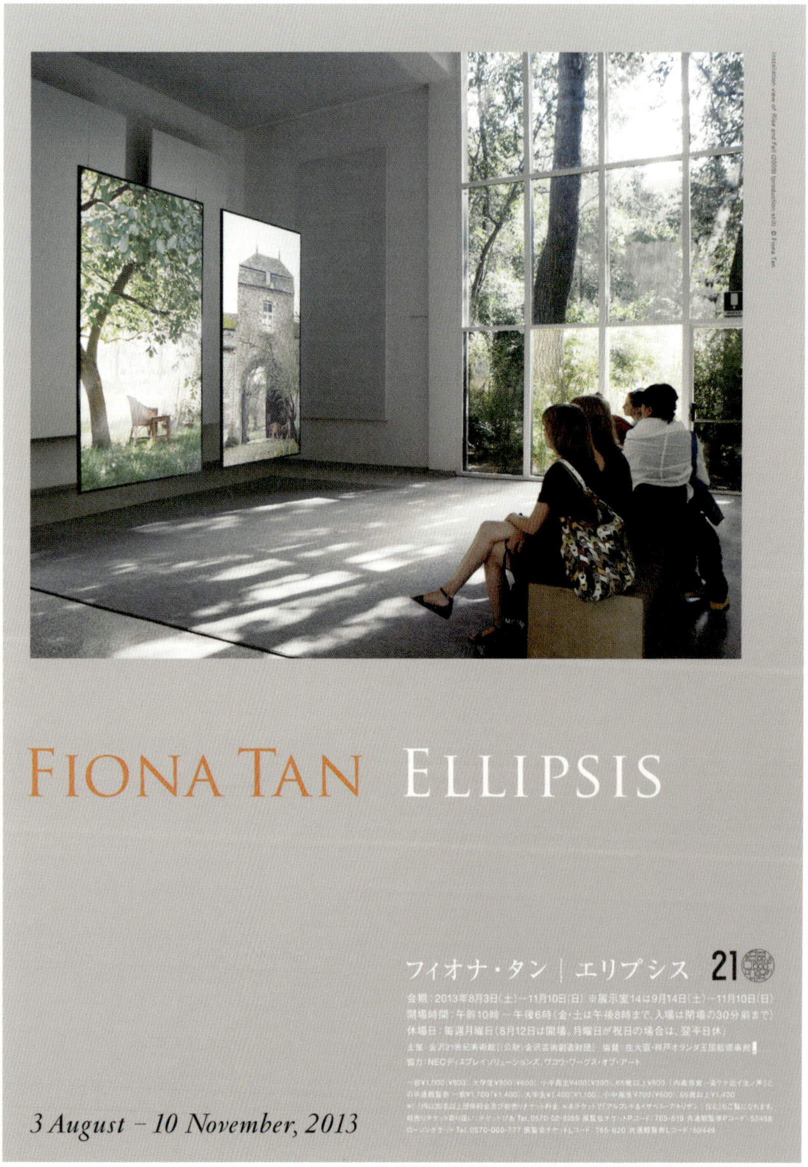

Installation view of *Rise and Fall*（2009）(production still) © Fiona Tan

KEY POINT

❶ 展示風景の写真で作家性を表現

「見る者と見られる者」の関係性を探求する作家の特徴を、作品と鑑賞者の両方を写した客観的な展示風景の写真を使って表現。

❷ 鑑賞者の想像力を受け入れる余白

メインの写真とタイトル、情報など必要最小限の要素に絞り、鑑賞者の想像力を受け入れる余白を取っている。欧文タイトルには Trajan フォントを使用。

COLOR

特色のシルバーでテーマを表現

全体のベースを想像力を掻き立てる特色のシルバーにしてテーマに合わせている。ホワイトのタイトルなど文字情報も静謐でクラシカルな印象に。

DIC 621

M85+Y100

自由に更新できる フライヤーテンプレート

TITLE

市原湖畔美術館

CONCEPT

市原湖畔美術館オープン告知のフライヤー。更新可能なテンプレートと、オリジナル仕様の書体を策定。統一されたイメージを作りながらも、要素の編集によって企画展の個性を出すことのできるフォーマットに。

DATA

公開年 _ 2013 年
サイズ _ A4
CL_ 千葉県市原市
DF_ 日本デザインセンター 色部デザイン研究室
AD_ 色部義昭
D_ 加藤亮介

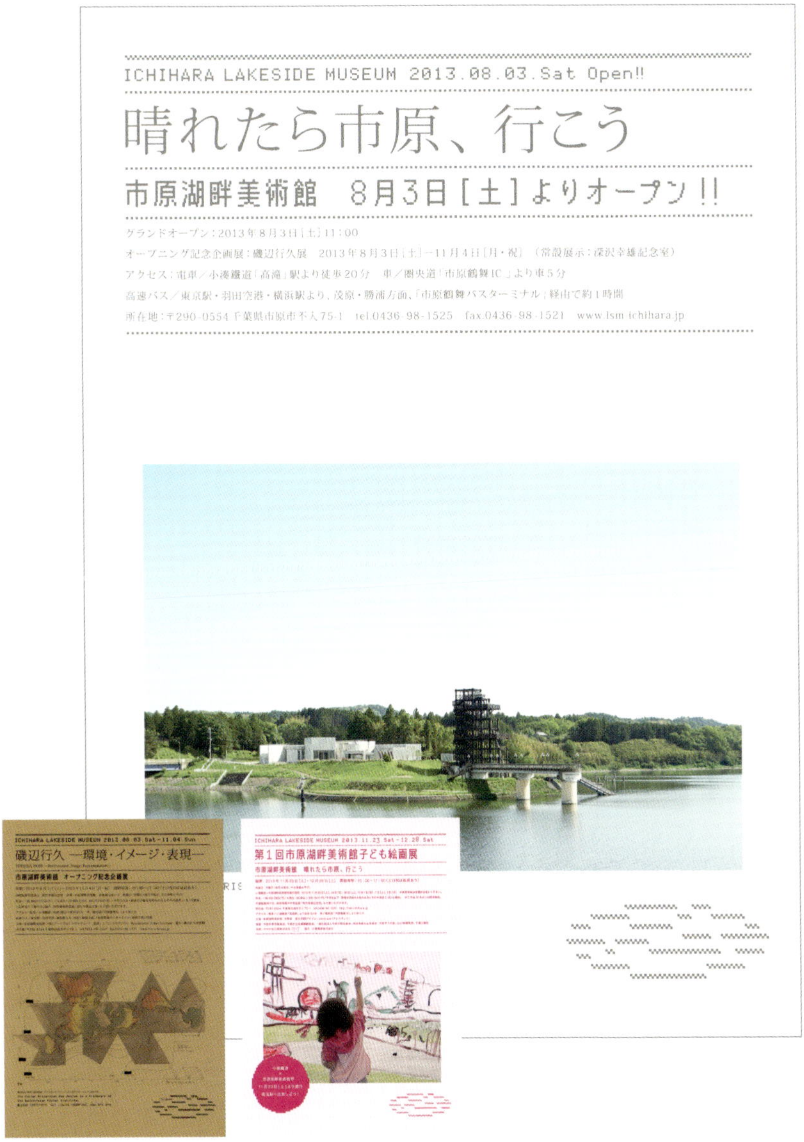

テンプレートを用いた他の企画展フライヤー

KEY POINT

1 立地が伝わり易い メインビジュアル

オープン告知のため、湖の畔にある美術館ということを端的に示す写真を使用し、場所の魅力を素直に伝えるフライヤーに。

2 市原湖畔美術館 専用書体

美術館全体のイメージをまとめるため、オリジナルの書体を開発。上端の「ICHIHARA LAKESIDE…」の部分に。

COLOR

展覧会に合わせて 色を選定

企画展のイメージに合わせ、その都度、紙と文字の色を変えていく設計に。オープン告知のフライヤーは、メインカラーであるシルバーを使用。

DIC 621

C0+M0+Y0+K0

夏休み企画展
ここから 何処かへ
國府理《こくふおさむ》
2012年7月28日|土|—9月9日|日|
10:00-20:00 会期中無休・入場無料
京都芸術センター
ギャラリー北・南 ほか
Exhibition, Osamu KOKUFU: Anywhere from Here
28 July (Sat) – 9 September (Sun), 2012
10:00–20:00, Admission free
KYOTO ART CENTER:
North / South Gallery and other space
Osamu KOKUFU: Parabolic Garden 2010 / Photo by Seiji TOYONAGA
Things that are good are so far away thought he looking up at the night sky and he saw the stars all twinkling.
There are good things. that's why they shine thought he and he kept waiting for some news from out there.
It's been so long still no good news coming in and it's because the antenna on his head doesn't work right or so he has started to believe.
Lost in these thoughts, he begins to sulk and soon he has no sense of anything at all.
One day he was feeling so sad he might cry when from far above he noticed that little white petals were wafting down to him.
And before he knew it they were the petals of a snow willow that had taken root on the antenna.
He had lost all sense of things with that antenna as various objects carried by the rain and wind had gathered thickly there,
and unbeknownst to him, it had turned into a moss garden.
And that garden, he cannot see it himself but hoping for it to always be well and to find a person who will tell him how it is faring He decides to go on a journey.
KYOTO ART CENTER

作品の持つ精緻な造形を引き立てるシャープなレイアウト

TITLE

ここから 何処かへ 國府 理 展

CONCEPT

乗り物や機械をモチーフに制作するアーティスト、國府 理の展覧会フライヤー。展覧会コンセプトに即し、作家独自の異次元的かつ精緻な造形を印象的に再現すべく、慎重なレイアウトと用紙やインキを選択。浮遊感、透明感、真空感を表現している。

DATA

開催年 _ 2012 年
サイズ _ A4
CL_ 京都芸術センター
DF_ Photo & Graphic * TOYONAGA
AD/D/PH_ 豊永政史

夏休み企画展　ここから 何処かへ
本展では、主に実際に稼働する乗り物や機械をモチーフに作品を制作しているアーティスト・國府理を迎え、展覧会を開催します。
國府の作品は必ずしも現実世界での実用的な機能を備えている訳ではありません。では、それらの乗物や機械に装備された機能は何の為にあるのでしょう。それは今、ここから何処かの世界を走り抜け、あるいはその世界の風景を実現する為に作り込まれたものです。現実的な技術や自然のサイクル、そして想像世界が交差するところに生まれる國府の作品は、私たちにあり得るかもしれない別の世界について、現実味のあるものとして想像させてくれます。そうして私たちは、それぞれがあらゆる世界を想像することができるのです。このことは未来について明確な方向性を見出し難くなった現代、私たち自身がこれからの世界を作っていく上で最も重要なのではないでしょうか。
この夏、國府の作品を通して子どもも大人も「ここから 何処かへ」の想像の旅に出かけてみませんか。
Electric Tricycle 1994
Typical biosphere 2009
Car Freezer 1998
Boat Island 2002
Power Assist Helmet 2000
ROBO Whale 2008-2009
関連企画
■子ども向けワークショップ
「『どこか』に向けての旅じたく」
國府理の作品を鑑賞することで、私たちは自由に想像の世界を広げることができます。この夏休み、國府作品を元に、様々な方法で想像の世界を旅するための糸口を見つけてみませんか？ 詳しくはワークショップチラシまたは、京都芸術センター公式ウェブサイト (http://www.kac.or.jp/) をご参照ください。
①「物語るクルマたち ―作品から物語を作ろう！」
日時：8月4日(土) 14:00-16:00　講師：白岩玄（小説家）
②「かなでるクルマ ―クルマと一緒に奏でよう！」
日時：8月12日(日) 14:00-16:00 講師：RUBYORLA《ルビオラ》（電子音楽家）
③「どこかのおもちゃのものがたり」
日時：8月19日(日) 14:00-16:00 講師：國府理（アーティスト／本展出品作家）
■トークイベント
「國府理 × 菱田真史 ―人と機械と自然のあいだ―」
日時：8月18日(土) 19:00-21:00 会場：ミーティングルーム 2
講師：菱田真史（筑波大学数理物質系化学域 助教）、國府理
内容：出品作家の國府理と、生命について化学・物理学の視点から研究を行う菱田真史を講師に迎え、人と機械、自然について考える対談を行います。
■ライブイベント
「RUBYORLA PLAYS TENORI-ON ―Anywhere from Here―」
日時：8月24日(金) 20:00-21:00 会場：ギャラリー北　出演：RUBYORLA 他
内容：本展関連企画として、ルビオラによる電子楽器テノリオンを用いたライブを行います。
國府の作品と響き合うルビオラの音世界をお楽しみ下さい。
●料金：全て無料 ●申し込み：ワークショップ、ライブイベントは事前申し込みが必要です。京都芸術センターウェブサイト予約フォーム、電話、または代表メールアドレス (info@kac.or.jp) にて、「希望イベント名、参加されるお子様のお名前、年齢、保護者のお名前、連絡先、参加人数」を添えてお申し込みください。
國府理
1970 京都府生まれ
1994 京都市立芸術大学大学院美術研究科修了（彫刻専攻）
主な個展
2001 「KOKUFUMOBIL 仮想過去→未来」前橋消防庁舎跡地／群馬
2005 「KOKUFUMOBIL」アートコートギャラリー／大阪
2008 「國府理／move to moving」（松本市美術館・信州大学合同企画）松本市美術館／長野
2010 國府理展「Parabolic Garden」アートコートギャラリー／大阪
2012 國府理展「水中エンジン」アートスペース虹／京都　他多数
主なグループ展
2006 「取手アートプロジェクト2006 ―仕掛けられた取手―」旧戸頭終末処理場／茨城
2009 「エコ&アート ―近くから遠くへ―」群馬県立館林美術館
2010 「六甲ミーツ・アート 芸術散歩 2010」六甲ガーデンテラス／兵庫
2011 「TRA：Edge of Becoming」Palazzo Fortuny／ヴェニス・イタリア　他多数
京都芸術センター KYOTO ART CENTER
〒604-8156
京都市中京区室町通蛸薬師下る山伏山町 546-2
TEL: 075-213-1000　FAX: 075-213-1004
E-mail_info@kac.or.jp　http://www.kac.or.jp/
地下鉄烏丸線「四条駅」、阪急京都線「烏丸駅」22番・24番出口より徒歩5分
駐車場はございません。公共交通機関をご利用ください。

KEY POINT

❶ 主張しすぎない文字の配置

筑紫ゴシック Pro フォントによる精巧で控えめな文字組みで、作品の精緻な造形を引き立てている。

❷ あくまでも主役は作品に

紙面の空間を広く使い、作家性を代表する作品の全体とディテールをしっかりと見せ、その空想的かつリアルなイメージを強調している。

COLOR

ディープマット紙と銀インキ

用紙はディープマット紙でクオリティ感を。下部の欧文にはシルバーを使用し、理知的に。展示風景写真の上下にライトブルーと白が配され、透明感が生まれている。

DIC 621

C37+M3+Y12

C0+M0+Y0+K0

裏面　整然としたレイアウトと白地に青の文字で、作品のたたずまいに呼応した空想的で科学的な印象に。「ここから 何処かへ」という企画タイトルが引き立つ紙面。

NORWEGIAN
OUTLET!
ESPEN and BENDIK
Say YES to NO!
EXHIBITING CONTEMPORARY NORWEGIAN CREATIVES
2013.9.13 (FRI) - 26 (THU) at VACANT

ポップな作品の展覧会に合わせたカラフルなデザイン

TITLE

「NORWEGIAN OUTLET!」EXHIBITION

CONCEPT

ノルウェーのアーティスト、デザイナーたちの展覧会フライヤー。展覧会のコンセプトである「アウトレット」と、ポップなイラストやプロダクトに合わせたカラフルなデザインに。ウラ面は4色のインクを部分的に重ねて独特の色味を表現するよう工夫している。

DATA

開催年 _ 2013年
サイズ _ 295x378mm
CL_ VACANT
DF_ VACANT / NO IDEA
AD/D_ 永井祐介

KEY POINT

1 反対色を交互に配置して賑やかに

ポップなイラストに合わせて、手書きの文字を組み合わせた。イラストも文字も等しく赤や青にし、交互に配置して賑やかに。

2 特殊なポッポ紙で手軽なイメージに

包装紙のようなポッポ紙に印刷して手軽なイメージに。ポッポ紙の裏面（艶面）にフライヤーの表側を印刷して質感を強調している。

COLOR

四色分解させずに特徴のある色味を表現

ウラ面はレトロ印刷の赤・青・黄・黒のレイヤーの塗り重ねで特徴のある色味を表現している。

赤

青

黄

黒

紙色

裏面 裏面はポップなイラストや写真を賑やかに詰め込み、文字情報と組み合わせて整理。文字色もカラフルにしてリズムを付けている。

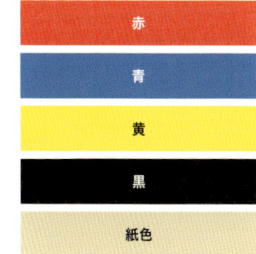

手にした人の手によって
無限に変化する仕掛け

CONCEPT

川崎市市民ミュージアムで開催された、新しいテクノロジーやメディアによって現れる世界観をテーマとした展覧会の告知フライヤー。あえてまっさらな紙面で、デザイナーとチラシを手にする人の役割が、ハンテン(反転)させることを意図したデザイン。

TITLE

セカイがハンテンし、テイク
Being-in-the-Wired-World

DATA

開催年 _ 2013 年
サイズ _ A4
CL_ 川崎市市民ミュージアム
DF_ アベキノデザイン
AD/D_ アベキヒロカズ

KEY POINT

❶ アンカーポイント風のあしらい

墨1色ゴシック体で表現されたタイトル文字は、それぞれの文字にアンカーポイント風の装飾を加えることでアクセントを付けている。

❷ あえて強い印象を抱かせない

表面、裏面ともに、文字要素は極力表情のないオーソドックスな書体を使用して無機質な世界を表現。受け手のイメージをあえて固定しない意図によるもの。

COLOR

作業画面に向きあうような演出

表面全面に敷かれ、蛍光色で表現されたグリッドラインは、モニター上の発光した色を想起させる仕掛けだ。

TOKA FLASH VIVA DX 450

TOKA FLASH VIVA DX 650

C0+M0+Y0+K0

K100

シンボリックなカラーとロゴで構成したシンプルデザイン

TITLE

TOHOKU ANIMATION LAB.
vol-1

CONCEPT

西麻布SuperDeluxeで開催された東北芸術工科大学映像学科の学生と教員によるプロジェクトTOHOKU ANIMATION LAB.の作品発表とプレゼンテーションのフライヤー。ラボのメンバーでもある水野健一郎さんのビジュアルをフィーチャーし、アカデミックな雰囲気のデザインを心がけている。

DATA

開催年 _ 2013 年
サイズ _ B5
CL_ TOHOKU ANIMATION LAB.
DF_ 株式会社シマウマ
AD/D_ 岩井天志
AW_ 水野健一郎

KEY POINT

1 象徴的な図形を使ってテーマを感じさせる

TOHOKU ANIMATION LAB.のロゴの○△をメインに構成しつつ、アカデミックなテーマを感じさせるデザインに。

2 山岳信仰と出羽三山のイメージ

ラボのメンバーでもある水野健一郎さんのビジュアルは、大学の地元、東北の山岳信仰と出羽三山を象徴している。

COLOR

シンボリックなカラーで構成

自然をテーマにしたシンボリックなカラーのビジュアルを中心に、装飾はせず、シンプルなデザインにしている。

C71+M30+Y32

C31+M9+Y17

C69+M60+Y64+K12

C0+M0+Y0+K0

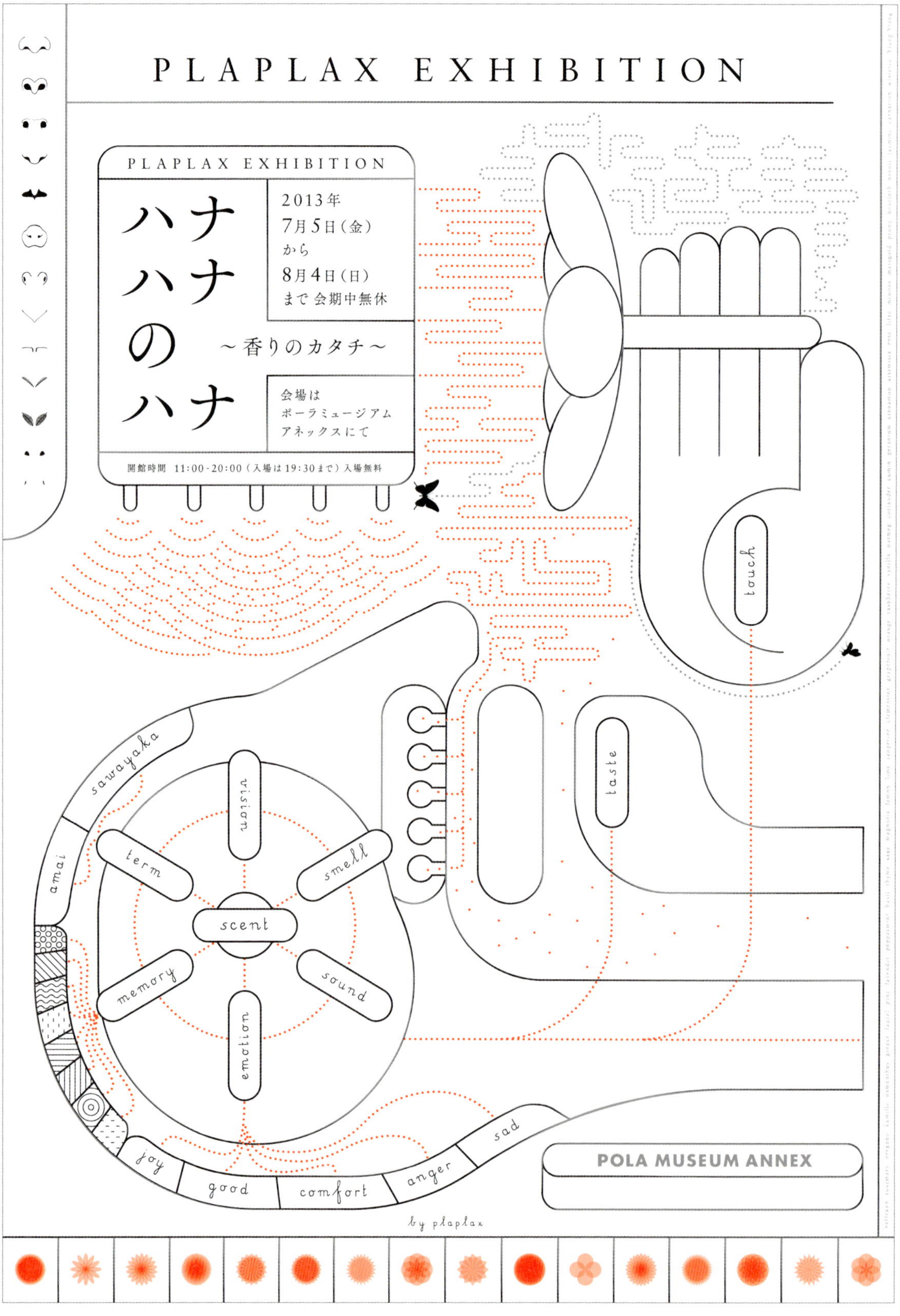
PLAPLAX EXHIBITION
PLAPLAX EXHIBITION
ハナハナのハナ
～香りのカタチ～
2013年
7月5日（金）
から
8月4日（日）
まで 会期中無休
会場は
ポーラミュージアム
アネックスにて
開館時間 11:00-20:00（入場は19:30まで）入場無料
touch
taste
vision
smell
term
scent
memory
sound
emotion
sawayaka
amai
joy
good
comfort
anger
sad
POLA MUSEUM ANNEX
by plaplax

「香り」というモチーフを抽象的かつ科学分析的に可視化

TITLE

ハナハナのハナ ～香りのカタチ～

CONCEPT

インタラクティブアート集団、plaplaxによる「香り」をモチーフにした展覧会のフライヤー。目に見えない「香り」がモチーフになっていることを、抽象的かつ科学分析的な印象で可視化して告知し、鑑賞者の中で自由に展示作品とシンクロするように意識して制作。

DATA

開催年 _ 2013 年
サイズ _ A4
CL_ ポーラ ミュージアム アネックス
DF_ SWIMMING
AD/D_ 岡崎智弘

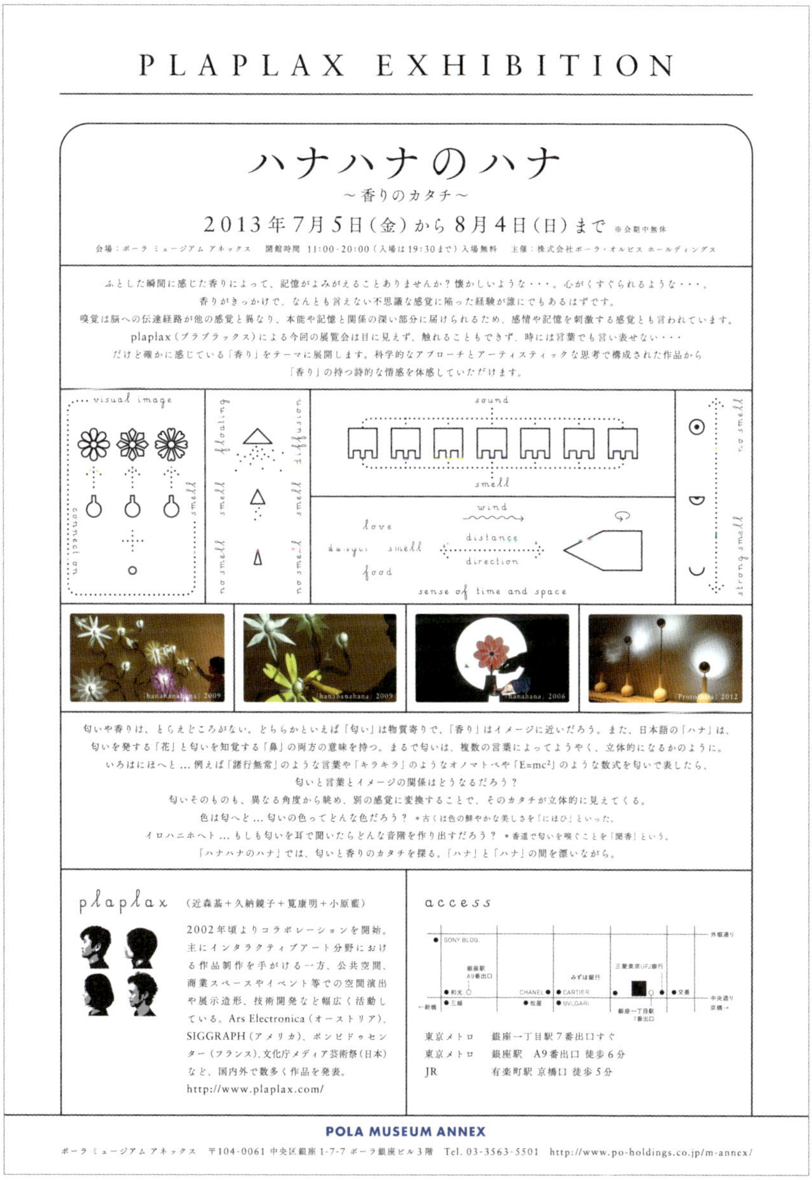
PLAPLAX EXHIBITION
ハナハナのハナ
～香りのカタチ～
2013年7月5日(金)から8月4日(日)まで ※会期中無休
会場：ポーラ ミュージアム アネックス　開館時間 11:00-20:00(入場は19:30まで)入場無料　主催：株式会社ポーラ・オルビス ホールディングス
ふとした瞬間に感じた香りによって、記憶がよみがえることありませんか？懐かしいような・・・。心がくすぐられるような・・・。
香りがきっかけで、なんとも言えない不思議な感覚に陥った経験が誰にでもあるはずです。
嗅覚は脳への伝達経路が他の感覚と異なり、本能や記憶と関係の深い部分に届けられるため、感情や記憶を刺激する感覚とも言われています。
plaplax(プラプラックス)による今回の展覧会は目に見えず、触れることもできず、時には言葉でも言い表せない・・・
だけど確かに感じている「香り」をテーマに展開します。科学的なアプローチとアーティスティックな思考で構成された作品から
「香り」の持つ詩的な情感を体感していただけます。
visual image
connection
smell
floating
diffusion
no smell
sound
smell
wind
love
danger
food
distance
direction
sense of time and space
no smell
strong smell
匂いや香りは、とらえどころがない。どちらかといえば「匂い」は物質寄りで、「香り」はイメージに近いだろう。また、日本語の「ハナ」は、
匂いを発する「花」と匂いを知覚する「鼻」の両方の意味を持つ。まるで匂いは、複数の言葉によってようやく、立体的になるかのように。
いろはにほへと…例えば「諸行無常」のような言葉や「キラキラ」のようなオノマトペや「E=mc²」のような数式を匂いで表したら、
匂いと言葉とイメージの関係はどうなるだろう？
匂いそのものも、異なる角度から眺め、別の感覚に変換することで、そのカタチが立体的に見えてくる。
色は匂へと…匂いの色ってどんな色だろう？ ＊古くは色の鮮やかな美しさを「にほひ」といった。
イロハニホヘト…もしも匂いを耳で聞いたらどんな音階を作り出すだろう？ ＊香道で匂いを嗅ぐことを「聞香」という。
「ハナハナのハナ」では、匂いと香りのカタチを探る。「ハナ」と「ハナ」の間を漂いながら。
plaplax (近森基＋久納鏡子＋筧康明＋小原藍)
2002年頃よりコラボレーションを開始。主にインタラクティブアート分野における作品制作を手がける一方、公共空間、商業スペースやイベント等での空間演出や展示造形、技術開発など幅広く活動している。Ars Electronica(オーストリア)、SIGGRAPH(アメリカ)、ポンピドゥセンター(フランス)、文化庁メディア芸術祭(日本)など、国内外で数多く作品を発表。
http://www.plaplax.com/
access
SONY BLDG.
外堀通り
銀座駅 A9番出口
みずほ銀行
三菱東京UFJ銀行
和光
CHANEL
CARTIER
交番
中央通り
←新橋
三越
松屋
BVLGARI
銀座一丁目駅 7番出口
京橋→
東京メトロ　銀座一丁目駅7番出口すぐ
東京メトロ　銀座駅　A9番出口 徒歩6分
JR　有楽町駅 京橋口 徒歩5分
POLA MUSEUM ANNEX
ポーラ ミュージアム アネックス　〒104-0061 中央区銀座1-7-7 ポーラ銀座ビル3階　Tel. 03-3563-5501　http://www.po-holdings.co.jp/m-annex/

KEY POINT

1 「香り」が脳に到達するイメージを図式化

頭部と手と花を図式化して、香りの流れがどのようにして認識されてゆくかを表現。抽象的かつ科学分析的な印象にしている。

2 角度によって異なる見え方に

図の罫線の一部をスミと銀、二色並べた線にし、見る角度によって光沢が変化する仕掛けをしている。左ページの図版内の罫線でグレーに見える部分に銀インキを使用。

COLOR

銀インキで不思議な見え方に

色は3色まで絞り、うち1色にシルバーを使用することで、見る角度や光によって不思議に変化する印刷物に。

DIC 621

DIC 2496

C0+M0+Y0+K0

K100

裏面　説明の図式をポップなイラストとフォントで構成して親しみやすく。文中の英数字フォントはSABON。和文は筑紫オールド明朝。

なつしゃび
2013年8月10日(土)
9月16日(月・祝)
夏の写真美術館は楽しみかたいろいろ!
東京都写真美術館

特色の単色や掛け合わせで多彩な表現に

TITLE

なつしゃびキャンペーン

CONCEPT

東京都写真美術館の夏のキャンペーン「なつしゃび」のフライヤー。夜9時まで開館時間を延長することを、月夜の青い光のイメージで表現。美術館に親しみをもってもらえるような印象に。

DATA

開催年 _ 2013 年
サイズ _ A4
CL_ 東京都写真美術館
DF_ 株式会社ヘソ
AD/D_ heso

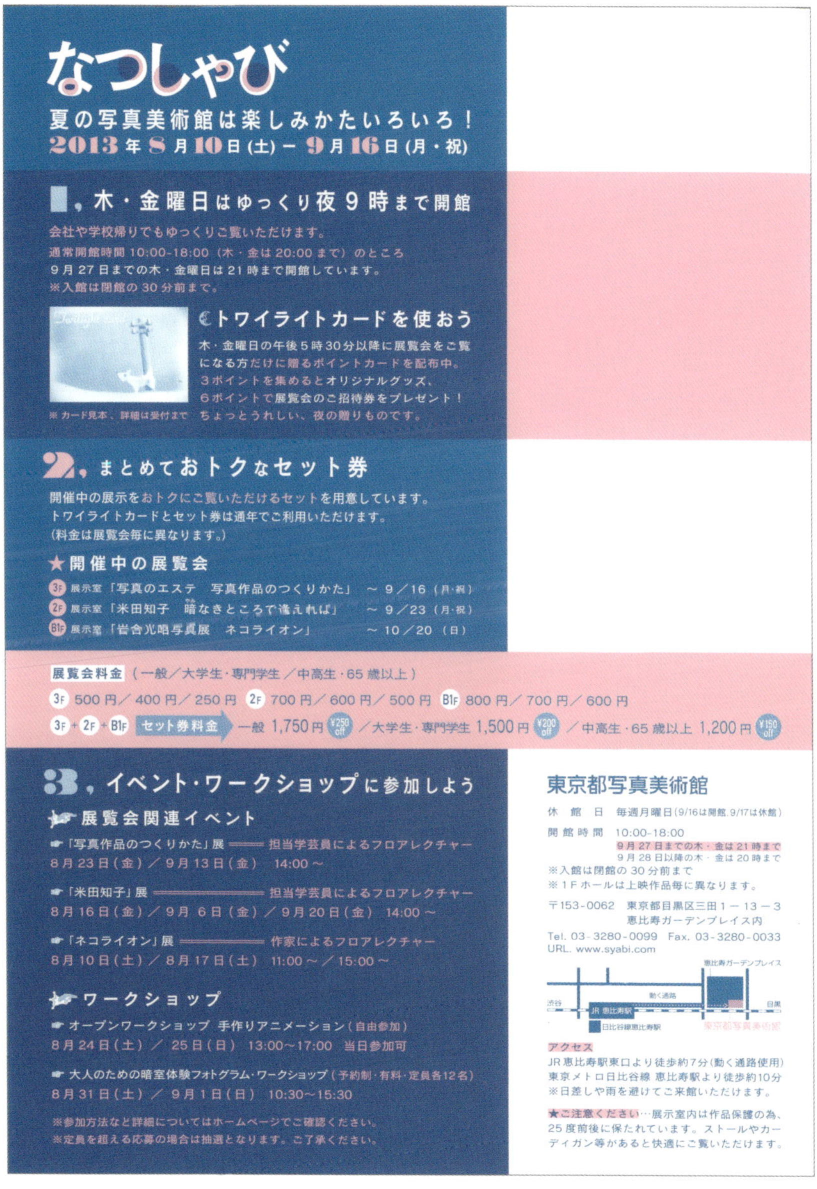
なつしゃび
夏の写真美術館は楽しみかたいろいろ！
2013 年 8 月 10 日 (土) − 9 月 16 日 (月・祝)
1, 木・金曜日はゆっくり夜 9 時まで開館
会社や学校帰りでもゆっくりご覧いただけます。
通常開館時間 10:00-18:00（木・金は 20:00 まで）のところ
9 月 27 日までの木・金曜日は 21 時まで開館しています。
※入館は閉館の 30 分前まで。
トワイライトカードを使おう
木・金曜日の午後 5 時 30 分以降に展覧会をご覧になる方だけに贈るポイントカードを配布中。
3 ポイントを集めるとオリジナルグッズ、
6 ポイントで展覧会のご招待券をプレゼント！
ちょっとうれしい、夜の贈りものです。
※カード見本、詳細は受付まで
2, まとめておトクなセット券
開催中の展示をおトクにご覧いただけるセットを用意しています。
トワイライトカードとセット券は通年でご利用いただけます。
(料金は展覧会毎に異なります。)
★開催中の展覧会
3F 展示室「写真のエステ 写真作品のつくりかた」 ～ 9／16（月・祝）
2F 展示室「米田知子 暗なきところで逢えれば」 ～ 9／23（月・祝）
B1F 展示室「岩合光昭写真展 ネコライオン」 ～ 10／20（日）
展覧会料金（一般／大学生・専門学生／中高生・65 歳以上）
3F 500 円／400 円／250 円 2F 700 円／600 円／500 円 B1F 800 円／700 円／600 円
3F + 2F + B1F セット券料金 一般 1,750 円 ¥250 off ／大学生・専門学生 1,500 円 ¥200 off ／中高生・65 歳以上 1,200 円 ¥150 off
3, イベント・ワークショップに参加しよう
展覧会関連イベント
「写真作品のつくりかた」展 担当学芸員によるフロアレクチャー
8 月 23 日（金）／ 9 月 13 日（金） 14:00 ～
「米田知子」展 担当学芸員によるフロアレクチャー
8 月 16 日（金）／ 9 月 6 日（金）／ 9 月 20 日（金） 14:00 ～
「ネコライオン」展 作家によるフロアレクチャー
8 月 10 日（土）／ 8 月 17 日（土） 11:00 ～／15:00 ～
ワークショップ
オープンワークショップ 手作りアニメーション（自由参加）
8 月 24 日（土）／ 25 日（日） 13:00～17:00 当日参加可
大人のための暗室体験フォトグラム・ワークショップ（予約制・有料・定員各12名）
8 月 31 日（土）／ 9 月 1 日（日） 10:30～15:30
※参加方法など詳細についてはホームページでご確認ください。
※定員を超える応募の場合は抽選となります。ご了承ください。
東京都写真美術館
休館日 毎週月曜日（9/16は開館、9/17は休館）
開館時間 10:00-18:00
9 月 27 日までの木・金は 21 時まで
9 月 28 日以降の木・金は 20 時まで
※入館は閉館の 30 分前まで
※1F ホールは上映作品毎に異なります。
〒153-0062 東京都目黒区三田 1 − 13 − 3
恵比寿ガーデンプレイス内
Tel. 03-3280-0099 Fax. 03-3280-0033
URL. www.syabi.com
恵比寿ガーデンプレイス
動く通路
渋谷
JR 恵比寿駅
目黒
日比谷線恵比寿駅
東京都写真美術館
アクセス
JR 恵比寿駅東口より徒歩約7分（動く通路使用）
東京メトロ日比谷線 恵比寿駅より徒歩約10分
※日差しや雨を避けてご来館いただけます。
★ご注意ください…展示室内は作品保護の為、25 度前後に保たれています。ストールやカーディガン等があると快適にご覧いただけます。

裏面 紙面を特色の単色や掛け合わせの使い分けで区切り、ZEN 角ゴシックフォントなどを使い、文字間をゆったりとって見やすく配置。たくさんの情報をリズミカルに読みやすくデザイン。

KEY POINT

1 写真美術館の外観をイラストに

写真美術館の印象的な外観をイラストに。塗りのかすれ具合と白線で青写真のようにも見え、版画や抽象絵画のようでもある。

2 タイトルと月のモチーフの装飾

タイトルに月をモチーフとした円を組み合わせて装飾し、やわらかで親しみやすい印象に。

COLOR

特色の掛け合わせ

表、裏ともに特色の掛け合わせを使用。単色部分や掛け合わせ部分の使い分けで表情豊かに。白地を効果的に使用。

DIC 220

DIC 166

DIC P-351

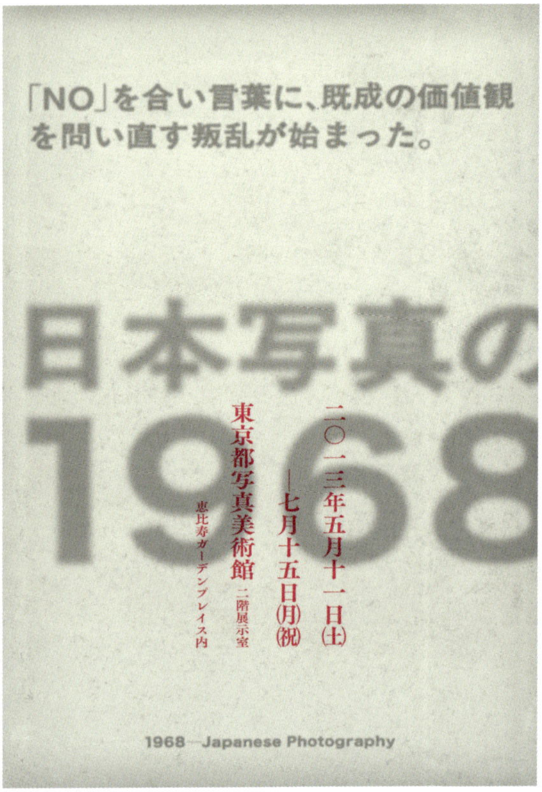
「NO」を合い言葉に、既成の価値観
を問い直す叛乱が始まった。
日本写真の
1968
二〇一三年五月十一日(土)
—七月十五日(月)(祝)
東京都写真美術館 二階展示室
恵比寿ガーデンプレイス内
1968—Japanese Photography

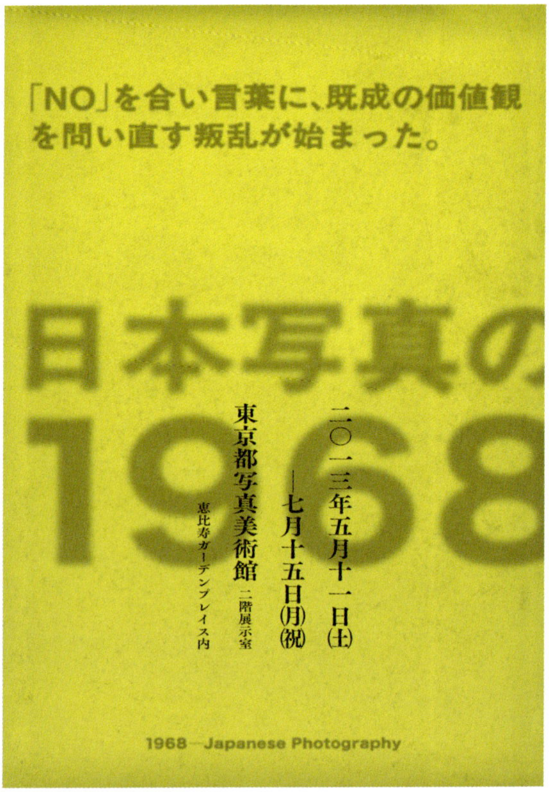
「NO」を合い言葉に、既成の価値観
を問い直す叛乱が始まった。
日本写真の
1968
二〇一三年五月十一日(土)
—七月十五日(月)(祝)
東京都写真美術館 二階展示室
恵比寿ガーデンプレイス内
1968—Japanese Photography

「日本の写真」とは何か？
「日本」において写真とは何か？
「写真」にとって日本とは何か？
日本写真の
1968
二〇一三年五月十一日(土)
—七月十五日(月)(祝)
東京都写真美術館 二階展示室
恵比寿ガーデンプレイス内
1968—Japanese Photography

世界的にあらゆる領域でこれまで
の枠組みに対して根源的な問いか
けと異議申し立てが行われた。
日本写真の
1968
二〇一三年五月十一日(土)
—七月十五日(月)(祝)
東京都写真美術館 二階展示室
恵比寿ガーデンプレイス内
1968—Japanese Photography

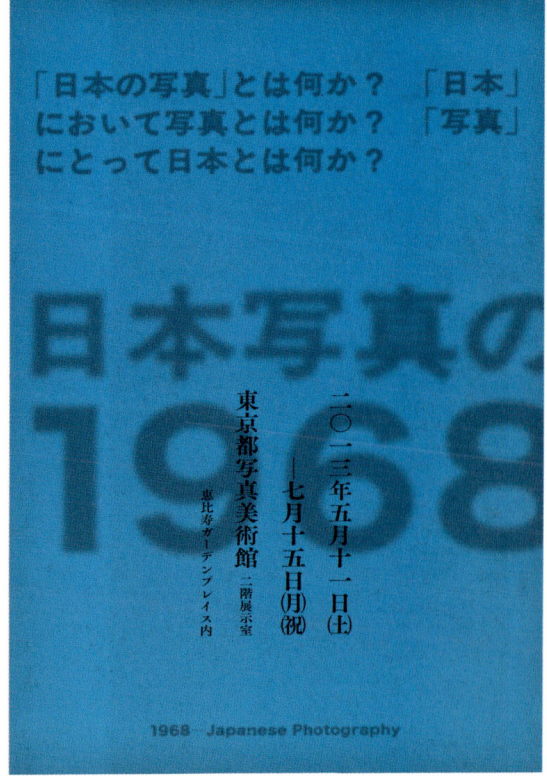

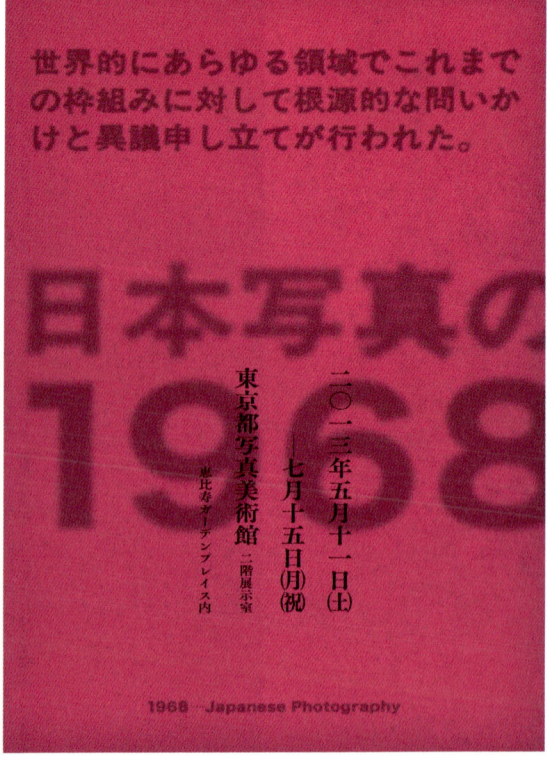

カラーのバリエーションで注目を集める

TITLE

日本写真の1968

CONCEPT

東京都写真美術館の「1968年」を中心にした「時代」と「写真」の関わりを考察する展覧会のフライヤー。展覧会は日本写真史上、重要な出来事を核に構成されている。フライヤーもテーマごとに異なるキャッチコピーとデザインが求められた。

DATA

開催年＿2013年
サイズ＿A4
CL＿東京都写真美術館
D＿佐々木暁

provoke
1
一九六〇年代後半、世界中のあらゆる領域でこれまでの枠組みに対して根源的な問いかけと異議申し立てが行われました。写真においても、近代写真が構築した「写真」の独自性とそれを正当化する「写真史」への問いかけが始まりました。一九六八年は、「写真100年――日本人による写真表現の歴史展」、『カメラ毎日』での「コンポラ写真」の特集、『プロヴォーク――思想のための挑発的資料』の創刊、そして沸騰する学生運動は大学から路上へ、さらに農村へと展開し、闘争の側から撮影した写真群が巷に叛乱《はんらん》してゆくなど、今日の「写真」の社会的な枠組みを考える上で重要な出来事が集中して現れました。本展では、「1968年」を中心にして、一九六六から七四年の間で、日本で「写真」という枠組みがどのように変容し、世界を変容させていったかをたどり、「写真とは」「日本とは」「近代とは」をさぐります。
1968
二〇一三年五月十一日(土)―七月十五日(月)(祝)
東京都写真美術館　二階展示室
恵比寿ガーデンプレイス内
主催＝東京都　東京都写真美術館
開館時間＝午前十時～午後六時（木・金は午後八時、入館は閉館の三〇分前）
休館日＝毎週月曜日
観覧料＝一般・六〇〇（四八〇）円、学生・五〇〇（四〇〇）円、中高生・六十五歳以上・四〇〇（三二〇）円
※（　）は二〇名以上の団体料金
※東京都写真美術館友の会会員、小学生以下および障害者手帳をお持ちの方とその介護者は無料
※第三水曜日は六十五歳以上無料
〈関連イベント〉
シンポジウム「日本写真の1968（仮題）」
出演＝倉石信乃（明治大学教授）／金子隆一（当館専門調査員）ほか
二〇一三年六月十五日(土)　午後二時から五時　開場＝午後一時半
※東京都写真美術館一階ホール（定員一九〇名）
※対象＝本展覧会チケットをお持ちの方
※受付＝先着順、当日午前十時より一階受付にて入場整理券を配布します。
※整理券番号順に入場、自由席
〈フロアレクチャー〉
※会期中の第二・第四金曜日、午後四時から展示解説を行います。
※本展覧会の半券（当日有効）をお持ちの上、展示室入口にお集まりください。
〒一五三・〇〇六二　東京都目黒区三田一ノ一三ノ三　恵比寿ガーデンプレイス内
電話＝〇三・三二八〇・〇〇九九
〈交通機関〉
※JR恵比寿駅東口改札より徒歩約七分、東京メトロ日比谷線恵比寿駅より徒歩約一〇分
※当館には専用の駐車場がございません。お車でご来館の際は近隣の有料駐車場をご利用ください。
1968―Japanese Photography
恵比寿ガーデンプレイス
動く通路
渋谷
目黒
JR恵比寿駅
日比谷線恵比寿駅
東京都写真美術館
www.syabi.com

KEY POINT

❶ ピントの甘いタイトルロゴで「写真」を表現

タイトルをぼかして見せることで「写真」というテーマや「時代性」を表現している。あえて版面からはみ出した配置が目を引く。

❷ 時代を表すノイズ混じりの質感

背景は古い写真のようなノイズ混じりのテクスチャを用いている。端の方は感光した印画紙のような風合いの仕上がりに。

COLOR

カラーのバリエーションで目を引く

同一の構図でキャッチコピーとカラーの異なる4種類のバリエーションを制作している。これらを付け合わせて一度に印刷し、印刷コストも低く抑えている。

C12+M9+Y97

C10+M95+Y7

C80+M21+Y4

C80+M21+Y4

裏面　新聞の文字のような筑紫オールド明朝の縦組みにして、ドキュメンタリーのような雰囲気を強調。

柳都会
2012.04.08
りゅとぴあ Noism
Niigata City Performing Arts Center RYUTOPIA
Residential Dance Company Noism
Noism 対談企画
第3回 りゅうとかい
塩田純一×金森穣
柳都会第3回は、新潟市美術館館長の塩田純一さんをお迎えします。東京都庭園美術館の副館長や青森県立美術館の美術統括監などを歴任された美術界のプロフェッショナルである塩田さんにとって、新潟とは？芸術とは？「美術館」と「劇場」、それぞれの活動拠点から見えてくる新潟の芸術文化事情について考えます。皆様のご参加をお待ちしています。

印象的なカラーとタイトルロゴで「新鮮度」を表現する

TITLE

Noism 対談企画「柳都会」
第３回〜第８回

CONCEPT

新潟を拠点に活動する各界の専門家と、Noism芸術監督・金森穣との対談を行うシリーズ企画「柳都会」のフライヤー。企画自体を広く覚えてもらうため、メインタイトルや基本的なレイアウトフォーマットは固定とし、「定期的」であることを印象付けている。

DATA

開催年 _ 2012-2013 年
サイズ _ A4
CL_ 公益財団法人 新潟市芸術文化振興財団
DF_ アトリエタイク株式会社
AD/D_ アトリエタイク

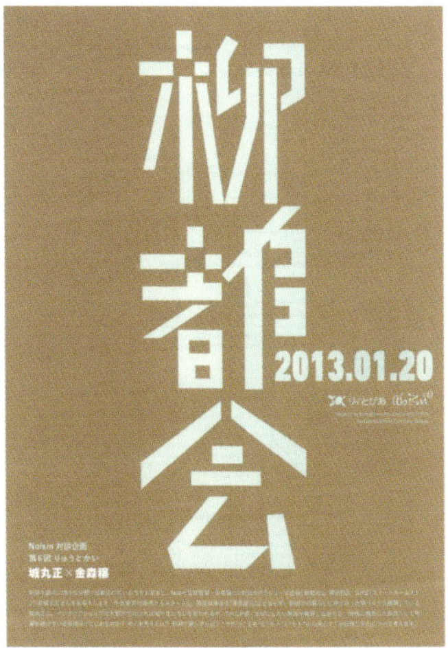

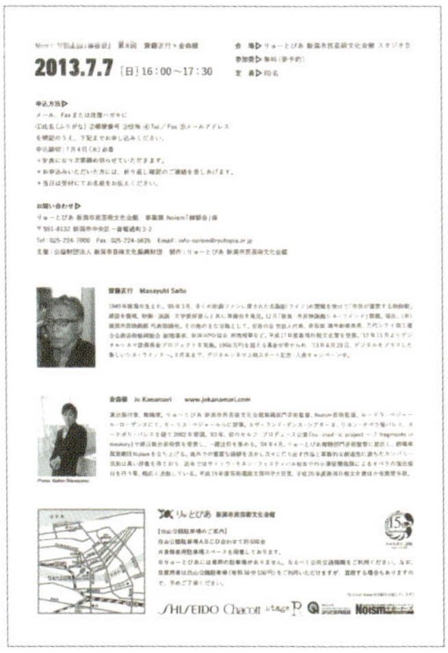

裏面

KEY POINT

❶ 分解したパーツのようなタイトルロゴ

漢字を分解したようなオリジナルのタイトルロゴが、モダンな雰囲気を漂わせている。一見、何と書いているのかと目に留まる。

❷ グリッドにまとめたレイアウト

タイトルロゴと各回のカラーを印象付けて、他の情報は裏面も含めグリッド状にまとめてシンプルで洗練されたデザインに。

COLOR

メタリック色のバリエーション

メタリック色を使った２色の色調変化のみで各回の「新鮮度」を表現。シンプルながら特異な色の組み合わせが目を引く。

PANTONE 8003U

PANTONE 8321U

PANTONE 8100U

o l i v e t t i
MUSASHINO ART UNIVERSITY
AND DESIGN
III
Olivetti and Braun: Indicating Corporate Visions
ムサビのデザインIII
休館日：日曜日・祝日（6月9日［日］、7月15日［月・祝］、8月18日［日］は特別開館）
開館時間：10:00-18:00（土曜日・特別開館日は17:00まで）
入館無料
デザインが語る企業理念：オリベッティとブラウン 2013年6月3日［月］→8月18日［日］ 武蔵野美術大学美術館 展示室4・5
MAU M&L
Musashino Art University Museum & Library
BRAUN
B R A U N

レトロなデザイン製品を クールに配したグリッドデザイン

TITLE

ムサビのデザインⅢ—デザインが語る企業理念：オリベッティとブラウン

CONCEPT

企業理念を具現化したオリベッティとブラウンのデザインに焦点を当てた展覧会のフライヤー。同時代に全く異なるアプローチを試みた両社を比較しながら、デザインによるアイデンティティの形成を見ることをコンセプトにしている。

DATA

開催年 _ 2013 年
サイズ _ A4
CL_ 武蔵野美術大学 美術館・図書館
DF_ 株式会社中野デザイン事務所
AD/D_ 中野豪雄

ムサビのデザインIII | デザインが語る企業理念：オリベッティとブラウン
会期：2013年6月3日［月］－8月18日［日］
会場：武蔵野美術大学美術館 展示室4・5
開館時間：10:00-18:00（土曜日、特別開館日は17:00まで）| 入館無料
休館日：日曜日・祝日（6月9日［日］、7月15日［月・祝］、8月18日［日］は特別開館）
主催：武蔵野美術大学 美術館・図書館
共催：武蔵野美術大学 造形研究センター
1
2
3
4
MUSASHINO ART UNIVERSITY AND DESIGN III
Olivetti and Braun: Indicating Corporate Visions
■このたび、武蔵野美術大学 美術館 図書館 では「ムサビのデザインIII —デザインが語る企業理念：オリベッティとブラウン」を開催いたします。
2011年に当館のリニューアル開館記念として始まったシリーズ展「ムサビのデザイン」の第3弾となる本展は、20世紀のプロダクト・デザイン史においてひときわ異彩を放つ、
オリベッティ社とブラウン社に焦点を当てます。■1908年に北イタリアの小都市イブレアで設立されたオリベッティ社は、タイプライターの製造を出発点に計算機やオフィス家具など
ワークスペースで必要とされる様々な製品に活動領域を広げていきました。その発展を支えた要因のひとつは、企業思想を的確にとらえ卓越したディレクションの力を発揮した
歴代のクリエイターたちの存在です。同社の製品が20世紀のオフィス空間に与えた影響ははかりしれません。■一方、1921年にドイツのフランクフルトで起業したブラウン社は、
音響機器の製造をはじめとして、シェーバーや時計、ライターなど生活に身近なプロダクトを発表してきました。シンプルかつ機能的である製品はもちろんのこと、
その製品と緊密な関係をもつコミュニケーションシステムなど、デザインがブランドイメージの構築にこれほどまで大きな役割を果たした例は、同社をおいて他に見られません。
■確固とした企業理念に基づく両社の製品は、今日なお世界中の企業やデザイナーからクリエイションの指標と目されています。本展ではオリベッティ社とブラウン社が
世に送り出した製品をはじめ、ポスター、製品カタログなどのグラフィック、そして販促用グッズなど当館所蔵の約200点を展示します。
両社の活動軌跡をたどることは、デザインと企業理念の関係についてあらためて考える機会となるでしょう。
5
6
7
オリベッティ社
1. タイプライター「レキシコン80」| マルチェロ・ニッツォーリ | 1948年
2. 加算機「スンマ19」| エットレ・ソットサス・ジュニア、ハンス・フォン・クリア | 1970年
3. タイプライター「バレンタインS」| エットレ・ソットサス・ジュニア、ペリー・キング | 1969年
4. 電子計算機「ディヴィスンマ18」| マリオ・ベリーニ、アレッサンドロ・デ・グレゴーリ、デルク・ヤン・デ・ヴリース、アントニオ・マッキ・カッシア、ジャンニ・パシーニ、サンドロ・パスキ | 1973年
ブラウン社
5. ポケット・トランジスタラジオ「T 3」| ディーター・ラムス、ウルム造形大学 | 1958年
6. シェーバー「シクスタント SM 31」| ゲルト・アルフレート・ミュラー、ハンス・グジェロ | 1962年
7. ワールドレシーバー「T 1000」| ディーター・ラムス | 1963年
8. ラジオ・レコードプレーヤー複合機「SK 4」| ディーター・ラムス ハンス・グジェロ | 1956年
M&L
武蔵野美術大学 美術館・図書館
〒187-8505 東京都小平市小川町1-736
TEL:042-342-6003 | FAX:042-342-6451
http://mauml.musabi.ac.jp/
交通アクセス：
1. 西武国分寺線「鷹の台」駅下車 徒歩20分
2. 国分寺駅北口よりバス「武蔵野美術大学」下車すぐ
（バス所要時間 約20分）
8

KEY POINT

1 グリッドを使った静と動の対比

表面の上下に二社のプロダクト写真を配置。グリッドを共通して用いながらも、その応用の仕方に変化を与えた。上（Olivetti）は文字を散らして紙面に動きを出し、下（BRAUN）は静的なイメージに。

2 モダンなゴシック系フォント

文字組みはゴシック系フォントを使用し、ヨーロッパのモダンな雰囲気に。和文はヒラギノ角ゴシック、欧文はLinotype Universeを中心に使用。

COLOR

レトロでポップな配色

オリベッティの社名はカラフルで動きのある文字で表現。一方で、ブラウンの社名は写真の一部のようにモノトーンで静的なイメージで対比させている。

- M85+Y10
- M90+Y100
- C15+M15+Y100
- C0+M0+Y0+K0
- C90+Y100
- C80+Y15

裏面 カラフルな製品写真を切り抜きと角版を組み合わせて整然と配置し、文字情報もコンパクトにまとめて読みやすくしている。

YCAM 10th Anniversary
DOMMUNE
YCAM
1 07.06 SAT - 09.01 SUN
2 11.01 FRI - 12.01 SUN
YCAM
DOMMUNE

オリジナルのサイトデザインを応用したレイアウト

CONCEPT

山口情報芸術センター［YCAM］10周年を記念して企画された、DOMMUNEというライヴストリーミングチャンネル／スタジオのアーカイヴ展示のフライヤー。東京発のDOMMUNEが山口に期間限定のスタジオを作り、発信する試み。DOMMUNEをフィーチャーしたデザインに。

TITLE

YCAMDOMMUNE

DATA

開催年＿2013年
サイズ＿148×420mm（二つ折り）
CL＿YCAM
DF＿YCAM InterLab
D＿角田なおみ / 百束ひとみ

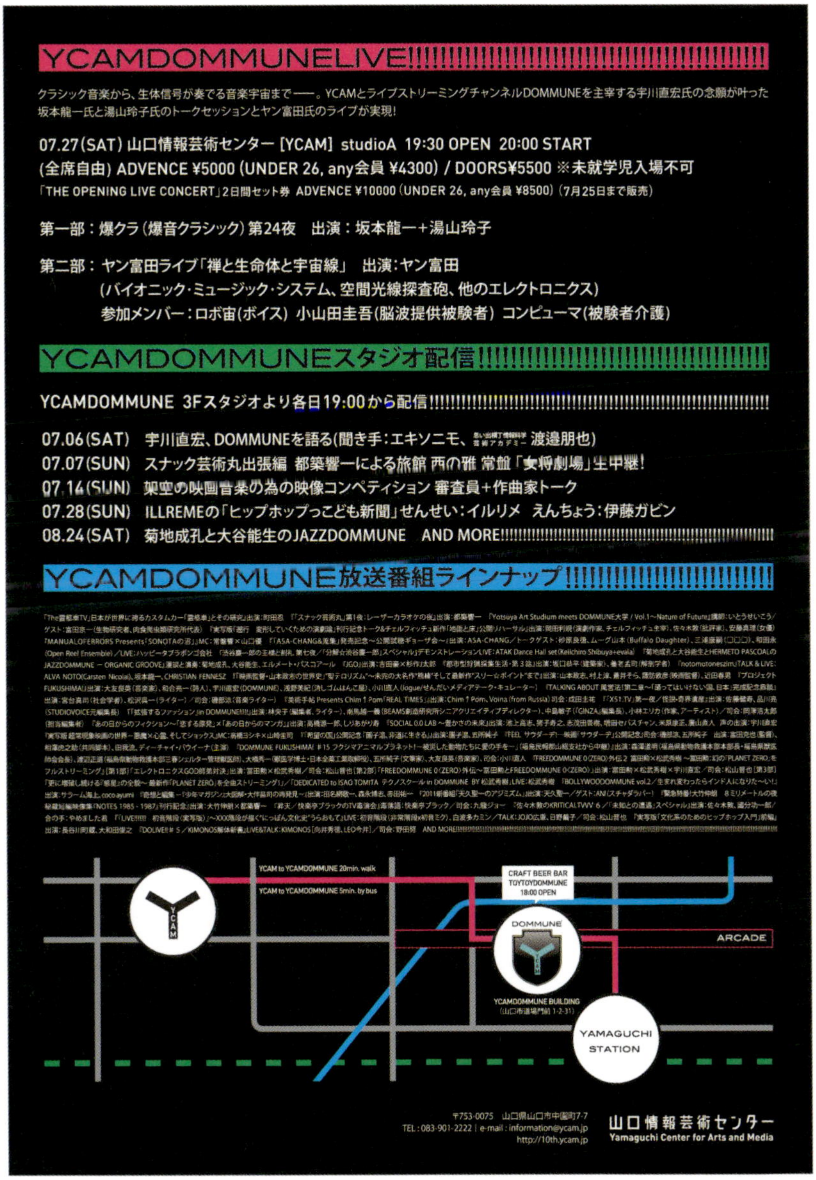

裏面　文字組みは、和文に小塚ゴシック Std フォント、欧文は BlairMdITC TT Medium、数字は FF DIN を使用。見出しの「!!!!!!!!!!!!!!!!!!!!」は E メールや SNS など、ネットカルチャーで多用される表現で、DOMMUNE のイメージともマッチしている。

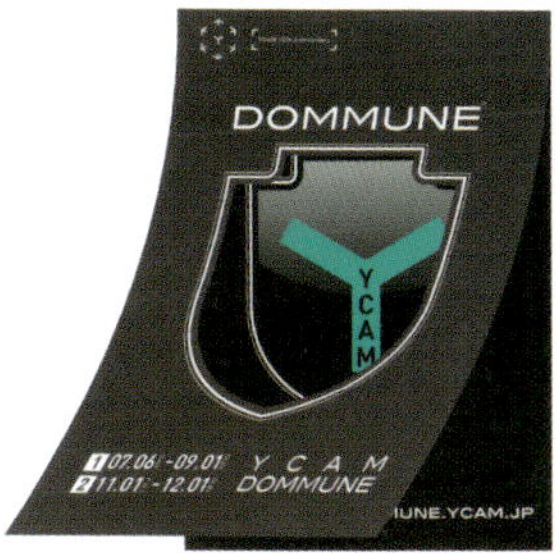

KEY POINT

❶ DOMMUNE ロゴで切り抜いた窓

二つ折りで DOMMUNE ロゴで切り抜いた中窓を通して YCAM ロゴが見える構造でコラボレーションを表現。

❷ 印刷の光沢の差で立体的に表現

前面はマットで印刷、中面は光沢ある印刷にして差を付け、二重になっている構造を立体的に見せている。

COLOR

キーカラー、ブラックをベースに

DOMMUNE のウェブサイトデザインのキーカラーや、YCAM のカラー、ブラックをベースにデザイン。

C70+Y30

M100

C100+Y100

K100

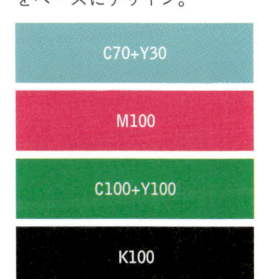

NTT都市開発
150 Years of Modern Japanese Music
五線譜に描いた夢
日本近代音楽の150年
2013年10月11日[金]-12月23日[月・祝]
東京オペラシティ アートギャラリー Tokyo Opera City Art Gallery
150 Years of Modern Japanese Music
五線譜に描いた夢 日本近代音楽の150年
2013年10月11日[金]-12月23日[月・祝] 東京オペラシティ アートギャラリー Tokyo Opera City Art Gallery
開館時間:11:00-19:00(金・土は20:00まで/最終入場は閉館の30分前まで)|休館日:月曜日(ただし、祝日の場合は翌火曜日)|入場料:一般1000[800]円|大・高生800[600]円|中・小生600[400]円|お問い合わせ:03-5777-8600(ハローダイヤル)
同時開催「収蔵品展046 聖と俗」、「project N 54 大垣美穂子」の入場料を含みます。収蔵品展入場券200円(各種割引は無し)もあり。[ ]内は15名以上の団体料金。その他、閉館1時間前より半額、65歳以上半額。土・日・祝日の中・小生無料、障害者手帳をお持ちの方および付添1名は無料。割引の併用および入場料の払い戻しはできません。
主催:公益財団法人 東京オペラシティ文化財団、明治学院大学、NHKプロモーション、日本経済新聞社|協賛:NTT都市開発株式会社|協力:株式会社ヤマハミュージックリテイリング
Friday, 11 October - Monday, 23 December, 2013 | Open hours: 11:00 - 19:00 (to 20:00 on Fridays and Saturdays, entry up to 30 minutes before closing) | Closed on Mondays (Tuesday if the Monday is a public holiday)
Admission: adult 1000 [800] yen / university and high school students 800 [600] yen / junior high and elementary school students 600 [400] yen | Fare includes admission for "From the Terada Collection 046 The Sacred and the Profane" and "project N 54 OGAKI Mihoko".
Organisers: Tokyo Opera City Cultural Foundation / Meiji Gakuin University / NHK PROMOTIONS INC. / NIKKEI Inc. | Sponsor: NTT Urban Development Co. | Support: YAMAHA MUSIC RETAIL,INC Co.,Ltd.
MEIJI GAKUIN UNIVERSITY MG 150TH Anniv.
ARTGALLERY TOKYO OPERA CITY
写真 上:国立国会図書館提供|下:ルルー「抜刀隊」(1885)自筆譜

歴史感を映し出す
譜面と写真のコラージュ

TITLE

**五線譜に描いた夢
日本近代音楽の150年**

CONCEPT

明治維新以降150年にわたる日本近代音楽の歴史をたどる展覧会のフライヤー。全国から集められた楽譜や楽器、公演プログラムやレコード、絵画など、貴重な資料約300点で近代音楽の展開を視覚的に構成する試み。

DATA

公演年 _ 2013年
サイズ _ A3
CL_ 東京オペラシティ・アートギャラリー/
明治学院大学
DF_ 株式会社中野デザイン事務所
AD/D_ 中野豪雄

裏面

展示構成に合わせて、複数のバリエーションが制作された。譜面と写真が相互に響きあい、展覧会のスケールを伝え、かつ期待感を高める構成。文字要素はスミをメインに用い、可読性を維持している。裏面には展示作品を切り抜きで配置。

KEY POINT

1 クラシカルなフォントの組み合わせ

クラシカルな本明朝で組まれた日本語のタイトルに、文字の形が似たBauer Bodoniで作成した英語のタイトルを重ね、アカデミックな雰囲気に。

2 連動するビジュアルをひとつに

透け感のあるメインビジュアルは、譜面と同時代の社会状況を象徴する写真との重ね合わせで表現されている。

COLOR

時代の移り変わりを表現

滑らかなグラデーションによる色の移り変わりは譜面から写真へ、またその逆へと視線を誘導。情報への導線を確保している。

C45+M50

C30+M40+Y100

C0+M0+Y0+K0

K100

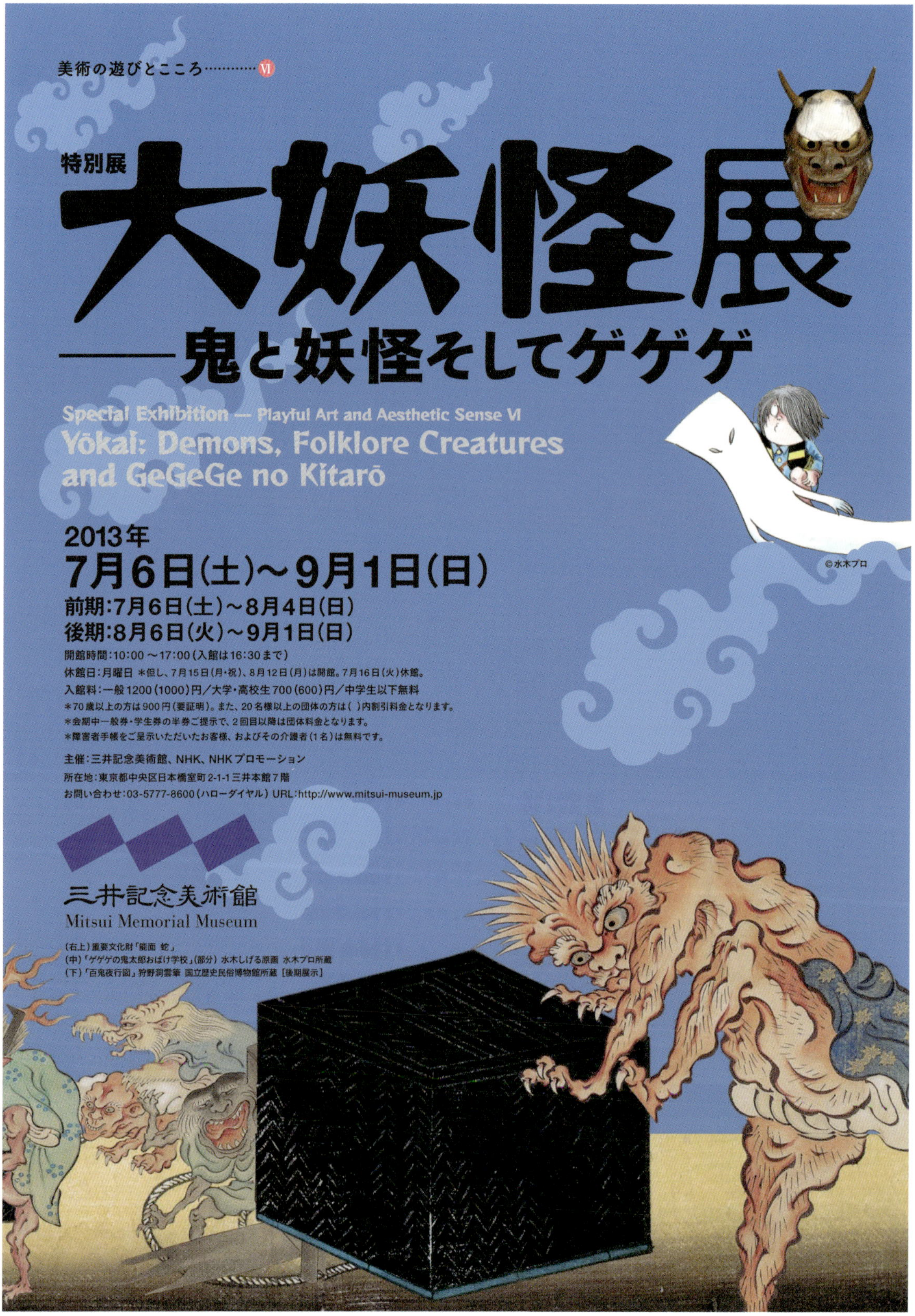

美術の遊びとこころ…………Ⅵ
特別展
大妖怪展
――鬼と妖怪そしてゲゲゲ
Special Exhibition — Playful Art and Aesthetic Sense Ⅵ
Yōkai: Demons, Folklore Creatures and GeGeGe no Kitarō
2013年
7月6日(土)～9月1日(日)
前期:7月6日(土)～8月4日(日)
後期:8月6日(火)～9月1日(日)
開館時間:10:00 ～17:00(入館は16:30まで)
休館日:月曜日 *但し、7月15日(月・祝)、8月12日(月)は開館。7月16日(火)休館。
入館料:一般1200(1000)円／大学・高校生700(600)円／中学生以下無料
*70歳以上の方は900円(要証明)。また、20名様以上の団体の方は( )内割引料金となります。
*会期中一般券・学生券の半券ご提示で、2回目以降は団体料金となります。
*障害者手帳をご呈示いただいたお客様、およびその介護者(1名)は無料です。
主催:三井記念美術館、NHK、NHKプロモーション
所在地:東京都中央区日本橋室町2-1-1三井本館7階
お問い合わせ:03-5777-8600(ハローダイヤル) URL:http://www.mitsui-museum.jp
三井記念美術館
Mitsui Memorial Museum
(右上)重要文化財「能面 蛇」
(中)「ゲゲゲの鬼太郎おばけ学校」(部分) 水木しげる原画 水木プロ所蔵
(下)「百鬼夜行図」狩野洞雲筆 国立歴史民俗博物館所蔵［後期展示］
©水木プロ

蓋を開くと飛び出す妖怪たちのインパクト

TITLE

三井記念美術館 大妖怪展
―鬼と妖怪そしてゲゲゲ

CONCEPT

三井記念美術館にて開催された特別展「大妖怪展」の告知フライヤー。表面は図版下部のつづらの蓋が閉まっている状態だが、ページをめくるとその蓋が開き、魑魅魍魎（妖怪たち）が溢れ出し跋扈（ばっこ）する、百鬼夜行を表現。紙面全体を用いて、賑やかな演出にまとめあげている。

DATA

開催年＿2013年
サイズ＿140×370mm（二つ折り）
CL＿三井記念美術館
DF＿株式会社D_CODE
AD＿垣本正哉
D＿河野素子 / 李 健

裏面

右が中面。表面とはうってかわって、黒を地に敷くことで夜の雰囲気を演出している。縦長の紙面を有効に用いて、行列をなす妖怪の姿を全面に打ち出し、展覧会のスケール感を伝えている。展示作品の一例も、背景に処理を加えることでしっかりと見せている。

KEY POINT

1 タイプフェイスで注目を引く

抑揚を効かせた文字使いが特徴的なタイトル部分のタイポグラフィは、妖怪の持つ妖しいイメージやユーモラスさを象徴的に表現している。

2 表面との落差で印象に訴える

比較的すっきりした印象の表面を開くと、一気に極彩色の妖怪画が現れて驚きを与え、印象に深く訴えかける。

COLOR

幅広い層の目を引く鮮やかな青

表紙は古典的な妖怪画を使いながらも、背景に鮮やかな青を用い、子供の客層にも受け入れられるように。

C74+M43+Y2
C27+M65+Y66
C80+M70+Y80+K50
C0+M0+Y0+K0

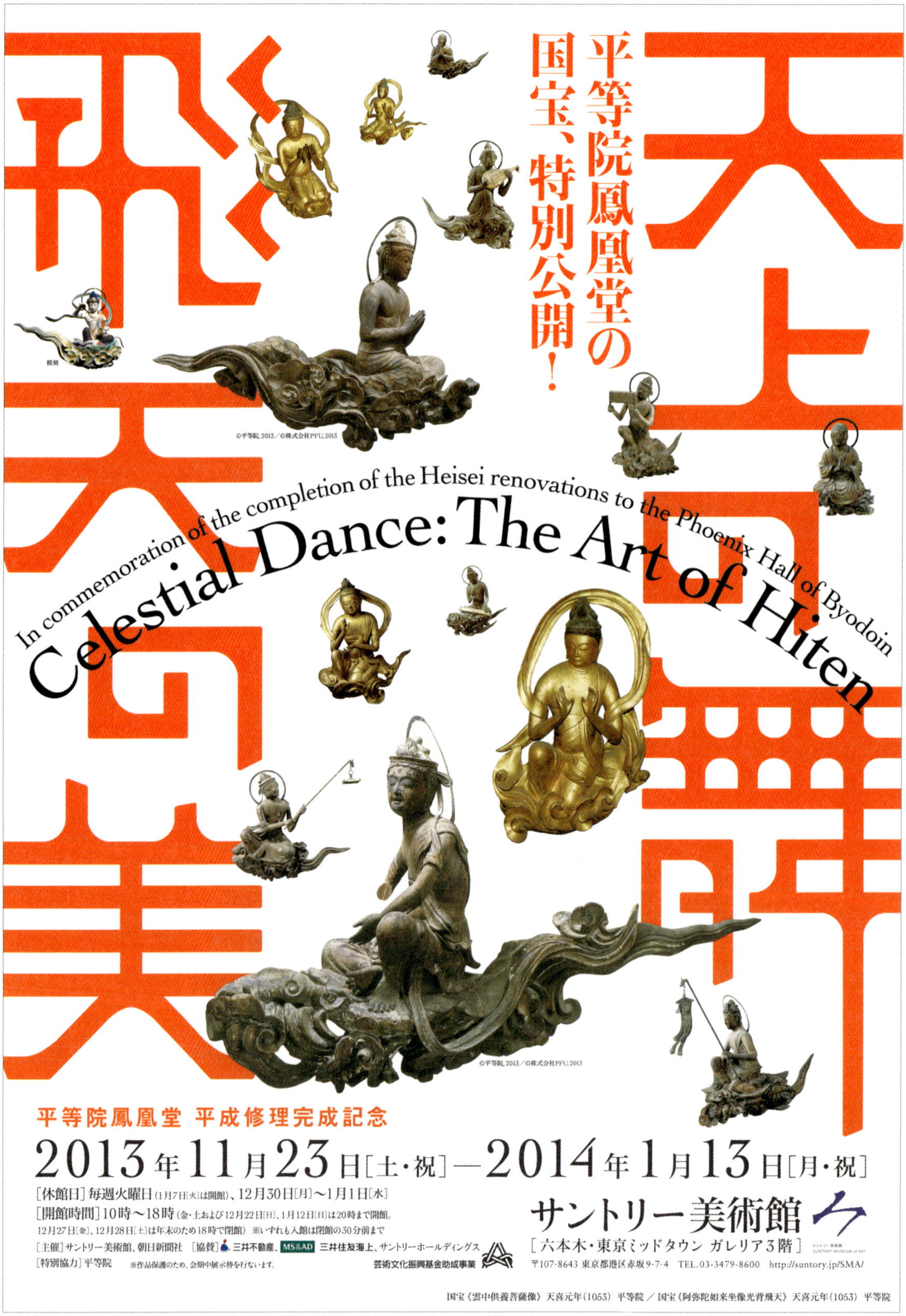
天上の舞
飛天の美
平等院鳳凰堂の
国宝、特別公開！
模刻
©平等院, 2013／©株式会社PFU, 2013
In commemoration of the completion of the Heisei renovations to the Phoenix Hall of Byodoin
Celestial Dance: The Art of Hiten
©平等院, 2013／©株式会社PFU, 2013
平等院鳳凰堂 平成修理完成記念
2013年11月23日[土・祝]—2014年1月13日[月・祝]
[休館日] 毎週火曜日(1月7日[火]は開館)、12月30日[月]〜1月1日[水]
[開館時間] 10時〜18時(金・土および12月22日[日]、1月12日[日]は20時まで開館。
12月27日[金]、12月28日[土]は年末のため18時で閉館) ※いずれも入館は閉館の30分前まで
[主催] サントリー美術館、朝日新聞社 [協賛] 三井不動産、MS&AD 三井住友海上、サントリーホールディングス
[特別協力] 平等院 ※作品保護のため、会期中展示替を行ないます。
芸術文化振興基金助成事業
サントリー美術館
[六本木・東京ミッドタウン ガレリア3階]
サントリー美術館
SUNTORY MUSEUM of ART
〒107-8643 東京都港区赤坂9-7-4 TEL.03-3479-8600 http://suntory.jp/SMA/
国宝《雲中供養菩薩像》天喜元年(1053) 平等院 ／ 国宝《阿弥陀如来坐像光背飛天》天喜元年(1053) 平等院

仏像が天上を舞う 躍動感のあるデザイン

TITLE

天上の舞 飛天の美

CONCEPT

仏教において空を舞う天人を飛天と呼ぶが、そんな飛天に関する作品を集めた展覧会のフライヤー。貴重な機会であることをアピールするため観音開きで特別感を演出している。多数の仏像が宙を飛び回るビジュアルはユニークかつ豪華絢爛。

DATA

開催年 _ 2013 2014 年
サイズ _ A3（観音開き）
CL_ サントリー美術館
DF_ 野村デザイン制作室
AD/D_ 野村勝久
D_ 坂本実央

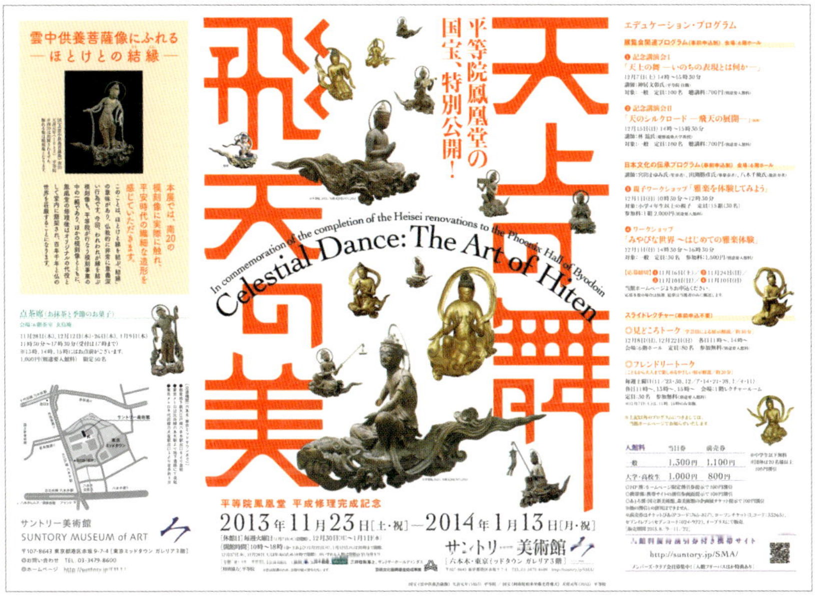
雲中供養菩薩像にふれる
—ほとけとの結縁—
天上の舞
飛天の美
平等院鳳凰堂の国宝、特別公開！
In commemoration of the completion of the Heisei renovations to the Phoenix Hall of Byodoin
Celestial Dance: The Art of Hiten
エデュケーション・プログラム
平等院鳳凰堂 平成修理完成記念
2013年11月23日[土・祝]―2014年1月13日[月・祝]
サントリー美術館
SUNTORY MUSEUM of ART

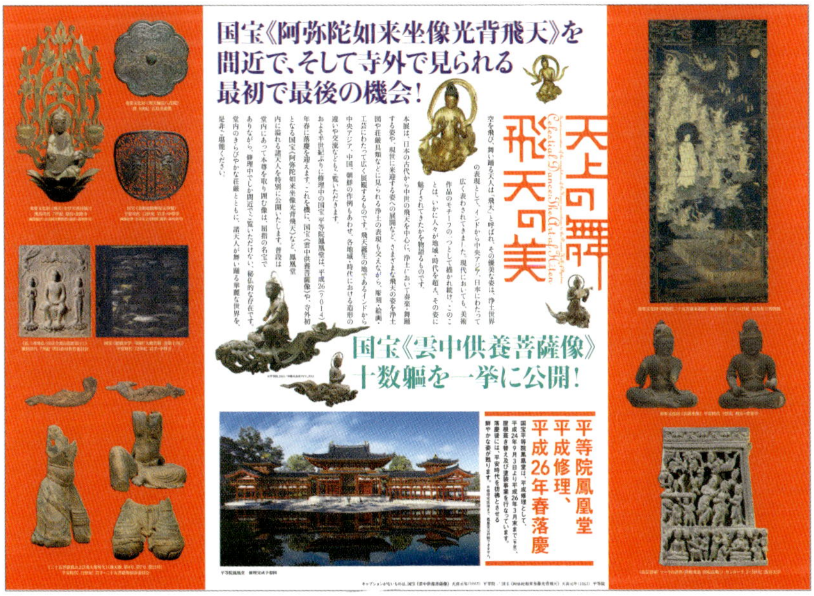
国宝《阿弥陀如来坐像光背飛天》を間近で、そして寺外で見られる最初で最後の機会！
天上の舞
飛天の美
国宝《雲中供養菩薩像》十数軀を一挙に公開！
平等院鳳凰堂
平成修理、
平成26年春落慶

裏面 開いた途端に目に飛び込んでくる刺激的な朱色。テーマカラーをふんだんに盛り込んだインパクトある紙面に。

KEY POINT

1 特徴的なロゴで視覚に訴える

壁面をイメージした独特なタイトルロゴ。仏像写真との前後関係に変化を与えて立体感を演出し、よりインパクトを与えている。

2 展覧会を象徴した構成で大胆に魅せる

切り抜き写真の大小や角度に違いを付けることで、デザイン全体に奥行きを感じさせる構成。飛天の特徴を活かした面白いアイデア。

COLOR

コントラストで朱色の力強さを強調

修理後の平等院鳳凰堂を象徴する朱色をテーマカラーとして展開。白の背景が朱色を際立たせ、ロゴに堂々とした雰囲気を与えている。

M90+Y100

C0+M0+Y0+K0

K100

江戸東京博物館
1階展示室
〒130-0015 東京都墨田区横網1-4-1
TEL.03-3626-9974(代表)
江戸東京博物館 開館20周年記念特別展
花開く
江戸の園芸
2013年7月30日(火)－9月1日(日)
＊入館は閉館の30分前まで
休館日／毎週月曜日(ただし8月12日(月)は開館)
開館時間／午前9時30分～午後5時30分(土曜日は午後7時30分まで)
主催／公益財団法人東京都歴史文化財団 東京都江戸東京博物館
後援／公益財団法人 東京都公園協会、社団法人 園芸文化協会、一般社団法人 英国王立園芸協会日本支部
公式ホームページ／http://www.edo-engei.jp
世界がビックリ！
江戸のガーデニング
Flowers in Bloom: The Culture of Gardening in Edo
表面：右より 歌川国貞(三代豊国) 画「四季花くらべの内 秋」1853年(嘉永6) 個人蔵、
葛飾北斎画「菊図」1847年(弘化4) 一般財団法人 北斎館蔵。(いずれも部分)

花と文字の密着した配置で
メリハリある紙面に

CONCEPT

江戸時代の花の園芸に注目した展覧会フライヤー。表は出来るだけ構成要素を減らし、画面にメリハリを。一方、裏は文字が小さくなるので、展覧会内容を読んでもらえるよう、紙面の中に「抜ける」箇所を作って、全面に文字が散らばらないようにしている。

TITLE

江戸東京博物館 開館20周年記念特別展
花開く 江戸の園芸

DATA

開催年 _ 2013年
サイズ _ A4
CL_ 公益財団法人東京都歴史文化財団
東京都江戸東京博物館
DF_ 大向デザイン事務所
AD_ 大向 務
D_ 坂本佳子

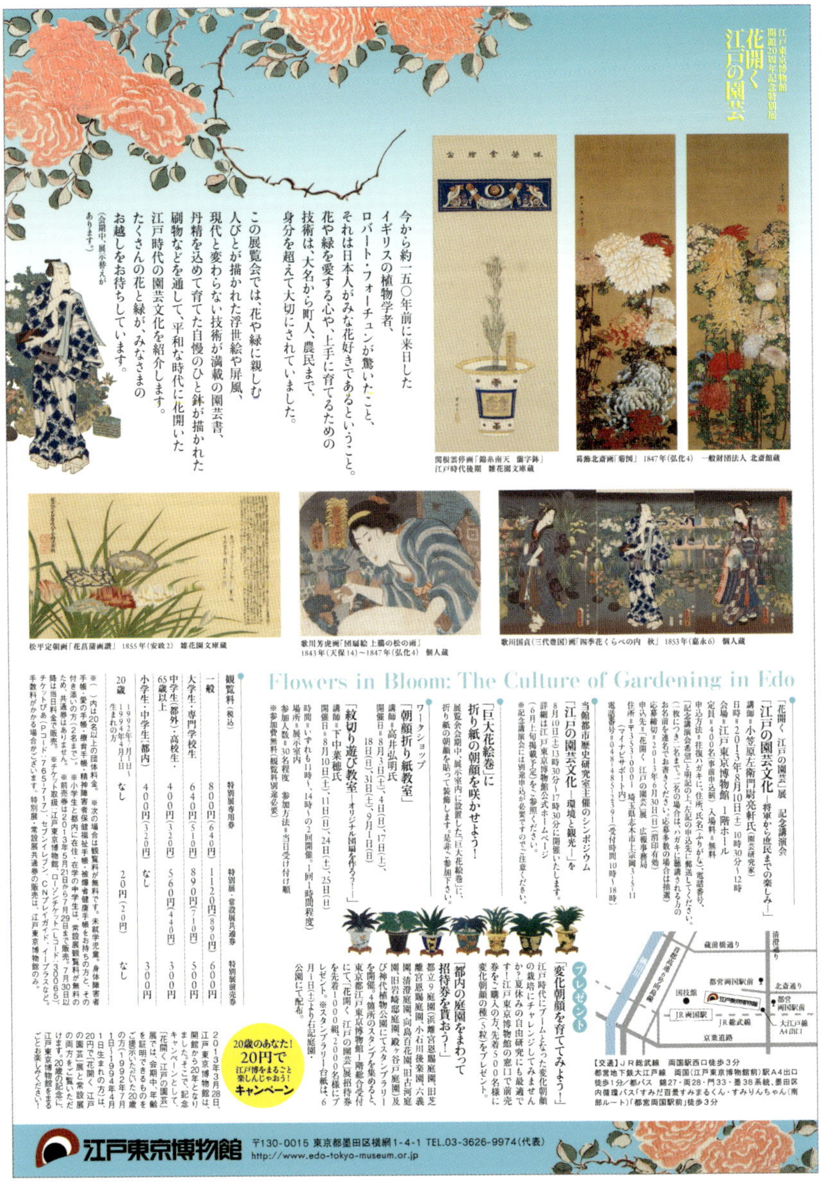

江戸東京博物館 開館20周年記念特別展
花開く 江戸の園芸
今から約一五〇年前に来日したイギリスの植物学者、ロバート・フォーチュンが驚いたこと、それは日本人がみな花好きであるということ。花や緑を愛する心や、上手に育てるための技術は、大名から町人、農民まで、身分を超えて大切にされていました。
この展覧会では、花や緑に親しむ人びとが描かれた浮世絵や屏風、現代と変わらない技術が満載の園芸書、丹精を込めて育てた自慢のひと鉢が描かれた刷物などを通して、平和な時代に花開いた江戸時代の園芸文化を紹介します。たくさんの花と緑が、みなさまのお越しをお待ちしています。
葛飾北斎画「菊図」1847年(弘化4) 一般財団法人 北斎館蔵
歌川国貞(三代豊国)画「四季花くらべの内 秋」1853年(嘉永6) 個人蔵
Flowers in Bloom: The Culture of Gardening in Edo
「花開く 江戸の園芸」展 記念講演会
「江戸の園芸文化―将軍から庶民までの楽しみ―」
講師＝小笠原左衛門尉亮軒氏(園芸研究家)
日時＝2013年8月10日(土) 10時30分～12時
会場＝江戸東京博物館 1階ホール
定員＝400名(事前申込制) 入場料＝無料
当館都市歴史研究室主催のシンポジウム
「江戸の園芸文化―環境と観光―」を8月10日(土)13時30分～17時30分に開催いたします。
「巨大花絵巻」に折り紙の朝顔を咲かせよう!
ワークショップ
「朝顔折り紙教室」
プレゼント
「変化朝顔を育ててみよう!」
「都内の庭園をまわって招待券を貰おう!」
JR両国駅
JR総武線
国技館
京葉道路
蔵前橋通り
清澄通り
北斎通り
都営両国駅前
大江戸線 A4出口
【交通】JR総武線 両国駅西口徒歩3分
都営地下鉄大江戸線 両国(江戸東京博物館前)駅A4出口徒歩1分
20歳のあなた! 20円で 江戸博をまるごと楽しんじゃおう! キャンペーン
江戸東京博物館
〒130-0015 東京都墨田区横網1-4-1 TEL.03-3626-9974(代表)
http://www.edo-tokyo-museum.or.jp

裏面 表面と同じ水色を使いながらも全面には敷かず、グラデーションにし、文字の背景は白にして読みやすくしている。図版と文字は整理して要素ごとにまとめてわかりやすく。

KEY POINT

1 花を大きく見せてインパクトを

江戸時代の園芸が非常に発達していたことを見せるため、飾られた花の絵柄を大きく見せてインパクトを出している。

2 要素を絞って紙面にメリハリを

リュウミンファミリーを中心に文字組みして、タイトルにはA-OTF光朝 Std Heavyを使用。裏面では文字を図版に回りこませ、落ち着きがあり、かつメリハリのある紙面に。

COLOR

鮮やかな色使いで新鮮な印象に

タイトルは鮮やかな黄色で花と拮抗させつつ、背景は花が引き立つように抑え目の水色にしている。

C62+Y18

Y100

C0+M0+Y0+K0

江戸東京博物館
開館20周年記念特別展
ファインバーグ・コレクション展
江戸絵画の奇跡
抱一・応挙・
若冲・蕭白・
蕪村・北斎…
百花繚乱《オールスター》！
2013年5月21日［火］―7月15日［月・祝］
開館時間／午前9時30分〜午後5時30分（土曜日は午後7時30分まで）＊入館は閉館の30分前まで
休館日／毎週月曜日　ただし7月15日（月）は開館
主催／公益財団法人東京都歴史文化財団　東京都江戸東京博物館、読売新聞社、美術館連絡協議会
協賛／ライオン、清水建設、大日本印刷、損保ジャパン　協力／全日本空輸、セインズベリー日本藝術研究所
公式ホームページ／http://www.edo-kiseki.jp
"The Flowering of Edo Period Painting: Japanese Masterworks From the Feinberg Collection"
江戸東京博物館
1階展示室
〒130-0015 東京都墨田区横網1-4-1
TEL.03-3626-9974（代表）
右上から時計回りに、鈴木其一「群鶴図屏風」、鳥文斎栄之「遊女と蛍図」、
曾我蕭白「宇治川合戦図屏風」、葛飾北斎「源頼政の鵺退治図」、円山応挙「孔雀牡丹図」。
中央、長沢蘆雪「拾得・一笑・布袋図」（後期展示）。いずれも部分図。

紹介作品の多彩さを賑やかな紙面で表現

CONCEPT

アメリカ人が収集した江戸絵画のコレクションのフライヤー。尾形光琳の琳派、池大雅の文人画、円山応挙の円山四条派など、作家の多彩さを盛り込んだ。また、当時の画風の自由さや活気を表現するべく、動きを出すように心がけている。

TITLE

江戸東京博物館　開館20周年記念特別展
ファインバーグ・コレクション展
江戸絵画の奇跡

DATA

開催年＿2013年
サイズ＿A4
CL＿公益財団法人東京都歴史文化財団 東京都江戸東京博物館／読売新聞社／美術館連絡協議会
DF＿大向デザイン事務所
AD/D＿大向 務

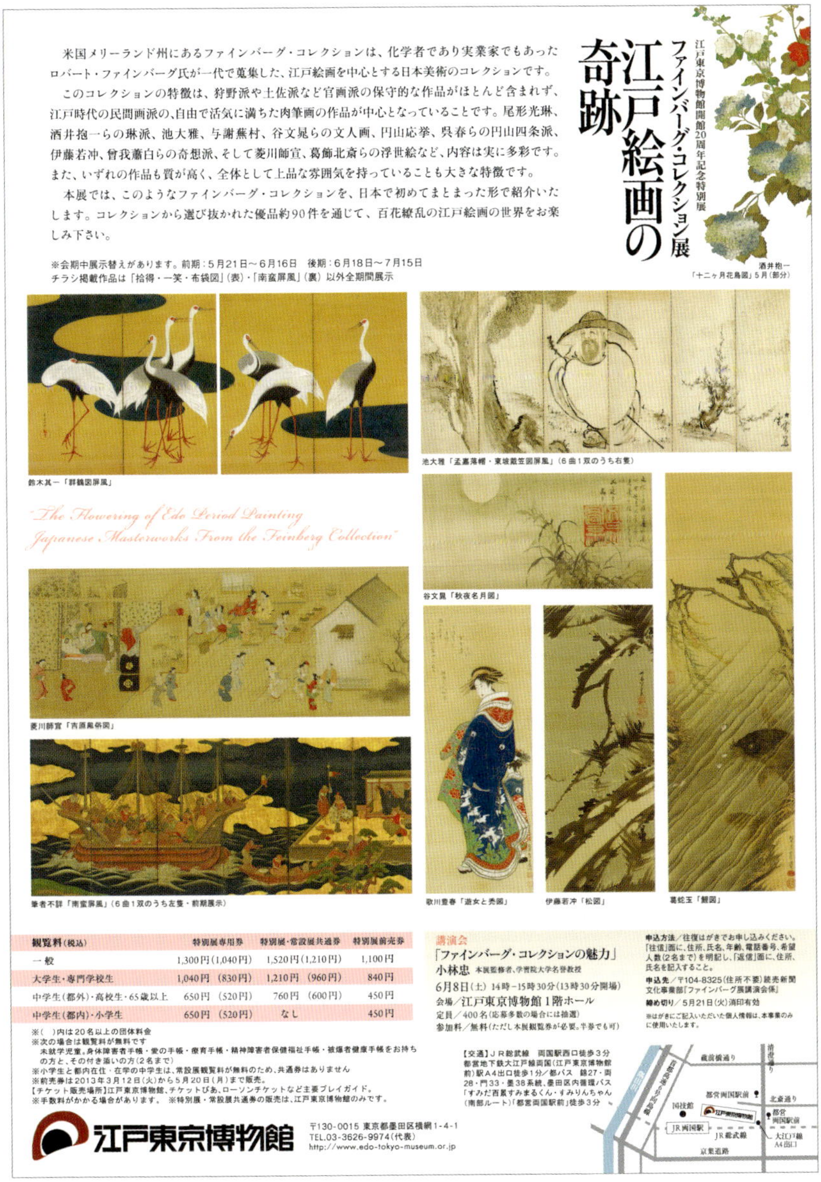

江戸東京博物館開館20周年記念特別展
ファインバーグ・コレクション展
江戸絵画の奇跡
米国メリーランド州にあるファインバーグ・コレクションは、化学者であり実業家でもあったロバート・ファインバーグ氏が一代で蒐集した、江戸絵画を中心とする日本美術のコレクションです。
このコレクションの特徴は、狩野派や土佐派など官画派の保守的な作品がほとんど含まれず、江戸時代の民間画派の、自由で活気に満ちた肉筆画の作品が中心となっていることです。尾形光琳、酒井抱一らの琳派、池大雅、与謝蕪村、谷文晁らの文人画、円山応挙、呉春らの円山四条派、伊藤若冲、曾我蕭白らの奇想派、そして菱川師宣、葛飾北斎らの浮世絵など、内容は実に多彩です。また、いずれの作品も質が高く、全体として上品な雰囲気を持っていることも大きな特徴です。
本展では、このようなファインバーグ・コレクションを、日本で初めてまとまった形で紹介いたします。コレクションから選び抜かれた優品約90件を通じて、百花繚乱の江戸絵画の世界をお楽しみ下さい。
※会期中展示替えがあります。前期：5月21日〜6月16日　後期：6月18日〜7月15日
チラシ掲載作品は「拾得・一笑・布袋図」（表）・「南蛮屏風」（裏）以外全期間展示
酒井抱一「十二ヶ月花鳥図」5月（部分）
鈴木其一「群鶴図屏風」
池大雅「孟嘉落帽・東坡戴笠図屏風」（6曲1双のうち右隻）
The Flowering of Edo Period Painting
Japanese Masterworks From the Feinberg Collection
谷文晁「秋夜名月図」
菱川師宣「吉原風俗図」
筆者不詳「南蛮屏風」（6曲1双のうち左隻・前期展示）
歌川豊春「遊女と禿図」
伊藤若冲「松図」
葛蛇玉「鯉図」
観覧料（税込）　特別展専用券　特別展・常設展共通券　特別展前売券
一般　1,300円（1,040円）　1,520円（1,210円）　1,100円
大学生・専門学校生　1,040円（830円）　1,210円（960円）　840円
中学生（都外）・高校生・65歳以上　650円（520円）　760円（600円）　450円
中学生（都内）・小学生　650円（520円）　なし　450円
※（　）内は20名以上の団体料金
※次の場合は観覧料が無料です
未就学児童。身体障害者手帳・愛の手帳・療育手帳・精神障害者保健福祉手帳・被爆者健康手帳をお持ちの方と、その付き添いの方（2名まで）
※小学生と都内在住・在学の中学生は、常設展観覧料が無料のため、共通券はありません
※前売券は2013年3月12日（火）から5月20日（月）まで販売。
【チケット販売場所】江戸東京博物館、チケットぴあ、ローソンチケットなど主要プレイガイド。
※手数料がかかる場合があります。　※特別展・常設展共通券の販売は、江戸東京博物館のみです。
講演会
「ファインバーグ・コレクションの魅力」
小林忠 本展監修者、学習院大学名誉教授
6月8日（土）14時－15時30分（13時30分開場）
会場／江戸東京博物館1階ホール
定員／400名（応募多数の場合には抽選）
参加料／無料（ただし本展観覧券が必要。半券でも可）
申込方法／往復はがきでお申し込みください。「往信」面に、住所、氏名、年齢、電話番号、希望人数（2名まで）を明記し、「返信」面に、住所、氏名を記入すること。
申込先／〒104-8325（住所不要）読売新聞文化事業部「ファインバーグ展講演会係」
締め切り／5月21日（火）消印有効
※はがきにご記入いただいた個人情報は、本事業のみに使用いたします。
江戸東京博物館
〒130-0015 東京都墨田区横網1-4-1
TEL.03-3626-9974（代表）
http://www.edo-tokyo-museum.or.jp
【交通】JR総武線　両国駅西口徒歩3分
都営地下鉄大江戸線両国（江戸東京博物館前）駅A4出口徒歩1分／都バス　錦27・両28・門33・墨38系統、墨田区内循環バス「すみだ百景すみまるくん・すみりんちゃん（南部ルート）」「都営両国駅前」徒歩3分
蔵前橋通り
清澄通り
都営両国駅前
北斎通り
国技館
都営両国駅前
JR両国駅
JR総武線
大江戸線A4出口
京葉道路

図版をうまくブロックに構成して見やすくしている。差し色でピンクを使ってアクセントに。筆記体の欧文タイトルがエレガントさを醸し出す。（裏面）

KEY POINT

❶ 切り抜き図版を左右対称に

紹介する作家や作品が多岐にわたるため、紙面にも多く作品を盛り込み、人物、鳥など図版を切り抜いて左右対称に配置。

❷ リュウミンファミリーで端正な紙面に

文字組みをリュウミンフォントファミリーで行い、端正で読みやすい紙面にまとめている。クラシカルな雰囲気も生み出す。

COLOR

華やかな色彩の演出

図版の落ち着いた色調とあえて反対の鮮やかなピンクを地色にして、華やかな雰囲気を出している。

C8+M56+Y27

C90+M85+K30

C89+M56+Y38+K30

C0+M0+Y0+K0

きらびやかな配色で 重要文化財の特別感を表現

TITLE

特別展 京都
洛中洛外図と障壁画の美

CONCEPT

東京国立博物館平成館にて展示された「洛中洛外図屏風」展の告知フライヤー。「京都でも見ることのできない京都」が体感できる、というコンセプトに沿って、「京都」の文字を中心に構成。豪華な印象を発色のよい金刷りで引き出している。

DATA

開催年 _ 2013 年
サイズ _ A4
CL_ 日本テレビ放送網
DF_ Akane design
AD/D_ 若林伸重

国宝、重文でつづる天下人の都
特別展
京都
洛中洛外図と障壁画の美
洛中洛外図——町のにぎわい、天下人の夢。
Kyoto
Inside and Outside
Scenes on Panels
& Folding Screens
〈重要文化財〉「洛中洛外図屏風 舟木本」左隻2扇(部分) | 岩佐又兵衛筆 江戸時代・17世紀 | 東京国立博物館蔵
2013年
10月8日|火|—12月1日|日|
TNM 東京国立博物館 平成館
開館時間:午前9時30分—午後5時 金曜日は午後8時まで(入館は閉館の30分前まで)
休館日:月曜日 ただし、10/14(月・祝)、11/4(月・休)は開館、10/15(火)、11/5(火)は休館
[上野公園] Tokyo National Museum(Ueno Park) 〒110-8712 東京都台東区上野公園13-9
JR上野駅公園口・鶯谷駅南口より徒歩10分 東京メトロ上野駅・根津駅、京成電鉄京成上野駅より徒歩15分
主催:東京国立博物館、日本テレビ放送網、読売新聞社 特別協賛:タマホーム 協賛:光村印刷、日本興亜損保 協力:全日本空輸、日本貨物航空、日本通運
JR東日本、BS日テレ、シーエス日本、ラジオ日本、J-WAVE、文化放送、テレビ神奈川、楽天トラベル 技術協力:キヤノン、キヤノンマーケティングジャパン、JVCケンウッド、凸版印刷

KEY POINT

1 堂々とした雰囲気を タイトルで演出

最も目に留まりやすい紙面中央上段に、白抜きの明朝体で大きくキーワードを配することで、格調高さと視覚効果を両立している。

2 差し色でコピーを 強調する

紙面の左脇には地色に映える朱文字でコピーを配置。絶妙な配置バランスで、半透明の欧文タイトルとも相まって、豪華なイメージに引き締め効果を与えている。

COLOR

豪華な時代感を映す

全面にゴールドの特色インキを。絢爛豪華な時代の雰囲気を伝える配色は、あえてニス引きを施さないことで、より鮮烈な印象を与えるよう工夫されている。

PANTONE 872c1

C9+M84+Y77

C60+M35+Y80+K40

C0+M0+Y0+K0

作品を立てたレイアウトに軽やかな雰囲気を添える

CONCEPT

明治末期から昭和初期にかけて活躍した画家、大野麦風の木版画と博物画の展覧会の告知フライヤー。開催時期が夏期のため、各要素のレイアウトは軽やかさが感じられるように配慮。紙面中央に広く空間をとり、作品を立てた表現にまとめあげている。

TITLE

大野麦風展
「大日本魚類画集」と博物画にみる魚たち

DATA

開催年 _ 2013 年
サイズ _ A4
CL_ 東京ステーションギャラリー
（公益財団法人東日本鉄道文化財団）
DF_ 株式会社美術出版社［デザインセンター］
D_ 森重智子

KEY POINT

1 作品を見せて視線を誘う

地の全面に作品を配し、見る者に一目で具体的なイメージを抱かせる構成。文字要素も作品の雰囲気を立てるようさりげなく。

2 ゴシック系タイトルでベーシックに

軽い印象を支えているタイトル部分は、和文と欧文の組み合わせ。ゴシック MB101 と Avenir をベースにしている。上段に固めることで視線を留めやすく。

COLOR

和に傾きすぎないよう配慮

作品中、最も鮮やかな色をピックアップし展覧会のロゴなどに使うことで、軽やかさを演出。幅広い年齢層に目が留まるように工夫している。

C20+Y100

C30+M60+Y90

C78+M75+Y76+K53

C32+M19+Y37

夏のプログラム
観潮楼に集う、
夏の催し。
01
6月30日［日］14:00–16:00
俳句講座1・初級編
俳句に親しむ
講師｜佐藤文香［俳人］
04
7月15日［月・海の日］17:30–19:30
俳句講座2・応用編
句会
at モリキネカフェ
講師｜佐藤文香［俳人］
02
7月6日［土］11:00–12:30
鷗外講座4
森鷗外の生涯3 観潮楼の日々
講師｜倉本幸弘［森鷗外記念会常任理事・日本工業大学通信教育系非常勤講師］
07
7月21日［日］14:00–15:30
飛び出す手紙！
ポップアップカードで暑中見舞いを作ります
講師｜野内隆［グラフィックデザイナー］
05
7月20日［土］11:00–12:30
鷗外講座5
森鷗外の生涯4 晩年
講師｜倉本幸弘
10
8月26日［月］13:30–15:00
親子プログラム
漢字で遊ぼう!!
世界にひとつだけの漢字ハンカチを作ります
講師｜野内隆［グラフィックデザイナー］
11
8月26日［月］18:30–20:00
真っ暗闇の朗読会
ディレクション｜野内隆［グラフィックデザイナー］／朗読｜猪狩ともこ［イベントMC］
09
8月3日［土］14:30–16:00
朗読会『田楽豆腐』『舞姫』
講師｜内木明子
08
8月3日［土］11:00–12:30
鷗外講座6
ディスカッション
講師｜倉本幸弘
13
9月29日［日］14:00–16:30
新・観潮楼歌会
歌に親しむ
講師｜東直子［歌人］
12
9月1日［日］14:00–16:30
新・観潮楼歌会
5人の歌人による公開歌会
講師｜内山晶太、大野道夫、服部真理子、花山周子、東直子
03
7月9日［火］
鷗外忌記念行事
展覧会を観覧された方に記念品をプレゼントします。
06
7月20日［土］14:00–16:00
鷗外忌記念対談
小堀鷗一郎［国立国際医療研究センター名誉院長］＋倉本幸弘［森鷗外記念会常任理事・日本工業大学通信教育系非常勤講師］
お申込み方法｜
プログラム03以外は全て事前申込制です。
02、05、08の鷗外講座は先着順。それ以外のプログラムは応募多数の場合抽選とさせていただきます。
往復ハガキ｜往信に参加希望プログラム名・日付と氏名（ふりがな）・住所・電話番号・連絡先を、返信に住所・氏名を明記の上、文京区立森鷗外記念館までお送りください。
FAX｜必要事項（参加希望プログラム名・日付・氏名（ふりがな）・住所・電話番号・FAX番号）をご記入の上、FAXでお送りください。
お申込み・お問合わせ｜
文京区立森鷗外記念館
〒113-0022 文京区千駄木1-23-4
電話｜03-3824-5511 FAX｜03-3824-0123
文京区立
森鷗外記念館
Mori Ogai Memorial Museum
夏のプログラム｜
文京区立 森鷗外記念館

お祭り感、異なる要素を盛りこんだ複雑なデザイン

TITLE

文京区立森鷗外記念館
夏のプログラム

CONCEPT

森鷗外が暮らした観潮楼跡に新たな時を刻む、陶器二三雄設計、2012年開館の文学館の、イベント用宣材。容易には知り得ない鷗外の文学世界と、ひと夏の催しとしてのお祭り感、異なる要素を盛りこんだ複雑な印象を、区内掲示板などで展開する試み。

DATA

開催年＿2013 年
サイズ＿B3 変型（340×514mm を折り畳み）
CL＿株式会社丹青社
D＿杉山さゆり / Q

観潮楼に集う、
夏の催し。
夏のプログラム｜文京区立森鷗外記念館
01
6月30日［日］14:00–16:00
俳句講座1・初級編
俳句に親しむ
講座室（森鷗外記念館2階）／15名／無料
簡単な俳句の作り方のレクチャーと、
森鷗外や正岡子規の俳句を楽しく味わいます。
02
7月6日［土］11:00–12:30
鷗外講座4
森鷗外の生涯3　観潮楼の日々
講師｜倉本幸弘
講座室（森鷗外記念館2階）／20名／無料
森鷗外について深く知っていただくための連続講座。
03
7月9日［火］
鷗外忌記念行事
森鷗外の命日（7月9日）に展覧会を観覧された方に
記念品をプレゼントします。
04
7月15日［月・海の日］17:30–19:30
俳句講座2・応用編
句会 at モリキネカフェ
講師｜佐藤文香［俳人］
モリキネカフェ（森鷗外記念館1階）／15名／500円（飲み物・お菓子つき）
カフェでお茶を飲みながら句会を楽しみます。
05
7月20日［土］11:00–12:30
鷗外講座5
森鷗外の生涯4　晩年
講師｜倉本幸弘
講座室（森鷗外記念館2階）／20名／無料
06
7月20日［土］14:00–16:00
鷗外忌記念対談
小堀鷗一郎
＋倉本幸弘
講座室（森鷗外記念館2階）／50名／無料
森鷗外の命日（7月9日）を記念して、鷗外の次女杏奴のご子息
である小堀鷗一郎氏をお招きしてお話いただきます。
07
7月21日［日］14:00–15:30
飛び出す手紙!
ポップアップカードで暑中見舞いを作ります
講師｜野内隆［グラフィックデザイナー］
講座室（森鷗外記念館2階）／10名／300円（材料費）
飛び出す絵本のように開けると形が立ち上がる立体カードで
暑中見舞いを作ります。
08
8月3日［土］11:00–12:30
鷗外講座6
ディスカッション
講師｜倉本幸弘
講座室（森鷗外記念館2階）／20名／無料
09
8月3日［土］14:30–16:00
朗読会「田楽豆腐」「舞姫」
講師｜内木明子
講座室（森鷗外記念館2階）／30名／無料
10
8月26日［月］13:30–15:00
親子プログラム
漢字で遊ぼう!!
世界にひとつだけの漢字ハンカチを作ります
講師｜野内隆［グラフィックデザイナー］
講座室（森鷗外記念館2階）／児童とその保護者10組／300円（材料費）
ネジや紐といった身の回りにあるものを使って
漢字を作っていきます。完成した漢字に絵の具をつけて
ハンカチにプリントし、世界にひとつだけのハンカチを作ります。
11
8月26日［月］18:30–20:00
真っ暗闇の朗読会
ディレクション｜野内隆［グラフィックデザイナー］
朗読｜猪狩ともこ［イベントMC］
展示室／20名／無料
閉館後の真っ暗な展示室で朗読を鑑賞します。
12
9月1日［日］14:00–16:30
新・観潮楼歌会
5人の歌人による公開歌会
講師｜内山晶太、大野道夫、服部真理子、花山周子、東直子
講座室（森鷗外記念館2階）／50名／無料
5人の歌人による歌会を楽しみつつ、参加者も好きな歌に投票していきます。
13
9月29日［日］14:00–16:30
新・観潮楼歌会
歌に親しむ
講師｜東直子［歌人］
講座室（森鷗外記念館2階）／20名／無料
歌人東直子氏を講師に迎え、簡単な歌の作り方の
レクチャーの後に、お題にそって歌を詠んでいきます。
文京区立 森鷗外記念館
夏のプログラム
お申込み方法｜
プログラム03以外は全て事前申込制です。
各申込締切日［＊］までに、下記のいずれかの方法でお申込みください。
02,05,08の鷗外講座は先着順です。それ以外のプログラムは、
応募多数の場合抽選とさせていただきます。
ご参加いただける場合は、申込締切後一週間以内に参加票を送付します。
＊…右申込書内の申込締切日欄を参照ください。
1…往復ハガキ｜往信に参加希望プログラム名・日付と氏名（ふりがな）・
住所・電話番号・連絡先を、返信に住所・氏名を明記の上、
文京区立森鷗外記念館までお送りください（1プログラムにつきハガキ1枚）。
2…FAX｜右の申込書を切りとり必要事項を記入の上、FAXでお送りください。
＊ご提供頂きました個人情報は、個人情報保護法に基づき適正に管理し、
当該プログラム以外の使用はいたしません。
お申込み・お問合わせ｜
文京区立森鷗外記念館
〒113-0022 文京区千駄木1-23-4
電話｜03-3824-5511 ／ FAX｜03-3824-0123
夏のプログラム｜文京区立森鷗外記念館｜FAX申込書
夏のプログラム｜　申込締切日をご確認の上、希望プログラムの申込欄に○をつけてください。
申込　No.　プログラム名　日程　時間　申込締切日（必着）
01　俳句講座1・初級編　俳句に親しむ　6月30日［日］　14:00–16:00　6月20日［木］
02　鷗外講座4　森鷗外の生涯3　観潮楼の日々　7月6日［土］　11:00–12:30　6月26日［水］
04　俳句講座2・応用編　句会 at モリキネカフェ　7月15日［月・海の日］　17:30–19:30　7月5日［金］
05　鷗外講座5　森鷗外の生涯4　晩年　7月20日［土］　11:00–12:30　7月10日［水］
06　鷗外忌記念対談　7月20日［土］　14:00–16:00　7月10日［水］
07　飛び出す手紙!　7月21日［日］　14:00–15:30　7月11日［木］
08　鷗外講座6　ディスカッション　8月3日［土］　11:00–12:30　7月24日［水］
09　朗読会　8月3日［土］　14:30–16:00　7月24日［水］
10　親子プログラム　漢字で遊ぼう!!　8月26日［月］　13:30–15:00　8月16日［金］
11　真っ暗闇の朗読会　8月26日［月］　18:30–20:00　8月16日［金］
12　新・観潮楼歌会　5人の歌人による公開歌会　9月1日［日］　14:00–16:30　8月20日［火］
13　新・観潮楼歌会　歌に親しむ　9月29日［日］　14:00–16:30　9月19日［木］
申込必要事項｜　FAXでお申込みの場合、参加票、抽選結果はFAXでお送りします。必ずFAX番号をご記入ください。
お名前（ふりがな）
電話番号
ご住所
FAX番号
FAX送信先｜03-3824-0123
森鷗外記念館

裏面　鷗外のシルエットは、既に記念館外壁などに設置され認知されているものを使用し、関連が認識しやすいようにしている。右下部分には FAX 申込書を配置。

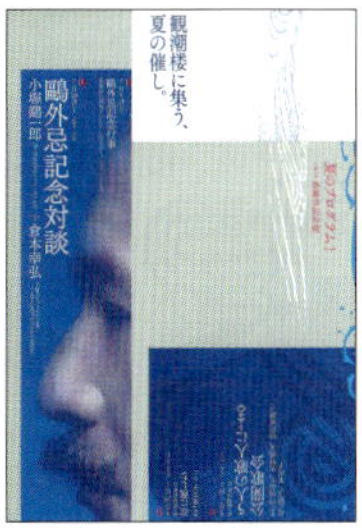
観潮楼に集う、
夏の催し。
鷗外忌記念対談

KEY POINT

1 まとめた仕様で効率化

ポスター・チラシ、さらに従来個別に作成していた各プログラムの申込書を一つにまとめた仕様にして効率化。上の図版は折り畳んだ状態。

2 可読性の高いフォント

文字組みは主に筑紫明朝と筑紫オールド明朝フォントで行い、白抜きでも心地良い可読性を持たせている。手書きの「夏」の字がインパクトを付加。

COLOR

特色による
ビビッドな配色

古典文学に対してはあまり使われないビビッドな特色とシルバーを使って、目を引くとともに複雑な印象を強めている。

DIC 561

TOYO 039

TOYO 11022

TOKA GIGA310

CG とタイポグラフィが絡んだインパクトある構成

TITLE

名和晃平 SCULPTURE GARDEN

CONCEPT

彫刻家、名和晃平の展覧会フライヤー。ペインティングやデジタルモデリングによる彫刻群など、表現の領域を広げながら展開する作品を展示。3DCGを2Dの文字に絡ませることによって、アーティスト独自の彫刻の磁場感を表現。

DATA

開催年 _ 2013 年
サイズ _ A4
CL_ 霧島アートの森
DF_ Photo & Graphic * TOYONAGA
AD/D_ 豊永政史

KOHEI
NAWA
SCULPTURE
GARDEN
名和晃平 SCULPTURE GARDEN 鹿児島県霧島アートの森 2013年11月1日|金|−12月23日|月|
■開園時間=9:00-17:00(入園は16:30まで)※月曜日休園(祝日の場合は、翌日休園) ■観覧料=一般:800(600)円/高大生:600(400)円/小中生:400(300)円 ※( )内は前売り又は20人以上の団体料金
KIRISHIMA
OPEN-AIR
MUSEUM
■主催=鹿児島県文化振興財団霧島アートの森/南日本新聞社/MBC南日本放送 ■協力=湧水町/霧島山麓湧水町観光協会/第一交通産業株式会社/株式会社エービーシー商会/株式会社カゴタニアンドカンパニー/有限会社一風堂/ARARIO GALLERY/SCAI THE BATHHOUSE/京都造形芸術大学 ULTRA SANDWICH PROJECT#9/SANDWICH
■助成=芸術文化振興基金 ■前売り券販売所=南日本新聞社、MBC南日本放送、霧島山麓湧水町観光協会加盟店舗、霧島温泉市場、What、コープかごしま、鹿児島大学生活協同組合、県職員生協、山形屋プレイガイド、宮崎県立美術館、都城市立美術館、宝山ホール(鹿児島県文化センター)、大谷画材、集景堂、高木画荘、国分進行堂、チケットぴあ(Pコード:765-904)、ローソンチケット(Lコード:89956)、e+イープラスhttp://eplus.jp
霧島アートの森
KIRISHIMA OPEN-AIR MUSEUM

KEY POINT

❶ 文字と立体物とのミックス感

3DCG によるスタディモデル(習作)をタイトルに絡めて配し、インパクトを。フォントは Trade Gothic。

❷ 印刷用紙とインキの相反する質感の対比

キャストコート紙の強い光沢と、マットインキのつや消し感の対比により、作品による独自の磁場感を表現。

COLOR

シャープなイメージ

カラーはあえて使わず、超光沢印刷用紙とマットインキのコントラストを活かして。素材感を強調したシャープなイメージに。

K100

C0+M0+Y0+K0

イメージの持つ危うさや不可思議さの表現

TITLE

かげうつし | 写映 | 遷移 | 伝染

CONCEPT

5人の作家による、写真や映像の多様な在り方に目を向けた展覧会のフライヤー。タイトルや展覧会コンセプトに即し、作品図版を独特な手法で提示し、あえてノンタイトルにした表紙上で、イメージの持つ危うさや不可思議さを表現している。

DATA

開催年 _ 2012 年
サイズ _ 210×210mm
CL_ 京都市立芸術大学「かげうつし」展実行委員会
DF_ Photo & Graphic * TOYONAGA
AD/D_ 豊永政史
AW_ 加納俊輔 / 高橋耕平 / 松村有輝 / 水木 塁
水野勝規

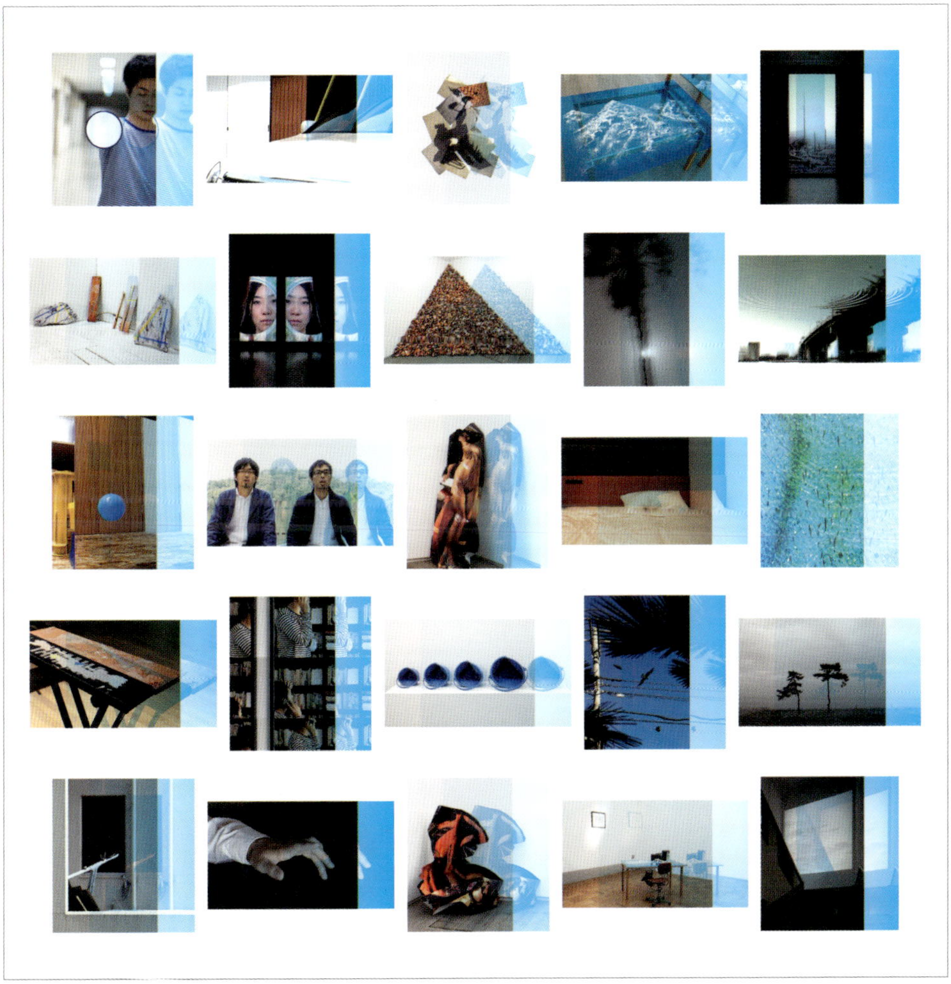

KEY POINT

1 意図的な版ズレで映像の多義性を暗示

写真や映像作品の図版を版ズレを起こしたかのように意図的にシフトさせてレイアウトし、イメージの多義性、多重性を暗示。

2 作品で紙面を埋め尽くす

多種多様な作品が展示され相互に影響しあうことを、作品で紙面を埋め尽くすようにして表現。規則的な配置によりまとまりを生んでいる。

COLOR

シアンの多重イメージで目を引く

全ての図版にシアンのイメージをオーバープリントすることで目を引くとともに全体を引き締める効果も。

C100

C0+M0+Y0+K0

メインビジュアルの空間への広がりを強調

TITLE

UTACOM〈超絶映像大作戦（ウルトラビジュアルフェスティバル）2013〉

CONCEPT

SKIPシティ 彩の国ビジュアルプラザ 映像ミュージアムの企画展フライヤー。映像は基本的に平面フレームと認識されるが、メインビジュアルのモーションテキスタイル（柄）は空間をつなぐ存在として生まれた。その内容を強調するデザインに。

DATA

開催年 _ 2013年
サイズ _ A4
CL_ SKIPシティ 彩の国ビジュアルプラザ 映像ミュージアム
AD_ ファンタジスタ歌磨呂
D_ 森垣 賢

映像ミュージアム
SKIP CITY 10th ANNIVERSARY
fantasista utamaro × TAKCOM
UTACOM
SKIPシティ 彩の国ビジュアルプラザ 映像ミュージアム
2013.9.7 SAT > 12.8 SUN
ファンタジスタ歌磨呂×TAKCOM
開館時間｜9:30–17:00（入場は16:30まで）
休館日｜月曜日（祝日の場合は翌平日）
入館料｜大人500円 小中学生250円（常設展示もご覧いただけます）
主催｜埼玉県 後援｜埼玉県教育委員会 川口市 川口市教育委員会
機材協力｜NECディスプレイソリューションズ株式会社
企画｜株式会社デジタルSKIPステーション
お問い合わせ｜SKIPシティ 彩の国ビジュアルプラザ 映像ミュージアム
住所｜〒333-0844 埼玉県川口市上青木3-12-63 TEL｜048-265-2500
ウェブサイト｜http://www.skipcity.jp/utacom/
超絶映像大作戦《ウルトラビジュアルフェスティバル》 2013

KEY POINT

❶ メインビジュアルで圧倒的な迫力を

メインビジュアルのモーションテキスタイル（柄）で紙面を埋め尽くし、圧倒的な迫力で目を引きつけるデザインに。

❷ 文字の配置は立体的に

書体は見出しゴMB31、中ゴシックBBB、欧文はAkkuratを使用。タイトルロゴはオリジナルで、立体的に配置して浮かんでいるように。

COLOR

可読性を保つための工夫

メインビジュアルのインパクトを活かすように、文字色は黒地に白を多用している。発色のよい高濃度広色域印刷を使用。

M65+Y1

C81+M51

M11+Y99

C60+M50+Y50+K100

「路上」に広がる ユニークな世界を賑やかに

TITLE

路上ワールド From Living Space

CONCEPT

日々様々な世界が繰り広げられている「路上」より、3人の現代アーティストが鋭い視点で作品を展開する展覧会のフライヤー。ユニークな作品がそろっているので各々が引き立つように配慮し、背景にカスれたテクスチャを用いるなど路上を感じさせるようなレイアウトに。

DATA

開催年 _ 2013 年
サイズ _ A4
CL_ 小山市立車屋美術館
DF_ 株式会社 CONCENT
AD_ 天野常稔
D_ 杉村亮子

KEY POINT

❶ 動きのあるタイトルロゴで期待感を

直線でできたTA-方眼フォントを変形してタイトルロゴを作成。傾けて動きを付け、様々な世界を見られる期待感を演出。

❷ AXIS のコンデンス書体

和文の文字組みにはAXISの和文コンデンス書体を加工して使用。独特なフォルムと読みやすさで印象に残る。

COLOR

抑えた色調で作品を引き立てる

それぞれの作品がユニークなので、全体的な色調は抑え気味にして、背景は粗い地面のような色と模様に。

C44+M58+Y63+K8

C81+M80+Y87+K67

C0+M0+Y0+K0

写真の開放的な雰囲気に絡ませたデザイン

TITLE

島袋道浩：能登

CONCEPT

世界中を旅しながら作品制作してきた作家の「能登」をテーマとした企画展。開放的な雰囲気を漂わせるキービジュアルで、見る人に親しみを感じさせて。写真の空気感を壊さないように配慮し、展覧会の意図を明確に表現している。

DATA

開催年＿2013年
サイズ＿A4
CL_ 金沢21世紀美術館
DF_ 中島デザイン
AD/D_ 中島英樹
PH_ 島袋道浩

21
島袋道浩: 能登
SHIMABUKU: NOTO
後期展示:
2013.9.28.SAT.— 2014.3.2.SUN.
金沢21世紀美術館
●開場時間: 10時—18時(金・土曜日は20時まで) ●休場日: 毎週月曜日(休日の場合、翌平日。ただし、2月10日は開場)、12月29日—1月1日 ●会場: 金沢21世紀美術館 展示室13、長期インスタレーションルーム ●料金: 展示室13は当日のコレクション展IIの観覧券が必要(ただし、9月27日までは無料)長期インスタレーションルームは無料 ●主催: 金沢21世紀美術館〔公益財団法人金沢芸術創造財団〕●助成: 財団法人地域創造 ●後援: 北國新聞社 ●お問い合わせ: 金沢21世紀美術館 TEL076-220-2800 ★本展は、金沢21世紀美術館の美術館教育活動「金沢若者夢チャレンジ・アートプログラム: 美術館はメディエーター」として財団法人地域創造の助成により実施する長期プロジェクト型展覧会です。実施期間は2013年4月27日より2014年3月2日までです。 ●10:00—18:00(until 20:00 on Fridays and Saturdays) ●Closed: Mondays + Sep. 17 & 24, Oct. 15, Nov. 5, Dec. 24, Dec. 29 to Jan. 1 and Jan. 14 (Open on Sep. 16 & 23, Oct. 14, Nov. 4, Dec. 23, Jan.13 and Feb. 10) ●Venue: 21st Century Museum of Contemporary Art, Kanazawa, Gallery 13 and Long Term Project Room ●Admission: Same day tickets to "Collection Exhibition II" are required for Gallery 13 (Free until Sep.27) Free for Long Term Project Room ●Organized by 21st Century Museum of Contemporary Art, Kanazawa [Kanazawa Art Promotion and Development Foundation] ●Sponsored by Japan Foundation for Regional Art-Activities ●Supported by THE HOKKOKU SHIMBUN

KEY POINT

❶ 写真をよりキャッチーに見せる工夫

一見、何でもない風景写真を使用。メインビジュアルに能登半島の地図を絡ませることで、紙面をキャッチーに見せつつ日常的な風景を表現。

❷ 余白を重視したデザインの見せ方

タイトルをはっきりと、そして余白を多くし、すっきり感を前面に。文字要素はゴシック系書体で上下にまとめ、写真を引き立てて。

COLOR

写真に合わせた配色で

黒白のシンプルな配色。明るい印象の写真を白の地色で引き立てて。ワンポイントアクセントとして、美術館ロゴのCIカラーをそのまま使用。

M60+Y85

C0+M0+Y0+K0

K100

身体の重心を意識したイメージとレイアウト

TITLE

内臓感覚―遠クテ近イ生ノ声

CONCEPT

国内外13組の作家による絵画や彫刻など幅広い作品で構成された展覧会のフライヤー。身体の内軸である内臓と密やかに共鳴する自然の生命記憶を意識的／無意識的に捉える試み。モチーフは展覧会コンセプトを象徴する作品イメージを採用。

DATA

開催年 _ 2013 年
サイズ _ A4
CL_ 金沢 21 世紀美術館
DF_ Photo & Graphic * TOYONAGA
AD/D_ 豊永政史

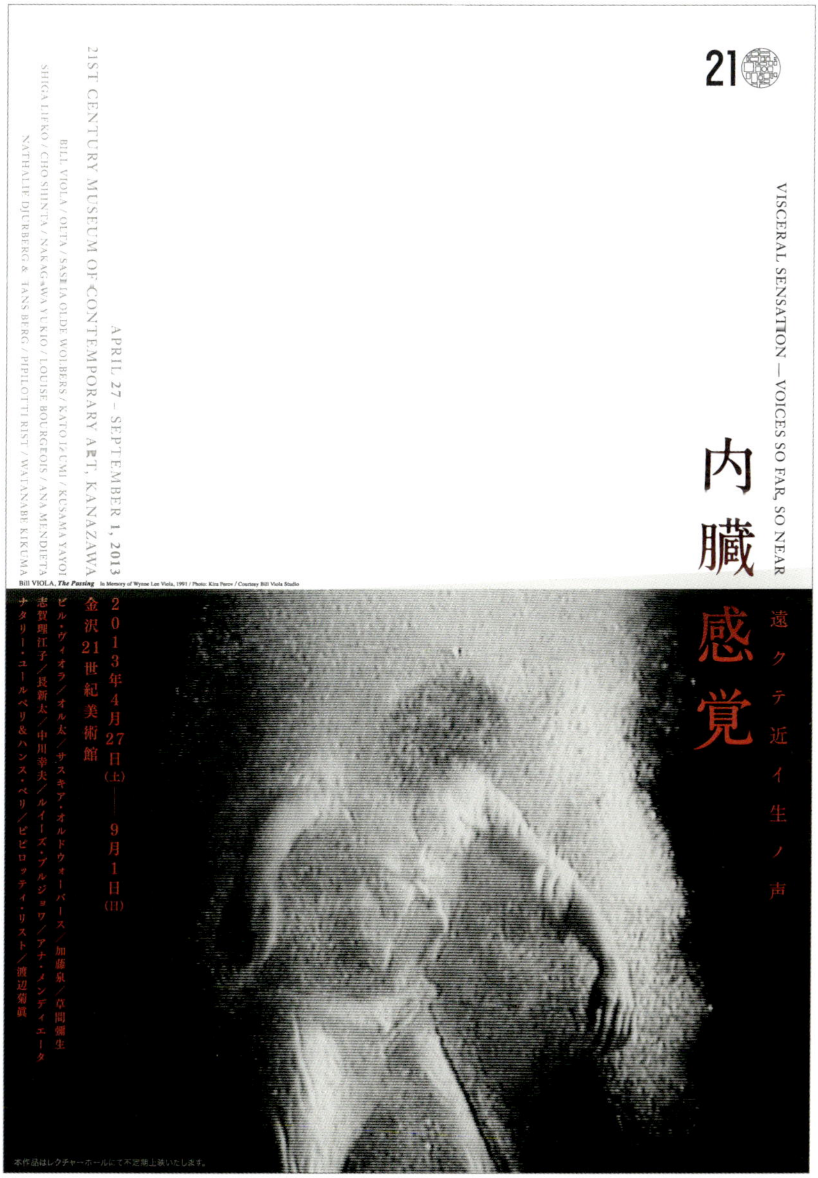
21
VISCERAL SENSATION — VOICES SO FAR, SO NEAR
内臓感覚
遠クテ近イ生ノ声
APRIL 27 – SEPTEMBER 1, 2013
21ST CENTURY MUSEUM OF CONTEMPORARY ART, KANAZAWA
BILL VIOLA / OLTA / SASKIA OLDE WOLBERS / KATO IZUMI / KUSAMA YAYOI
SHIGA LIEKO / CHO SHINTA / NAKAGAWA YUKIO / LOUISE BOURGEOIS / ANA MENDIETA
NATHALIE DJURBERG & HANS BERG / PIPILOTTI RIST / WATANABE KIKUMA
Bill VIOLA, The Passing In Memory of Wynne Lee Viola, 1991 / Photo: Kira Perov / Courtesy Bill Viola Studio
2013年4月27日(土)―9月1日(日)
金沢21世紀美術館
ビル・ヴィオラ／オル太／サスキア・オルドウォーバース／加藤泉／草間彌生
志賀理江子／長新太／中川幸夫／ルイーズ・ブルジョワ／アナ・メンディエータ
ナタリー・ユールベリ&ハンス・ベリ／ピピロッティ・リスト／渡辺菊眞
本作品はレクチャーホールにて不定期上映いたします。

メインの画像：ビル・ヴィオラ《パッシング》1991 年　ウィン・リー・ヴィオラの思い出に
Photo: Kira Perov, Courtesy Bill Viola Studio

臓
感

KEY POINT

1 UV コーターニスによる水に浸したような効果

UV コーターニスを図版上にズラして印刷することで、水に浸したような効果を生み出している。作品の水中のイメージと連動も。

2 身体の重心を意識したイメージ

身体の重心を意識したイメージビジュアルを中心にして、余白を多くとり、ロゴやオブジェクトを垂直方向に構成している。

COLOR

控えめな文字で作品を引き立てる

作品イメージを引き立てるため、装飾は控え、展覧会テーマを意識させる赤いグラデーションタイトル（オリジナル）を使用。欧文は Janson text。

- M100+Y100
- UV コーターニス
- K100
- DIC 621

ブランドロゴのマスク処理で世界観を演出

TITLE

フィロソフィカル・ファッション1
FINAL HOME

CONCEPT

ファッションブランド「FINAL HOME」のサバイバルをテーマにした展覧会フライヤー。地球と自分を繋ぐアイテムが「FINAL HOME」であるとイメージして両方が交わるようにデザイン。地球の陸地と海が表す美しい青の濃淡をFINAL HOMEのロゴに取り入れている。

DATA

開催年_2013年
サイズ_A4
CL_金沢21世紀美術館
DF_FINAL HOME
AD/D_津村耕佑　D_須田伸一

KEY POINT

1 フラワーパズルも作れる仕様

表面に描かれたフラワーパズルの型を切って型紙にすると、好みの素材を使ってオリジナルのフラワーパズルが作成できる。

2 ロゴのマスク処理

地球の陸地と海が表す美しい青の濃淡が、FINAL HOMEのロゴの中に入るようにマスク処理している。

COLOR

美しい青の濃淡

地球の美しい青の濃淡を活かし、文字色も紺に近い青にして統一感を。フラワーパズルのモチーフは控え目にオレンジであしらっている。

- C100+M88+K15
- M60+Y85
- C0+M0+Y0+K0

見せる情報を制限して期待感を高める

TITLE

フィロソフィカル・ファッション2
ANREALAGE "A COLOR UN COLOR"

CONCEPT

「フィロソフィカル・ファッション」企画第二弾、ファッションブランドANREALAGEの展覧会フライヤー。展示に対する期待感を高めるため、あえて見せる情報を制限し、目に留まらせる。ANREALAGEらしいスタンダードでありながら違和感を感じさせる文字組みに。

DATA

開催年 _ 2013年
サイズ _ A4
CL_ 金沢21世紀美術館 / ANREALAGE
DF_ NO DESIGN
AD_ 武藤将也
D_ 関坂達弘　PH_ 奥山由之

フィロソフィカル・ファッション2
ANREALAGE "A COLOR UN COLOR"
2013・7・12・FRI-11・24・SUN
金沢21世紀美術館デザインギャラリー
21st Century Museum of Contemporary Art, Kanazawa - Design Gallery
【主催】金沢21世紀美術館［公益財団法人金沢芸術創造財団］【協力】小杉染色株式会社、セリック株式会社 【休場日】月曜日（休日の場合その直後の平日。ただし、8月12日は開場）

KEY POINT

1 色彩のない写真で想像の余地を

テーマである「カラー」をあえて感じさせない色彩のない写真。見る者が想像を膨らませる余地を残し、展示への期待感を高めている。

2 シンメトリーを強調する文字組み

和文にスタンダードな見出ゴMB31フォント、欧文にHelvetica Neue Mediumを使い、被写体と同じシンメトリーを強調する文字組みに。

COLOR

非日常感を醸し出すグラデーション

写真の空間には光が暗闇に溶け込んだグラデーションが広がり、視線が引き込まれるような非日常感を醸し出している。

- C58+M35+Y5
- C59+M67+Y97+K25
- C25+M18+M18

オペークホワイトの3度刷りで図版の発色を高める

CONCEPT

フィリピン出身オーストラリア在住のイザベル&アルフレド・アキリザンによる作品の展覧会フライヤー。アジアの漂海民・バジャオ族の暮らしと歴史を参照し、ダンボールで作った家を積み上げたインスタレーションそのものを捉えた画像を使っている。

TITLE

イザベル・アキリザン
アルフレド・アキリザン
住む：プロジェクト——もうひとつの国

DATA

開催年 _ 2013年
サイズ _ A4変形（204x286mm）
CL_ 金沢21世紀美術館
DF_ Deco design
AD/D_ 林 琢真

メインの画像：Installation view of *In-Habit: Project Another Country*（2012）© Isabel and Alfredo Aquilizan

KEY POINT

❶ 理知的な印象のタイトル

Century Gothic Boldフォントによる欧文タイトル。理知的な佇まいで作家の文化的、経済的な視点を表している。

❷ 段ボールの質感をクラフト紙で表現

作品の段ボールの素材感やイメージを、クラフト紙（OK未晒クラフト）を使用して表現。

COLOR

発色を良くするオペーク白

表面は図版の発色を良くするために、下地にオペーク白を3度刷りしている。その上にオフセット四色印刷。

オペーク白

M80

過去と未来のイメージを コラージュでクロスさせる

TITLE

ONE DAY, MAYBE
いつか、きっと

CONCEPT

1980年に韓国で起きた民主化運動に着想を得て制作された体験型アートパフォーマンス作品のフライヤー。デザインは金沢公演、高知公演共通。モノクロ写真とカラー写真のコラージュで、現在と未来が交錯するイメージを狙っている。

DATA

公演年 _ 2013 年
サイズ _ A3（二つ折り）
CL_ 金沢 21 世紀美術館 / 高知県立美術館
D_ 北口加奈子（金沢 21 世紀美術館）

KEY POINT

❶ スポットニスの年号で時間の流れを表現

本作は 1980 年の韓国の民主化運動をもとにしているので、1980 年から 2013 年までの年号をスポットニスで刷り、時間の流れを表現した。

❷ 太さ違いで目を引くタイトル

2 種類の太さの Helvetica フォントで組んだタイトルが印象的。サブタイトルにはリュウミン Heavy を使用し、落ち着いた文字組みに。

COLOR

モノクロ写真にカラーを透過

モノクロ写真にカラーのオブジェクトを透過させて彩りを加えている。裏面はイエローとブラック 2 色でシンプルかつ注意を喚起。

- M100+Y100
- Y100
- K100

Project 'Mir
展覧会ドラフト2013
2013年2月5日(火)－2月26日(火)
10:00－20:00
会期中無休・入場無料
会場：京都芸術センター ギャラリー北・南 他
主催：Project 'Mirrors' 実行委員会、京都芸術センター
協賛：SHISEIDO
稲垣智子 作
beautiful sʌ́n
キュレーション：稲垣智子（美術作家）>>ギャラリー北
《Greenhouse》2001 installation (photo: performance) Middlesex Universityでの展示風景
垣智子個展
はざまをひらく
キュレーション：髙嶋 慈（批評家）>>ギャラリー南
展覧会ドラフト2013
2013年2月5日(火)－2月26日(火) 10:00－20:00
会期中無休・入場無料
会場：京都芸術センター ギャラリー北・南 他
主催：Project 'Mirrors' 実行委員会、京都芸術センター
協賛：SHISEIDO
roject 'Mirrors'
《間-あいだ》2011 video

一枚でも二枚に見える トリッキーなデザイン

TITLE

稲垣智子個展「Project 'Mirrors'」

CONCEPT

美術作家・稲垣智子個展「Project 'Mirrors'」の告知フライヤー。個展であるが、美術作家・批評家・編集者の3名によるプロジェクトで、複数の個性や立ち位置を展覧会に組み込む。2箇所での同時開催を、一枚でも二枚に見えるデザインで表現。

DATA

開催年 _ 2013 年
サイズ _ A4
CL_ 京都芸術センター
AD/D_ 溝端 貢

展覧会ドラフト2013 Exhibition Draft 2013

Project 'Mirrors' 美術作家+批評家+編集者 稲垣智子+髙嶋 慈+多田智美

「Project 'Mirrors'」は「展覧会ドラフト2013」において、2名の審査員により選出された展覧会企画です。本展は稲垣智子の「個展」ですが、稲垣智子・髙嶋慈・多田智美の3名による対話を通して、複数の個性や立ち位置を組み込むことで成立します。

プロジェクトの名称である「Mirrors(=複数の鏡)」には、多様な意味が込められています。稲垣作品の素材として多く用いられる「鏡」は、現代社会のクリティカルな反映であり、同一性と差異の間を揺れ動く鏡像を紡ぎだします。同時に、本プロジェクトによって実現される展覧会やカタログ制作も、プロジェクトメンバーの互いを映し出す「鏡」となっています。

実際の展示では2つに分かれたギャラリーの構造を利用し、作家のキュレーションによる個展と、批評家のキュレーションによる個展の「併存」形式を試みます。「beautiful sʌ́n」展(ギャラリー北)では作家・稲垣が新作を発表、未来と過去の時間を意識し、映像やインスタレーションなどのメディアの可能性に挑戦します。一方、「はざまをひらく」展(ギャラリー南)では批評家・髙嶋の眼を通して、「同一性と差異、反復」という構造の下に稲垣作品を読み解き、旧作を再構成して展示します。多田は編集という独自の手法を用いて、企画全体にカタログ制作者として参加します。

美術作家と批評家、編集者の対話を通して立ち現われる展覧会の行方にご期待ください。

審査員コメント「Project 'Mirrors' に期待すること」
審査講評の最後に私は「模範的な解答であるがゆえに実現するにあたっては、あえて予定調和を突き崩す冒険を望みたい」と記した。修正された企画がかかるラディカルさを秘めているか、女性三人の試みに注目したい。 尾崎信一郎(鳥取県立博物館 副館長)
制作の現場に密接する「批評」の役割に焦点をあてた提案を選ぶことで、現在の日本の美術に何が必要かを問いかけられないだろうか。創造と批評のあいだに生まれる緊張感のある対話が生まれることを期待する! 住友文彦(フリーランス・キュレーター)

Project 'Mirrors' ブログ　Project 'Mirrors' メンバーによる往復書簡をブログにて公開中。http://blog.livedoor.jp/mirrors2013/

「明倫art」誌上にてシリーズ記事掲載中! 京都芸術センター通信「明倫art」2012年12月、2013年1月、2月の3号連続で展覧会の紹介記事を掲載。

●関連企画1　トークイベント「作家、批評家、編集者でつくる展覧会」
プロジェクトメンバーの稲垣智子・髙嶋 慈と、審査員によるトークを行います。
日時:2月9日(土)14:30-16:30
会場:和室「明倫」(南館4階)　参加無料・申込不要

●関連企画2　ゲストトーク「かんがえる身体、うごく心」
プロジェクトメンバーの稲垣智子・髙嶋 慈・多田智美と、きたまり(ダンサー/振付師)によるトークを行います。
日時:2月24日(日)14:00-16:00
会場:ミーティングルーム2(南館3階)　参加無料・申込不要

●関連企画3　アフタートーク
カタログの刊行に合わせ、プロジェクトメンバーによるトークを行います。
日時:3月30日(土)14:00-15:00
会場:ミーティングルーム2　参加無料・申込不要

《春》2004 installation
CASO(大阪)での展示風景

《桜》2009 video

《Oasis》2005 installation
群馬県立館林美術館での展示風景

《Dune/Trip》2005 installation
PH Gallery(NY)での展示風景

Project 'Mirrors' メンバー プロフィール

稲垣智子(いながき・ともこ)
1975年生まれ。2001年英国ミドルセックス大学美術学部卒。映像インスタレーションを中心に、様々なメディアを用いた表現活動を行う。日本をはじめ、ドイツ、フランス、アメリカなどでも作品を発表。近年の主な個展に、サードギャラリーアヤ、Centre des Arts, Enghien-les-Bains, フランス等。主なグループ展にはDumbo Art Center、NYやKunsthaus、ハンブルグ等。

髙嶋 慈(たかしま・めぐみ)
1983年生まれ。京都大学文学研究科博士課程在籍。ウェブマガジンPEELER、『明倫art』、批評誌『ART CRITIQUE』、劇評サイト『wonderland』などの媒体にて現代美術や舞台芸術に関する展評や評論を執筆。

多田智美(ただ・ともみ)
1980年生まれ。editorial studio MUESUM代表。2004年龍谷大学文学部哲学科教育心理学専攻卒業後、IMI修了。アート/デザインを軸とした書籍やイベントの編集を手がける。京都造形芸術大学 ULTRA FACTORY/BY EDITディレクター、DESIGNEASTディレクター、京都造形芸術大学非常勤講師。

京都芸術センター　KYOTO ART CENTER
〒604-8156
京都市中京区室町通蛸薬師下る山伏山町546-2
TEL:075-213-1000　FAX:075-213-1004
URL:http://www.kac.or.jp
E-mail:info@kac.or.jp
地下鉄烏丸線「四条駅」、阪急京都線「烏丸駅」22番・24番出口より徒歩5分。
駐車場はございません。公共交通機関をご利用ください。

裏面　すっきりとした文字組みでグリッドにまとめ、スミアミのタイトルを斜めに配してアクセントに。多様な意味が込められた作品の性質をうかがわせる。

KEY POINT

1 意図的に隠されたタイトル文字

「稲垣智子個展」の文字を、それぞれの情報で部分的に隠すことで、目が留まるような表現に。

2 すっきりとした知的な文字組み

和文はリュウミンと IWA 明朝オールドフォント、欧文は Univers を使用。細身のフォントで構成し、すっきりとした知的な印象に。

COLOR

写真の印象を引き立てる配色

メインの写真が「静」のイメージなので、装飾や背景色は付けず、イメージがそのまま伝わるようシンプルな配色に。

- C76+M11+Y59
- C19+M99+Y100
- K100
- C0+M0+Y0+K0

40周年となるルパンの世界観を現代的にグラフィック化

TITLE

ルパン三世展

CONCEPT

ルパン三世アニメ化40周年企画の展覧会フライヤー。原作コミックとアニメーション「ルパン三世」の両面の魅力に迫る、初の本格的な展覧会。ルパンの原点であるモンキー・パンチ氏の絵でビジュアル構成。目に留まりやすい特色インキで独特な雰囲気に演出している。

DATA

開催年 _ 2013年
サイズ _ A4
CL_ 読売新聞社
DF_ セプテンバーカウボーイ
AD_ 祖父江慎（コズフィッシュ）
D_ 吉岡秀典

KEY POINT

❶ ダイナミックなキャラクター配置

ルパンを中心にキャラクターを四方に向けて配置。レイアウトにダイナミックな動きと立体感が生まれている。

❷ タイトルロゴの現代化

アニメ、ルパン三世のタイトルを下地にして、タイトルロゴを現代の感覚にフィットするように作り変えている。

COLOR

思わず目を引く強い配色

ルパンの大人の世界観を蛍光ピンクと銀、黒でシャープに演出。バックの色は横浜会場では蛍光イエロー、佐倉市会場では蛍光グリーンにした。

TOYO CF 10520

大日精化 LR 輝き

東京インキスリーエイト

紙の本というテーマを実体化したデザイン

TITLE

TAKEO PAPER SHOW 2011「本」

CONCEPT

紙の専門商社、株式会社竹尾が主催する展示会「竹尾ペーパーショウ」のフライヤー。本をテーマにし、78名の識者が選んだ本とテキスト、それをまとめた本や映像が展示される。テーマに合わせて紙の小口にタイトルロゴを浮かべている。

DATA

開催年 _ 2011年
サイズ _ B5変型
CL_ 株式会社竹尾
DF_ 株式会社日本デザインセンター
色部デザイン研究室
AD/D_ 色部義昭
PH_ 関口尚志（株式会社ヴィーダ／アマナグループ）

TAKEO PAPER SHOW 2011
本
紙の未来・本の未来について考えるイベント TAKEO PAPER SHOW 2011「本」
10月20日［木］より竹尾 見本帖本店をメイン会場に、各サテライト会場にて順次開催。
www.takeopapershow.com
詳細は特設サイトにて

KEY POINT

1 ブックカバーにもなるフライヤー

フライヤー自体がそのままブックカバーとしても使えるように作られ、テーマとの関連度を高めている。

2 本の側面の層のようなビジュアル

小口側から本の側面を見た、紙の層のようなビジュアルで本の物質性を表現。和文に見出ゴMB31フォント、欧文にBell Gohicを使用。

COLOR

紙らしさを伝えるモノクロの構成

紙の積層感を強調するため、色は付けずにモノクロで構成。微妙な階調が再現されるように特色グレー版で捕色している。

スリーエイトブラック

特色グレー

もりだくさんの内容をキャラクターで賑やかに

TITLE

**金沢21世紀美術館 開館9周年
まるびぃ de パーティ9**

CONCEPT

金沢21世紀美術館の開館9周年に合わせ、演劇やダンスにコンサート、ミニSLやお茶会、アートzaマーケットなど、もりだくさんなイベントのリーフレット。ポップな雰囲気にまとめあげることで、賑やかで楽しい印象を引き出している。

DATA

開催年 _ 2013年
サイズ _ 230x595mm（蛇腹折り）
CL_ 金沢21世紀美術館
DF_ デザイン事務所 ステレオカメラ
AD/D_ 方野公寛

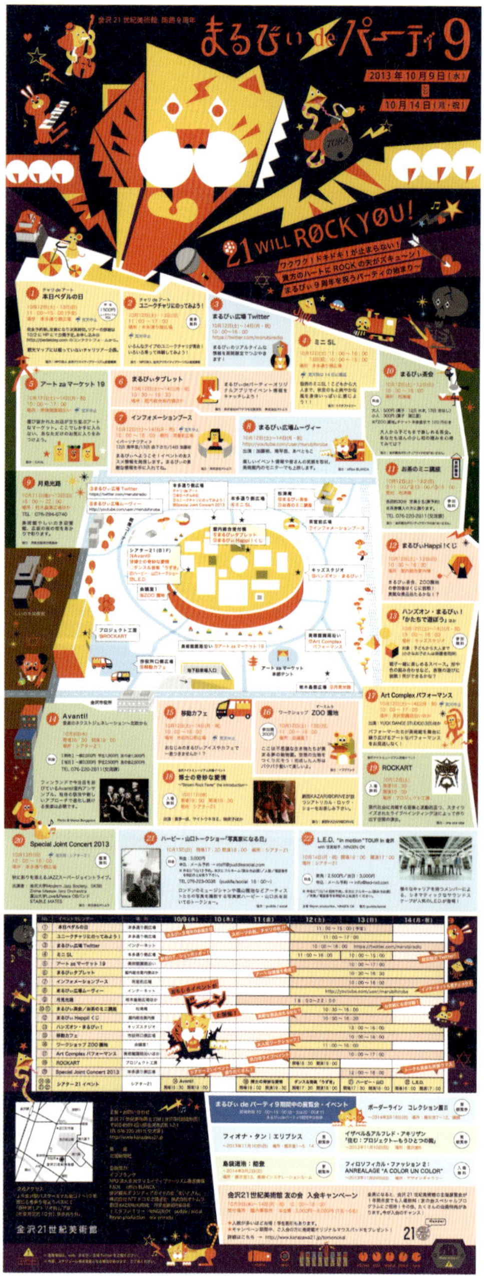

KEY POINT

1 広げると1枚絵のポスターに

蛇腹折りを広げるとポスターになり、折り畳むと携帯できる（上の図版）。もりだくさんの情報面もわかりやすくインパクトがある。

2 テーマをキャラクターで表現

イベントテーマ「21 WILL ROCK YOU!」の表現のために、いたるところにロックテイストなキャラクターが散りばめられている。

COLOR

ビビッドな配色でコンセプトを訴求

地色に映えるビビッドな色使いで、全体を賑やかなイメージに。なおかつ統一感のある配色でバランスを引き締めている。

C90+M90+K60

M20+Y100

M85+Y85

第三章 / 音楽

Chapter 3

MUSIC

東京文化発信プロジェクト
サウンド・ライブ・トーキョーは、ライブ・パフォーマンス、インスタレーション、参加型作品などの
多彩なプログラムを通して、音と音楽に関わる表現の可能性を探求するフェスティバルです
アント・ハンプトン&ティム・エッチェルス
Ant Hampton & Tim Etchells
倉地久美夫
Kumio Kurachi
マヘル・シャラル・ハシュ・バズ
Maher Shalal Hash Baz
クリスティン・スン・キム
Christine Sun Kim
飴屋法水 × 工藤冬里
Norimizu Ameya × Tori Kudo
大工哲弘
Tetsuhiro Daiku
アヤルハーン
Ayarkhaan
鈴木昭男
Akio Suzuki
灰野敬二
Keiji Haino
松崎順一
Junichi Matsuzaki
小林ラヂオ
Kobayashi Radio
堀尾寛太
Kanta Horio
....and more !
Sound
Live
Tokyo
Sound
Live
Tokyo
Sound Live Tokyo
September 21 (Sat) – October 6 (Sun), 2013
at 東京文化会館 東京キネマ倶楽部 上野恩賜公園野外ステージ(水上音楽堂)
東京都立中央図書館 スーパー・デラックス VACANT

強さと新しさを感じさせる配色とシャープなストライプ

TITLE

Sound Live Tokyo

CONCEPT

音と音楽に関わる表現の可能性を探求するフェスティバル「Sound Live Tokyo」のフライヤー。今回で2回目という始まったばかりのイベントのため、ビビッドな配色で強い印象を持たせ、上演プログラムに合った革新的なデザインに。

DATA

公演年＿2013 年
サイズ＿630×297mm（三つ折り）
CL＿特定非営利活動法人
　　国際舞台芸術交流センター（PARC）
D＿田部井美奈

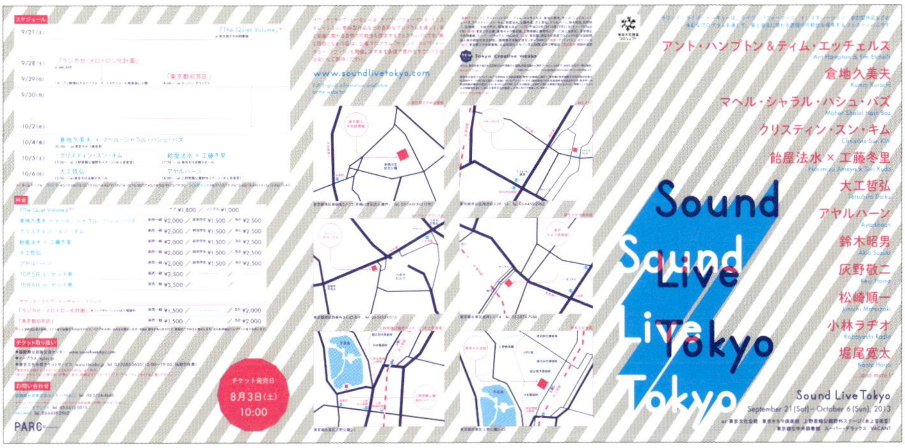

裏面　三つ折りを開いた状態。裏面ではアーティストの説明のサイズのバラつきを考慮し、説明文も適度にずらして配置することによりバランスをとっている。アーティスト名と説明文のカラーも交互にするなど、紙面にゆらぎを与えている。

KEY POINT

1 タイポグラフィをアイキャッチに

イベントの名前を印象付けるため、タイトルロゴ自体がアイキャッチになるよう、メインビジュアルに。PrimerPrintフォントを使用。

2 軽快なイメージの文字組み

和文は秀英丸ゴシックでオーソドックスな印象を与えつつ、鮮やかなカラーにして軽快なイメージに。

COLOR

原色とシルバーの組み合わせ

シアンとマゼンタの派手な原色使いで新しさや明るさを強調。シルバーのストライプで紙面に高い緊張感を生み出している。

C100

M100

DIC 621

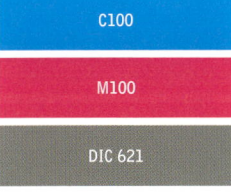

Music Today on Fluxus

2013.7.7

OPEN18:30/START19:00

SHUTA HASUNUMA

VS

MIEKO SHIOMI

@THE NATIONAL MUSEUM OF ART, OSAKA

ユーモラスで自由な芸術運動の雰囲気を軽やかに表現

TITLE

Music Today on Fluxus / Shuta Hasunuma vs Mieko Shiomi

CONCEPT

塩見允枝子とフルクサスにフォーカスした、本人と蓮沼執太による展示とコンサートのフライヤー。フルクサスとは1960年代以降の美術・音楽などのジャンルを越えたユーモアとウィットに富んだ芸術運動。その雰囲気を軽い表現でデザインしている。

DATA

公演年 _ 2013 年
サイズ _ 162×257mm
CL_ 国立国際美術館
D_ 佐々木暁

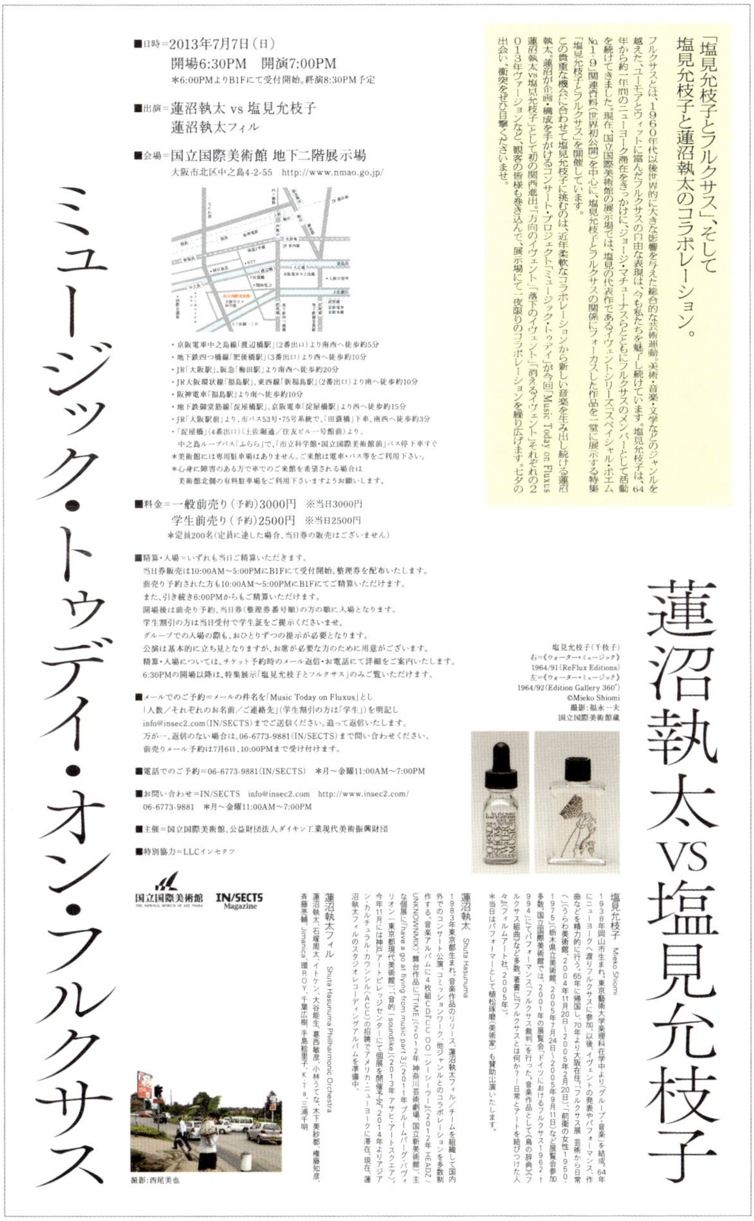

「塩見允枝子とフルクサス」、そして塩見允枝子と蓮沼執太のコラボレーション。
フルクサスとは、1960年代以後世界的に大きな影響を与えた総合的な芸術運動。美術・音楽・文学などのジャンルを越えた、ユーモアとウィットに富んだフルクサスの自由な表現は、今も私たちを魅了し続けています。塩見允枝子は、64年から約一年間のニューヨーク滞在をきっかけに、ジョージ・マチューナスらとともにフルクサスのメンバーとして活動を続けてきました。現在、国立国際美術館の展示場では、塩見の代表作であるイヴェントシリーズ「スペイシャル・ポエム№1-9」関連資料(世界初公開)を中心に、塩見允枝子とフルクサスの関係にフォーカスした作品を一堂に展示する特集「塩見允枝子とフルクサス」を開催しています。
この貴重な機会に合わせて塩見允枝子に挑むのは、近年柔軟なコラボレーションから新しい音楽を生み出し続ける蓮沼執太。蓮沼が企画・構成を手がけるコンサート・プロジェクト「ミュージック・トゥデイ」が今回「Music Today on Fluxus 蓮沼執太vs塩見允枝子」として初の関西進出。「方向のイヴェント」「落下のイヴェント」「消えるイヴェント」それぞれの2013年ヴァージョンなど、観客の皆様も巻き込んで、展示場にて一夜限りのコラボレーションを繰り広げます。七夕の出会い、衝突をぜひ目撃くださいませ。
蓮沼執太 vs 塩見允枝子
塩見允枝子(千枝子)
右=《ウォーター・ミュージック》
1964/91(ReFlux Editions)
左=《ウォーター・ミュージック》
1964/92(Edition Gallery 360°)
©Mieko Shiomi
撮影:福永一夫
国立国際美術館蔵
塩見允枝子 Mieko Shiomi
1938年岡山市生まれ。東京藝術大学楽理科在学中より「グループ・音楽」を結成。64年にニューヨークへ渡りフルクサスに参加。以後、イヴェントの発表やパフォーマンス、作曲などを精力的に行う。65年に帰国し、70年より大阪在住。「フルクサス展 芸術から日常へ」(うらわ美術館、2004年11月20日~2005年2月20日)、「前衛の女性1950-1975」(栃木県立美術館、2005年7月24日~2005年9月11日)など展覧会参加多数。国立国際美術館では、2001年の展覧会「ドイツにおけるフルクサス1962-1994」にてパフォーマンス「フルクサス裁判」を行った。音楽作品として《鳥の辞典》《フルクサス組曲》など多数。著書に『フルクサスとは何か?―日常とアートを結びつけた人々』(フィルムアート社、2005年)。
*当日はパフォーマーとして植松琢磨(美術家)も賛助出演いたします。
蓮沼執太 Shuta Hasunuma
1983年東京都生まれ。音楽作品のリリース、蓮沼執太フィル/チームを組織して国内外でのコンサート公演、コミッションワーク、他ジャンルとのコラボレーションを多数制作する。音楽アルバムに4枚組CD『CC OO|シーシーウー』(2012年 HEADZ/UNKNOWNMIX)、舞台作品に「TIME」(2012年 神奈川芸術劇場、国立新美術館)、主な個展に「have a go at flying from music part 3」(2011年 ブルームバーグ・パヴィリオン|東京都現代美術館)、「音的|soundlike」(2013年 アサヒ・アートスクエア)。今年11月には神戸アートビレッジセンターにて個展を開催予定。2014年よりアジアン・カルチュラル・カウンシル(ACC)の招聘でアメリカ・ニューヨークに滞在。現在、蓮沼執太フィルのスタジオレコーディングアルバムを準備中。
蓮沼執太フィル Shuta Hasunuma Philharmonic Orchestra
蓮沼執太、石塚周太、イトケン、大谷能生、葛西敏彦、小林うてな、木下美紗都、權藤知彦、斉藤亮輔、Jimanica、環ROY、千葉広樹、手島絵里子、K-Ta、三浦千明
■日時=2013年7月7日(日)
開場6:30PM　開演7:00PM
*6:00PMよりB1Fにて受付開始。終演8:30PM予定
■出演=蓮沼執太 vs 塩見允枝子
蓮沼執太フィル
■会場=国立国際美術館 地下二階展示場
大阪市北区中之島4-2-55　http://www.nmao.go.jp/
・京阪電車中之島線「渡辺橋駅」(2番出口)より南西へ徒歩約5分
・地下鉄四つ橋線「肥後橋駅」(3番出口)より西へ徒歩約10分
・JR「大阪駅」、阪急「梅田駅」より南西へ徒歩約20分
・JR大阪環状線「福島駅」、東西線「新福島駅」(2番出口)より南へ徒歩約10分
・阪神電車「福島駅」より南へ徒歩約10分
・地下鉄御堂筋線「淀屋橋駅」、京阪電車「淀屋橋駅」より西へ徒歩約15分
・JR「大阪駅前」より、市バス53号・75号系統で、「田蓑橋」下車、南西へ徒歩約3分
・「淀屋橋」(4番出口)(土佐堀通/住友ビル一号館前)より、
中之島ループバス「ふらら」で、「市立科学館・国立国際美術館前」バス停下車すぐ
*美術館には専用駐車場はありません。ご来館は電車・バス等をご利用下さい。
*心身に障害のある方で車でのご来館を希望される場合は
美術館北側の有料駐車場をご利用下さいますようお願いします。
■料金=一般前売り(予約)3000円　※当日3000円
学生前売り(予約)2500円　※当日2500円
*定員200名(定員に達した場合、当日券の販売はございません)
■精算・入場=いずれも当日ご精算いただきます。
当日券販売は10:00AM~5:00PMにB1Fにて受付開始、整理券を配布いたします。
前売り予約された方も10:00AM~5:00PMにB1Fにてご精算いただけます。
また、引き続き6:00PMからもご精算いただけます。
開場後は前売り予約、当日券(整理券番号順)の方の順に入場となります。
学生割引の方は当日受付で学生証をご提示くださいませ。
グループでの入場の際も、おひとりずつの提示が必要となります。
公演は基本的に立ち見となりますが、お席が必要な方のために用意がございます。
精算・入場については、チケット予約時のメール返信・お電話にて詳細をご案内いたします。
6:30PMの開場以降は、特集展示「塩見允枝子とフルクサス」のみご覧いただけます。
■メールでのご予約=メールの件名を「Music Today on Fluxus」とし
「人数/それぞれのお名前/ご連絡先」(学生割引の方は「学生」)を明記し
info@insec2.com(IN/SECTS)までご送信ください。追って返信いたします。
万が一、返信のない場合は、06-6773-9881(IN/SECTS)まで問い合わせください。
前売りメール予約は7月6日、10:00PMまで受け付けます。
■電話でのご予約=06-6773-9881(IN/SECTS)　*月~金曜11:00AM~7:00PM
■お問い合わせ=IN/SECTS　info@insec2.com　http://www.insec2.com/
06-6773-9881　*月~金曜11:00AM~7:00PM
■主催=国立国際美術館、公益財団法人ダイキン工業現代美術振興財団
■特別協力=LLCインセクツ
国立国際美術館
IN/SECTS Magazine
撮影:西尾美也
ミュージック・トゥデイ・オン・フルクサス

裏面　新聞あるいは文芸作品のような空気を感じさせるイワタ新聞明朝 R フォントで構成。左右の大きなメインタイトル文字は筑紫オールド明朝 L。

KEY POINT

1 文字の密度を高めたメインタイトル

フルクサスの創設者ジョージ・マチューナスの意匠を租借した、文字を密集させる手法。見る者を集中させ、知的な印象を強める効果も。

2 立体的なモチーフで奥行きを持たせる

アーティスト名の表記部分を立体的な構造に見せることにより、背景のイエローが平面でなく空間として見えるようになる。

COLOR

色数を抑え
ナチュラルな背景色を

ユーモラスで自由な芸術の雰囲気をナチュラルなイエローで軽やかに表現。

Y25

K100

C0+M0+Y0+K0

ようこそ
2013.4.25㊍
蓮沼執太フィルのレコ発
@ShibuyaWWW
今ならもれなく
CDアルバム付き
OPEN 19:00 / START 20:00 / END 22:00 ADV ¥4000 / DAY ¥4500

オペラハウスの写真と装飾で華やかな雰囲気を演出

TITLE

蓮沼執太フィルのレコ発

CONCEPT

蓮沼執太率いる15人編成ポップ・オーケストラ「蓮沼執太フィル」の「レコ発」ライブフライヤー。オーケストラの持つ豪華さと、新作アルバムの世界に招待するような雰囲気を表すのに工夫している。

DATA

開催年 _ 2013 年
サイズ _ A4（正方形に折り畳み）
CL_ 蓮沼執太
D_ 佐々木暁

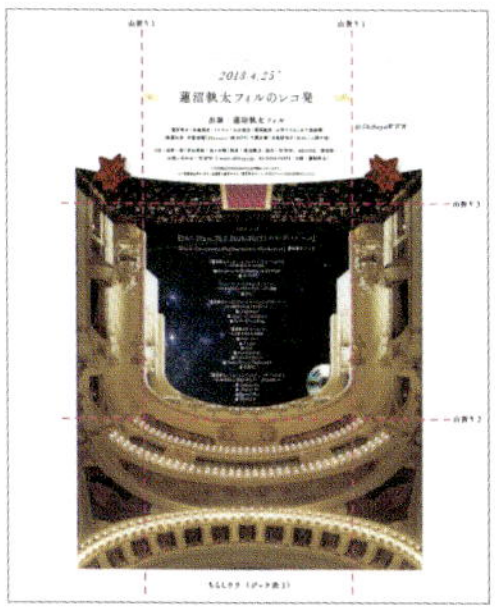

KEY POINT

1 星空の写真と呼びかける言葉で期待感を

フライヤーを開くと「ようこそ」の文字が現れる仕掛け。CDを入れて配布も行われた。中心となる舞台に星空の写真と呼びかける言葉を配置して、これから始まるコンサートへの期待感を高めている。

2 オペラハウスの写真で豪華に演出

天井や奥からドラマチックな照明を施したオペラハウスの全景を写真に収め、空間の広がりを演出。

COLOR

華やかさを生むモチーフと色彩

照明されたオペラハウスの広がりのある豪華な写真で華やかな雰囲気に。

C44+M59+Y82

C91+M87+Y66+K51

C36+M100+Y100+K7

C0+M0+Y0+K0

裏面　表面の写真を反転させて、楽曲名を映画のエンドロールのように見せ、表の開演前の雰囲気に対し、終演時のような雰囲気に。タイトル書体には筑紫オールド明朝 R を使用。

東京文化発信プロジェクト
東京都初耳区
平成25年[2013年]9月29日 日曜日
サウンドインスタレーション
モノlith
ライブ
イチオン　A.N.R.i.　電子海面
ゲストアーティスト
鈴木昭男　灰野敬二
Sound Live Tokyo
SuperDeluxe

未知なる体験を予感させるミステリアスなデザイン

TITLE

東京都初耳区

CONCEPT

サウンドアートや電子音響のアーティストが集結したイベントのフライヤー。新旧のアーティストが集まることで何かが起きそうな雰囲気を。サウンドアートの表現に合わせた、音をイメージさせるモチーフでまとめている。

DATA

開催年 _ 2013 年
サイズ _ A4（二つ折り）
CL_ SuperDeluxe
AD/D_ 永戸鉄也

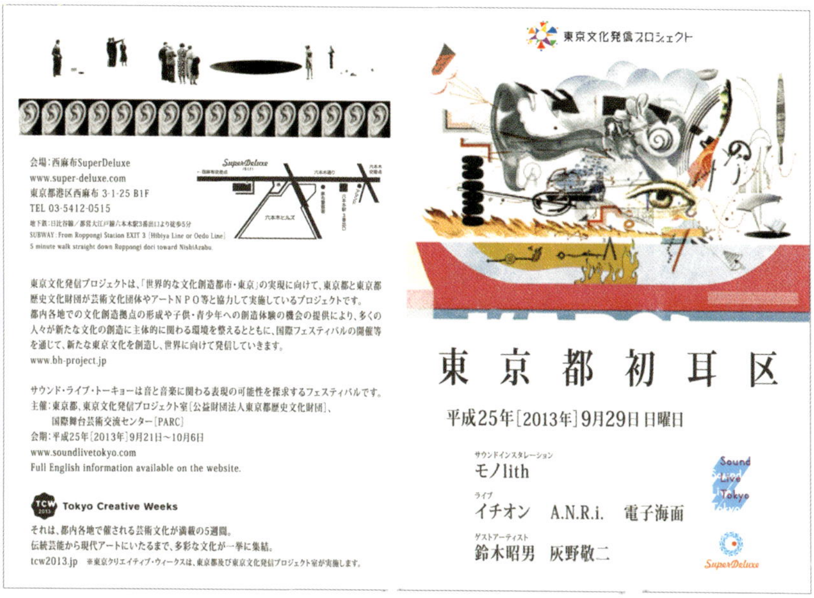
会場：西麻布SuperDeluxe
www.super-deluxe.com
東京都港区西麻布 3-1-25 B1F
TEL 03-5412-0515
地下鉄：日比谷線／都営大江戸線六本木駅3番出口より徒歩5分
SUBWAY: From Roppongi Station EXIT 3 [Hibiya Line or Oedo Line]
5 minute walk straight down Roppongi dori toward NishiAzabu.
SuperDeluxe
六本木通り
六本木ヒルズ
東京文化発信プロジェクトは、「世界的な文化創造都市・東京」の実現に向けて、東京都と東京都歴史文化財団が芸術文化団体やアートＮＰＯ等と協力して実施しているプロジェクトです。
都内各地での文化創造拠点の形成や子供・青少年への創造体験の機会の提供により、多くの人々が新たな文化の創造に主体的に関わる環境を整えるとともに、国際フェスティバルの開催等を通じて、新たな東京文化を創造し、世界に向けて発信していきます。
www.bh-project.jp
サウンド・ライブ・トーキョーは音と音楽に関わる表現の可能性を探求するフェスティバルです。
主催：東京都、東京文化発信プロジェクト室［公益財団法人東京都歴史文化財団］、
国際舞台芸術交流センター［PARC］
会期：平成25年［2013年］9月21日～10月6日
www.soundlivetokyo.com
Full English information available on the website.
TCW 2013
Tokyo Creative Weeks
それは、都内各地で催される芸術文化が満載の5週間。
伝統芸能から現代アートにいたるまで、多彩な文化が一挙に集結。
tcw2013.jp　※東京クリエイティブ・ウィークスは、東京都及び東京文化発信プロジェクト室が実施します。
東京文化発信プロジェクト
東京都初耳区
平成25年［2013年］9月29日 日曜日
サウンドインスタレーション
モノlith
ライブ
イチオン　A.N.R.i.　電子海面
ゲストアーティスト
鈴木昭男　灰野敬二
Sound Live Tokyo
SuperDeluxe

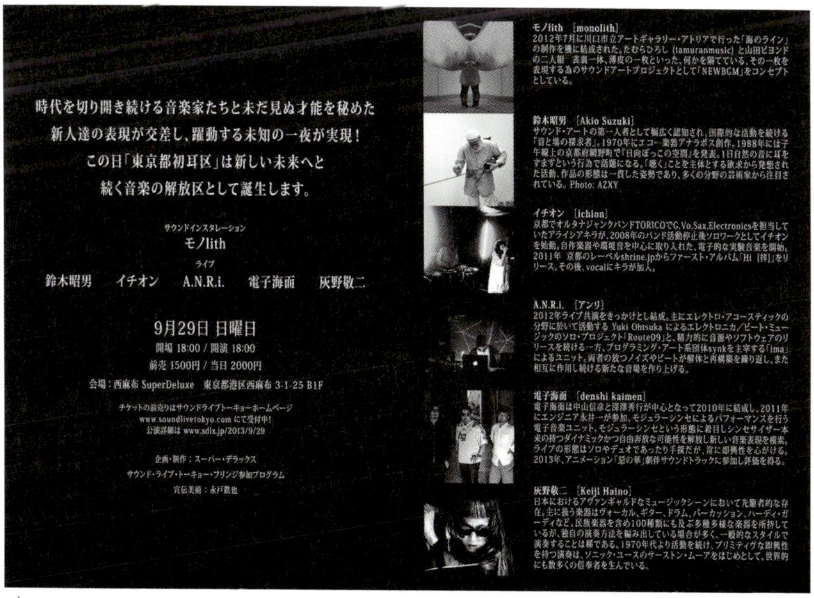
時代を切り開き続ける音楽家たちと未だ見ぬ才能を秘めた
新人達の表現が交差し、躍動する未知の一夜が実現！
この日「東京都初耳区」は新しい未来へと
続く音楽の解放区として誕生します。
サウンドインスタレーション
モノlith
ライブ
鈴木昭男　イチオン　A.N.R.i.　電子海面　灰野敬二
9月29日 日曜日
開場 18:00 / 開演 18:00
前売 1500円 / 当日 2000円
会場：西麻布 SuperDeluxe　東京都港区西麻布 3-1-25 B1F
チケットの前売りはサウンドライブトーキョーホームページ
www.soundlivetokyo.com にて受付中！
公演詳細は www.sdlx.jp/2013/9/29
企画・制作：スーパー・デラックス
サウンド・ライブ・トーキョー・フリンジ参加プログラム
宣伝美術：永戸鉄也
モノlith　[monolith]
2012年7月に川口市立アートギャラリー・アトリアで行った「海のライン」の制作を機に結成された。たむらひろし（tamuranmusic）と山田ビヨンドの二人組　表裏一体、薄皮の一枚といった、何かを隔てている、その一枚を表現する為のサウンドアートプロジェクトとして「NEWBGM」をコンセプトとしている。
鈴木昭男　[Akio Suzuki]
サウンド・アートの第一人者として幅広く認知され、国際的な活動を続ける「音と場の探求者」。1970年にエコー楽器アナラポス創作。1988年には子午線上の京都府網野町で『日向ぼっこの空間』を発表。1日自然の音に耳をすますという行為で話題になる。「聴く」ことを主体とする欲求から発想された活動、作品の形態は一貫した姿勢であり、多くの分野の芸術家から注目されている。Photo: AZXY
イチオン　[ichion]
京都でオルタナジャンクバンドTORICOでG.Vo.Sax.Electronicsを担当していたアライシアキラが、2008年のバンド活動停止後ソロワークとしてイチオンを始動。自作楽器や環境音を中心に取り入れた、電子的な実験音楽を開始。2011年　京都のレーベルshrine.jpからファースト・アルバム「Hi　[拝]」をリリース。その後、vocalにキラが加入。
A.N.R.i.　[アンリ]
2012年ライブ共演をきっかけとし結成。主にエレクトロ・アコースティックの分野に於いて活動する Yuki Ohtsuka によるエレクトロニカ／ビート・ミュージックのソロ・プロジェクト「Route09」と、精力的に音源やソフトウェアのリリースを続ける一方、プログラミング・アート系団体synkを主宰する「ima」によるユニット。両者の放つノイズやビートが解体と再構築を繰り返し、また相互に作用し続ける新たな音場を作り上げる。
電子海面　[denshi kaimen]
電子海面は中山信彦と深澤秀行が中心となって2010年に結成し、2011年にエンジニア永井一が参加。モジュラーシンセによるパフォーマンスを行う電子音楽ユニット。モジュラーシンセという形態に着目しシンセサイザー本来の持つダイナミックかつ自由奔放な可能性を解放し新しい音楽表現を模索。ライブの形態はソロやデュオであったり手探だが、常に即興性を心がける。2013年、アニメーション「惡の華」劇伴サウンドトラックに参加し評価を得る。
灰野敬二　[Keiji Haino]
日本におけるアヴァンギャルドなミュージックシーンにおいて先駆者的な存在。主に扱う楽器はヴォーカル、ギター、ドラム、パーカッション、ハーディ・ガーディなど。民族楽器を含め100種類にも及ぶ多種多様な楽器を所持しているが、独自の演奏方法を編み出している場合が多く、一般的なスタイルで演奏することは稀である。1970年代より活動を続け、プリミティヴな即興性を持つ演奏は、ソニック・ユースのサーストン・ムーアをはじめとして、世界的にも数多くの信奉者を生んでいる。

裏面　実験的なサウンドのアーティストが出演する雰囲気をモノトーンで表現。やや長体のかかった小塚明朝書体を使用。

KEY POINT

1 イラストのコラージュで注目を集める

イベントが文化発信のプロジェクトと連動していることもあり、文化的、アカデミックな雰囲気のイラストをコラージュしている。

2 耳の器官のイラストで「音」にフォーカス

サウンドアートがテーマであることから耳の器官のイラストで「音」や「聴く行為」を象徴している。

COLOR

カラフルさとモノトーンの使い分け

表面のイメージは多彩なアーティストが出演するということでカラフルに。裏面は実験的なサウンドのアーティストが出演する雰囲気をモノトーンで表現。

C20+M90+Y35

C0+M0+Y0+K0

K100

1st Album
Beyond the River Plate
MASAMI ENDO
2013.4.17 Rereace
遠藤雅美
ラ・プラタ河の向こう
TOKYO BEAT RECORDS

幾何学的な図形とビビッドな配色でアルバムの世界観を構築

TITLE

遠藤雅美 NEW ALBUM 発売／ライブツアー

CONCEPT

遠藤雅美のニューアルバム発売告知のフライヤー。情緒的で穏やかな印象の曲調と力強い歌詞メッセージ。そのふたつが持つ魅力を引き出し、かつ曲中に漂う風景と独特な世界観を幾何学的に表現。アーティストのイメージを体現するデザインに結びつけている。

DATA

公開年 _ 2013 年
サイズ _ A4
CL_ 遠藤雅美 / TOKYO BEAT RECORDS
DF/D_ TRACKS & STORES Inc.
AD_ 西尾 望

遠藤雅美 1stアルバム「ラ・プラタ河の向こう」
2013.4.17 全国発売開始！
伊藤志宏、石川智、砂本典子、佐瀬正、瀬尾高志をはじめ、全国のライブシーンで活躍する実力派ミュージシャンが多数参加。シンガーソングライターでありながら、ジャズやポップスのカバーなど、幅広い世界観でも評価の高い遠藤雅美の魅力がこの一枚に凝縮。
[収録曲]
1．シロナガスクジラ
2．雨雲
3．Night Ride Home
4．恋人の帰る間
5．リラ冷え
6．Downtown train
7．Non je ne regrette rien
8．神様
9．ラ・プラタ河の向こう
10．Strangers in the night
11．Take me home, Country Roads
Beyond the River Plate　MASAMI ENDO
遠藤雅美
ラ・プラタ河の向こう
¥2,300(税込定価) TBRS-0101
遠藤雅美 Profile
札幌生まれ。
桑沢デザイン研究所卒業。
幼少から、ピアノ、エレクトーンを始め、曲を作ってジャムセッションをして遊ぶ。
父がロックバンドのギタリストだった影響で、ロックの世界に傾倒。
2005 年より東京を拠点に都内、近郊からライヴ活動開始。
自身シンガーソングライターである他に、カヴァー曲はポップ、ロックから、ジャズ、シャンソン、
歌謡曲、民謡まで、ノージャンルとワールドワイドに歌う。
2012 年秋には株式会社ミッズ・インターナショナルより立ち上げられた TOKYO BEAT RECORDS から、オリジナル曲、カヴァー曲をコンセプチュアルにまとめたファーストフルアルバム「ラ・プラタ河の向こう」をリリース。
2013 年 4 月 17 日より同アルバムが全国発売開始。
ライヴパフォーマンスでは、独自のスタイルと、他に類を見ない広大なスケール感が魅力。
現在は関東、関西、北海道を中心に全国各地、ライヴ活動中。
参加ミュージシャンからのコメント
石川智 Drums
「世界旅行をしているような、色々な国の音楽の響きで、その音楽の世界を感じてほしい。サウンド面では、あり得ないミラクルな瞬間がたくさんあるので、それを味わって頂けたらと思います。」
伊藤志宏 Piano / Rhodes
「普段話してるように歌うときとまるで別人の様に歌うときと・・・つかみ所のない雅美さんに心地好く翻弄される素敵な作品です。」
砂本典子 Piano / Keyboards
「遠藤雅美さんの音楽の宝石箱の中を覗いたらそこは楽しい夢の世界にいるようでした。雅美さんの音楽のメッセージの魔法でたくさんの人達が幸せであたたかい気持ちになりますように！」
佐瀬正 Contrabass
「遠藤雅美が歌に思う心の集大成です。」
瀬尾高志 Contrabass
「アルバム完成おめでとうございます！突然の出会いから生まれた奇跡の録音でした。俺と同じ北海道出身、広い空と寒さの厳しい冬を知っている人だなって音楽から感じました。想いと夢がぎっしり詰まった色彩感溢れる作品、たくさんの方が聴いてくれて、想いを馳せてくだされば嬉しいです。」
全国ツアー開催決定！ 各地のライヴ情報はHPでご覧ください
ライヴ情報は遠藤雅美 official web site にて http://www.masamiendo.com
mail: info@masamiendo.com　blog: http://ameblo.jp/masami-endo
facebook: http://www.facebook.com/masamiendo7　twitter: @masami_endo
お問い合わせ先
TOKYO BEAT RECORDS 株式会社ミッズ・インターナショナル TEL 03-5483-3800

裏面　図版と文字要素を全体で傾けることで、勢いの付いた動感が表現されている。表面と連続するように配された配色と幾何学的な構成が、白地の中でアクセントとなり、かつ楽曲の豊かさを伝えている。

KEY POINT

1 世界観を象徴する幾何学的な図形

様々な形の図形を重ね合わせ、組み合わせることでアルバムの複雑で豊穣な曲調とその世界観を視覚的に表している。アルバムジャケットと連動。

2 文字要素で抑制をきかせる

使用されている書体は「Bodoni Bold」と「アンチック」＋「セザンヌ Medium」の組み合わせ。少し傾けることで動感を生み出している。

COLOR

複雑にからみ合う色面構成

複数の色を重ね合わせ、複雑にからみ合う歌詞を視覚化。グラデーションをかけることで、抑揚ある声のイメージが表現されている。

C75+M30+Y20

C7+M88+Y45

C50+M60+Y80+K5

C80+M40+Y95+K5

お祭り気分の賑やかな配色と勢いを伝える文字配置

TITLE

bómi ふらげ祭

CONCEPT

アーティストbómi（ボーミ）のEPリリースパーティのフライヤー。ミニライヴの他にイラスト展やクッキー作り、似顔絵屋、アートメイクなどもあるお祭りパーティ。ビビッドな色合いと賑やかな文字配置でお祭り感を演出している。

DATA

公演年 _ 2013 年
サイズ _ 100x141mm
CL_ 日本コロムビア
DF_ NNNNY
AD_ いすたえこ　D_ 渡辺明日香
PH_ 川島小鳥　HM_ 廣瀬瑠美
ST_ 谷崎 彩　IL_ 多田玲子

2013.7.2 TUE
bómi《ボーミ》
〈ビューティフォーEP〉
1st + EP
ふらげ祭
Flying Get!!!
ENTRANCE FREE
EBISU
KATA
LIQUIDROOM 2F
19:30 START ─ 22:00 CLOSE
bómiがリリース前夜に入場無料のお祭りパーティーを開催!?
当日ふらげした「ビューティフォー EP」をお持ちの方に、bómi 特製 zine“TONGARI vol.0”プレゼント！※ 当日会場での“ふらげ”も可。
ふらげ記念 bómi mini live ／「ビューティフォー EP」イラスト展 ／おかしい屋「bomi クッキー MAKE UP!」／金箔寺の箔プリントで輝いちゃう!?体験 ／多田玲子のマッハ似顔絵屋 ／ hairmake・中川りえこのアートメイクでビューティフォー♪／ プリミ恥部の宇宙マッサージ　and more...
bomibomi.com

KEY POINT

❶ イベントの雰囲気を写真で伝える

お祭り感のあるモデルのメイクやカラフルな衣装、小物で華やかな写真に仕上げている。

❷ 勢い良く文字を配して お祭り感を

欧文には手書き風の Soozie Qs フォントを使用。文字で全体を埋めるようにレイアウト。文字を傾けたり、色を変えたりしてパーティの勢いを演出。

COLOR

反対色を用いて 印象を高める

赤にあえて反対色の青、加えて白も効果的に用い、賑やかなお祭り気分を盛り上げている。

C10+M98+Y100
C75+M26
C0+M0+Y0+K0

アーティストの個性に合わせ踊る文字でポップに

TITLE

Who Are You, bómi??

CONCEPT

左ページと同じく、bómiによるTOWER RECORDSでのEPリリースのフライヤー。TOWER RECORDSから発行していることが一目でわかるよう、ブランドカラーの黄色と赤で配色。また、アーティストの個性に合わせてかわいらしくポップなものを目指している。

DATA

公演年 _ 2013 年
サイズ _ A4（二つ折り）
CL_ タワーレコード株式会社
ED_ たなか“保留”ともみ
DF_ NNNNY　AD_ いすたえこ　IL_ 多田玲子
PH_ 後藤武浩　HM_ RIEKO NAKAGAWA
クッキー制作 _ 渡辺明日香

KEY POINT

1 モデルの表情や小物で親しみやすく

モデルの表情や、ユーモラスなオリジナルのキャラクターのクッキー、ゆるさのある落書き風イラストで親しみやすい雰囲気に。

2 文字を踊らせてリズムを作る

丸みのある Quick sand フォントを使い、紙面いっぱいに踊る文字を配置して元気でポップな印象に。

COLOR

TOWER RECORDS の広告テイストに

TOWER RECORDS からの発行のため、ブランドカラーである黄色と赤の色使いや、広告のポップなテイストを取り入れている。

M20+Y100

M100+Y100

車窓からの見え隠れで見る者の興味をかき立てる

TITLE

小島ケイタニーラブと木下美紗都 LIVE 彼方からの列車

CONCEPT

夜の電車内、車窓を眺めながらライブを聴くというイベントのフライヤー。直接的な表現を避けた抽象的なデザインで、見る者の興味に訴える。モチーフで魅せるシンプルな構成だが、随所にアクセントとなる演出を施して飽きの来ない仕上がりに。

DATA

公演年 _ 2013 年
サイズ _ A5
CL_ ignition gallery
DF_ FRASCO
AD/D_ 石黒 潤

KEY POINT

❶ シンプルな配置を単調にならないように工夫

夜の電車の車窓を想起させる印象的なモチーフ。全面で展開されるため、若干崩したような配置で単調にならないように工夫している。

❷ デザインの流れを意識して

黒の地色に走る濃いブルーのストライプ。独特の雰囲気を損なわず、モチーフに対するような流れでデザイン全体にメリハリを生み出している。

COLOR

象徴的な黄色が差し込む光を演出

車窓から流れこんでくる街の光をイメージさせる鮮やかな黄色。視線を釘付けにするような色の対比がワクワクした気分にさせる。

M15+Y100

C94+M91+Y82+K75

C100+M100+K50

北欧らしい配色と変形の二つ折りで手に取りやすく

TITLE

AVANTI!
音楽のネクストジェネレーション
—北欧より

CONCEPT

フィンランドの室内アンサンブル Avanti! のコンサートフライヤー。北欧らしい透明感のある水色と、ヴィヴィッドな赤の組み合わせでインパクトを。見る人が手に取りやすい判型にしつつ、二つ折りの状態でも出演者が目立つように工夫している。

DATA

開催年 _ 2013 年
サイズ _ 240x125mm（二つ折り）
CL_ 金沢 21 世紀美術館
D_ 北口加奈子（金沢 21 世紀美術館）

21
まるびぃdeパーティ9
2013.10.9 [wed] 19:00-
金沢21世紀美術館 シアター21
AVANTI!
Jean SIBELIUS
Malinconia (cello, piano)
Jukka TIENSUU
Rack (string quartet)
Toshi ICHIYANAGI
Clarinet Sextet , world premiere
Einojuhani RAUTAVAARA
Pelimannit (piano solo)
Per Henrik NORDGREN
Sunrise at the Fuji mountain (string quartet)
Wolfgang Amadeus MOZART
Clarinet Quintet in A major, K.581
音楽のネクストジェネレーション
—北欧より

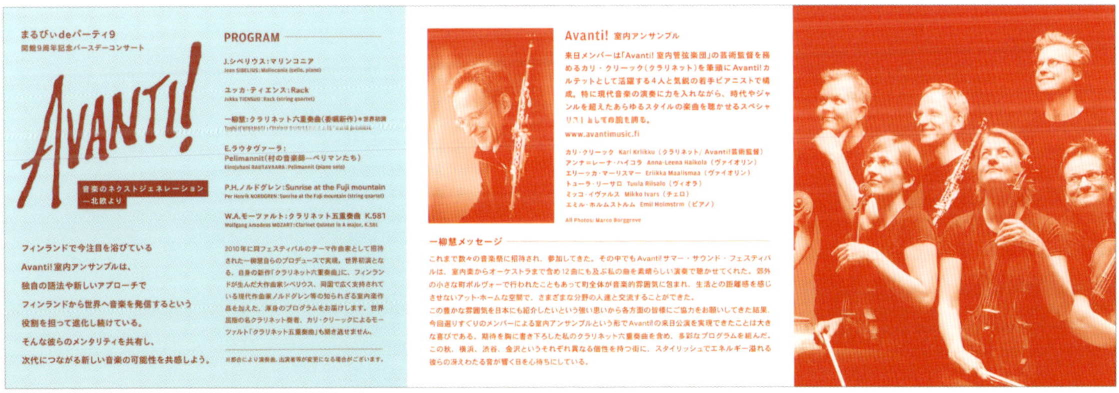
まるびぃdeパーティ9
開館9周年記念バースデーコンサート
AVANTI!
音楽のネクストジェネレーション
—北欧より
フィンランドで今注目を浴びている
Avanti!室内アンサンブルは、
独自の語法や新しいアプローチで
フィンランドから世界へ音楽を発信するという
役割を担って進化し続けている。
そんな彼らのメンタリティを共有し、
次代につながる新しい音楽の可能性を共感しよう。
PROGRAM
J.シベリウス：マリンコニア
Jean SIBELIUS：Malinconia (cello, piano)
ユッカ・ティエンスー：Rack
Jukka TIENSUU：Rack (string quartet)
一柳慧：クラリネット六重奏曲（委嘱新作）＊世界初演
E.ラウタヴァーラ：
Pelimannit（村の音楽師—ペリマンたち）
Einojuhani RAUTAVAARA：Pelimannit (piano solo)
P.H.ノルドグレン：Sunrise at the Fuji mountain
Per Henrik NORDGREN：Sunrise at the Fuji mountain (string quartet)
W.A.モーツァルト：クラリネット五重奏曲 K.581
Wolfgang Amadeus MOZART：Clarinet Quintet in A major, K.581
2010年に同フェスティバルのテーマ作曲家として招待された一柳慧自らのプロデュースで実現。世界初演となる、自身の新作「クラリネット六重奏曲」に、フィンランドが生んだ大作曲家シベリウス、同国で広く支持されている現代作曲家ノルドグレン等の知られざる室内楽作品を加えた、渾身のプログラムをお届けします。世界屈指の名クラリネット奏者、カリ・クリーックによるモーツァルト「クラリネット五重奏曲」も聞き逃せません。
※都合により演奏曲、出演者等が変更になる場合がございます。
Avanti! 室内アンサンブル
来日メンバーは「Avanti! 室内管弦楽団」の芸術監督を務めるカリ・クリーック（クラリネット）を筆頭にAvanti!カルテットとして活躍する4人と気鋭の若手ピアニストで構成。特に現代音楽の演奏に力を入れながら、時代やジャンルを超えたあらゆるスタイルの楽曲を聴かせるスペシャリスト」としての腕も誇る。
www.avantimusic.fi
カリ・クリーック Kari Krlikku（クラリネット/ Avanti!芸術監督）
アンナ＝レーナ・ハイコラ Anna-Leena Haikola（ヴァイオリン）
エリーッカ・マーリスマー Eriikka Maalismaa（ヴァイオリン）
トゥーラ・リーサロ Tuula Riisalo（ヴィオラ）
ミッコ・イヴァルス Mikko Ivars（チェロ）
エミル・ホルムストルム Emil Holmstrm（ピアノ）
All Photos: Marco Borggreve
一柳慧メッセージ
これまで数々の音楽祭に招待され、参加してきた。その中でもAvanti!サマー・サウンド・フェスティバルは、室内楽からオーケストラまで含め12曲にも及ぶ私の曲を素晴らしい演奏で聴かせてくれた。郊外の小さな町ポルヴォーで行われたこともあって町全体が音楽的雰囲気に包まれ、生活との距離感を感じさせないアット・ホームな空間で、さまざまな分野の人達と交流することができた。
この豊かな雰囲気を日本にも紹介したいという強い思いから各方面の皆様にご協力をお願いしてきた結果、今回選りすぐりのメンバーによる室内アンサンブルという形でAvanti!の来日公演を実現できたことは大きな喜びである。期待を胸に書き下ろした私のクラリネット六重奏曲を含め、多彩なプログラムを組んだ。この秋、横浜、渋谷、金沢というそれぞれ異なる個性を持つ街に、スタイリッシュでエネルギー溢れる彼らの冴えわたる音が響く日を心待ちにしている。

KEY POINT

1 手に取りやすいコンパクトサイズに

気軽に手に取ってもらうため、変形二つ折りでコンパクトなサイズに。片方のサイズを小さくし、二つ折りと開いた状態とで異なる見え方に。

2 ロゴとタイトルの組み合わせ

アンサンブルのロゴはサイズやカラーのバリエーションを豊かに。また、日本語サブタイトルと組み合わせて表裏に配置してわかりやすく。

COLOR

北欧をイメージした明るい配色

北欧をイメージした明るい配色に。アーティスト写真も赤にすることで目を引くとともに、文字色との統一感を出している。2色刷りでシンプルに。

DIC 18
DIC 198

2 1 prints プリンツ21

沼を越えて会いに行こう
大切なあの人に
沼を越えて会いに行こう
大好きな あの街に
沼を越えて帰ってくるよ
大きな おみやげもって
ラララ ラララ ラララララララ 。

佐内正史＋川本真琴による
ポエトリーリーディング＆ライブ

沼を越えて
会いに行こう

2012 9/28 fri. 21:00～
オーディトリウム渋谷
チケット：3,500円（整理番号付き自由席券）

佐内正史 詩集「人に聞いた」より
自選詩のシルクスクリーン版画を
エディション番号入りで
来場者様全員にプレゼント！

主催：飛び出すプリンツ21!! 3D編集部
photo by mitsue

印象を強めるピンク使いと詩を連想させる文字のあしらい

TITLE

沼を越えて会いに行こう

CONCEPT

写真家・佐内正史とミュージシャン川本真琴によるポエトリーリーディング&ライブのフライヤー。佐内の詩の朗読、写真のスライド映写と、二人のデュエットで構成。全体のデザインは美術館のフライヤーのようなイメージ。独自の色使いで目を引く。

DATA

公演年＿2012年
サイズ＿B5
CL＿株式会社プリンツ21
D＿橋場亮介
PH＿山本光恵

アート雑誌「プリンツ21」と沢山の仕事を共有して来た写真家、佐内正史の在り方は明快で揺るぎがない。彼は言う「過去なんていらない、一番新しいもの、興味があるのはそれだけ」と。逢うたびに違った何かを見つけ、夢中で遊んでいる。
9月28日21時、想と奏の街、渋谷円山町の映画館オーディトリウムに佐内正史と川本真琴の遊び場が出現、何かが起こる……まず「詩」写会。彼自身の朗読と、写真作品がスクリーンに投影され、一作一詩ごとにsanai worldに引きずり込まれる親密な時空間。この最新詩集「人に聞いた」は初披露、会場で先行発売される。
その後いよいよ川本真琴登場。楽曲と詩を提供した佐内のギターと共にデュエットが始まる。「川本真琴 and 幽霊」としてこれもこの会場が初披露、CDリリースも。共鳴しあうふたりを繋ぐ音楽がディープに透明に流れる、こんな贅沢な機会は二度とない。

イベント内容
第1部　佐内正史 詩集「人に聞いた」スライドショー　＞　第2部　川本真琴 and 幽霊 発表会ライブ　＞　サイン会 & おみやげ配布

写真家 佐内正史＋音楽家 川本真琴
ポエトリーリーディング＆ライブ
詩集とCDを発売します。
プレゼントもご用意しました。

佐内正史 sanai masafumi
1968年静岡県生まれ。95年第12回キヤノン写真新世紀優秀賞受賞。97年に写真集「生きている」（青幻舎）でデビュー。02年「MAP」（佐内事務所）で第28回木村伊兵衛写真賞受賞。その後も多数の写真集を発表し続け近年は自主レーベル「対照」より精力的な出版活動を展開している。近作に写真集「度九層」がある。「度九層」（どくそう）は同時発売の中村一義最新アルバム「対音楽」との共作である。

川本真琴 kawamoto makoto
1974年福井県生まれ。96年ソニーミュージックSDオーディションを経て、「愛の才能」（ソニーレコード）でデビュー。97年「DNA」「1/2」が連続ヒット。日本レコード大賞優秀アルバム賞受賞。98年シングル「桜」、2000年シングル「微熱」「FRAGILE」を発表。02年メジャーとの契約も解消、プライベートオフィスを設立し自身で原盤制作を開始。以後CMソングなどでも活躍中。

「佐内正史詩集 人に聞いた」
詩・写真：佐内正史
四六判上製 128ページ　モノクロ／部分カラー　予定価格1,600円＋税
写真家・佐内正史によるはじめての詩集は、「光をけずる」鮮烈な言葉で紡いだ52編の詩。5葉の写真を添えて、新しい詩人による本格詩集の誕生。

「川本真琴 and 幽霊」
CD+BOOK（4曲入りCD＋写真集）
2,200円＋税
川本真琴セルフ・プロデュースによる新作。作詞・作曲・演奏・歌＝川本真琴×佐内正史。書き下ろし新曲3曲とカバー曲1曲を収め、見たことも聴いたこともない音色、質感を感じ取っていただける作品である。

沼を越えて
会いに行こう

チケット：3,500円（整理番号付き自由席券）
前売りチケットは劇場窓口にて9月2日より発売（web予約のお客様より先の整理券番号となります）
ご予約はプリンツ21公式ホームページ
「イベント申し込みフォーム」から→ http://www.prints21.co.jp
お問い合わせ→オーディトリウム渋谷（03-6809-0538）・プリンツ21（03-3562-4744）

AUDITORIUM shibuya
会場：オーディトリウム渋谷
渋谷区円山町1-5KINOHOUSE 2F
http://a-shibuya.jp
JR・京王井の頭線渋谷駅より
徒歩10分

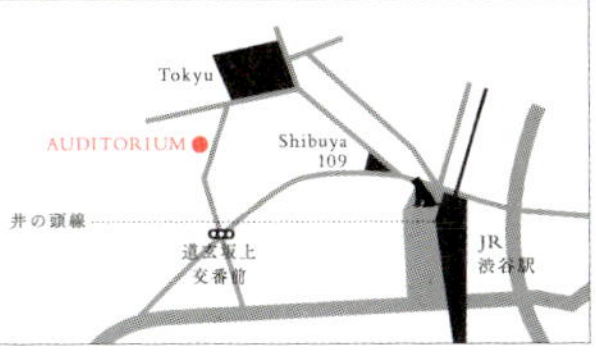

企画：株式会社プリンツ21、佐内事務所　協力：オーディトリウム渋谷、株式会社ナナロク社、株式会社ディスクユニオン

KEY POINT

1 文字の墨溜まりにより詩のイメージに

タイトル部分は筑紫明朝オールドフォントを使い、墨溜まりを少し大きくし、詩や文学を連想するイメージに。

2 手書きの詩を加えてカジュアルさを

ポエトリーリーディングをカジュアルな雰囲気の中で行うことから、紙面に手書きの詩を加え、ライブのイメージをさりげなく伝えて。

COLOR

ピンクの写真に色をそろえる

ピンク色に仕上げられた写真に文字の色を合わせて統一感を出している。

M90+Y35

C0+M0+Y0+K0

裏面　表面と同様にピンクをアクセントに使用。強調するところには手描き風のピンクの線を。線には墨溜まりが付いており、活字のようなフォント（筑紫明朝オールド）と共通の情感に。

JAPANFOUNDATION 国際交流基金
美しい時代へ ── 東急グループ
いったいどうなる!? 各国のアーティストによる予測不可能なスーパー・ステージ!
40TH YEAR OF ASEAN-JAPAN
FRIENDSHIP & COOPERATION EVENTS
VIETNAM
CAMBODIA
MYANMAR
THAILAND
LAOS
BRUNEI
JAPAN
日・ASEAN友好協力40周年記念
ドラムス&ヴォイセズ
DRUMS & VOICES
音楽監督: 大島ミチル
こんなステージ見たことない!
2013 12/18(水)
18:30OPEN 19:00START 全席指定 ¥5,000 9/8(日)一斉発売
Bunkamuraオーチャードホール
Bunkamuraチケットセンター 03-3477-9999 (10:00~17:30)
Bunkamuraオンライン 検索
要事前登録
PC・スマートフォン・携帯
チケット取扱い: e+(イープラス)/チケットぴあ/ローソン
公演に関するお問合わせ Bunkamura 03-3477-3244 (10:00~19:00)
主催: 国際交流基金/Bunkamura
[オフィシャルHP] http://drums-and-voices.jp
D&V2013 検索

ポップなイラストとカラーで祭典のムードを高める

TITLE

Drums & Voices

CONCEPT

アセアン加盟6ヵ国と日本の個性豊かな太鼓主体のコンサートのフライヤー。各国の音楽家が集う万博的な華やかさと、開催地東京の軽やかさをイメージし制作。宗教や思想を連想させるモチーフは避け、表現に国ごとの濃淡がないよう公平に。

DATA

公演年 _ 2013 年
サイズ _ A4
CL_ 国際交流基金 / Bunkamura
DF_ オカモトデザイン
AD/D_ 岡本勇輔

いったいどうなる!? 予測不可能なスーパー・ステージ!!
7月、大島ミチルはタイ・ホアヒンにいた。「Drums＆Voices」に出演する各国のアーティストが集まった第1回ワークショップ。自己紹介がてら、メンバーそれぞれの持ち寄った楽器を演奏してもらう。見たことのない楽器、聞いたことのないリズム。大島は目を丸くした。「さて、なにができるかしら？」
「日・ASEAN 友好協力 40 周年」を記念して企画された今回のステージは、大島が作った曲だけを演奏するものではない。アーティストそれぞれが培ってきた「音楽」、それも、最もプリミティヴな「打楽器」と「唄」を混ぜ合わせて、新しい音楽を作る試みだ。誰かがカウントをとってセッションする、というものではなく、それぞれの国の個性あるリズムやグルーヴから生まれるポリリズムが大きなみどころになる。
ベトナム、カンボジア、ミャンマー、タイ、ラオス、ブルネイ各国より 11 名が参加。伝統音楽を追求してきたもの、他ジャンルとのコラボレーションに意欲的に取り組んでいるもの、ポップスシーンで歌手として活躍するもの、実に様々な経歴を持つ。日本からは和太鼓奏者・堀つばさ、そして東京公演スペシャルゲストとして尺八演奏家・藤原道山が出演する。
「出てくる音が新鮮で、こういうことができるのか、と衝撃でした」と語る大島。タイのワークショップでは、このリズムは面白い、あのメロディは素敵、など全員で試行錯誤しながら曲を作っていった。それぞれの国の伝統音楽をベースにしつつ、テクニカルプレイの競演あり、大島作曲のメロディあり、ポップスありと、バラエティに富んだプログラムだ。
日本公演に先駆けて、10 月から ASEAN ツアーが始まる。東京で迎えるフィナーレ公演は、どのような熱気につつまれるのか。13人のプロフェッショナルが、力の限り叩き、歌うスペシャルステージ。2013 年の締めくくりとして、見逃せない！
音楽監督
OHSHIMA MICHIRU
大島ミチル
国立音楽大学作曲科卒業。在学中から作、編曲家として活動し、映画、CM、TV 番組、アニメなど様々な分野の音楽を手がける。毎日映画コンクール音楽賞、日本アカデミー最優秀音楽賞、ジャクソンホール映画祭ベスト映画作曲賞等受賞多数。代表作に、大河ドラマ「天地人」、連続テレビ小説「あすか」、映画「明日の記憶」、アニメ「鋼の錬金術師」など。
http://michiru-oshima.net/
来日アーティスト＆楽器紹介
気鋭ミュージシャン達によって沢山の楽器が演奏されます!
VIETNAM
MING CHI
ミン・チー
MAI LIAN
マイ・リエン
◎トルン
縦につるした竹の木琴。音が響きやすいように竹に細工してある。バチの両端でふたつの音をトレモロして演奏する。
◎ディン・バ
平たく弾力のあるしゃもじのようなバチで竹筒の上をたたき
を出す。竹の長さを変えて音階が作られている。
◎ダン・バウ
一弦琴。弦をはじいて軽くおさえ、ハーモニクスを得る。弦の片方がついている棒を動かし、弦の張力を変えて音程を変える。
CAMBODIA
CHANNA
チャンナ
VUTHA
ヴタ
◎チャイヤム
胴は世界最大の果実ともいわれるジャックフルーツの木からつくられている。肩にかけて動きながら演奏する。
◎ソンポー
両面太鼓。水牛あるいは牛の皮を、同じく皮のひもで締めて使う。
THAILAND
TOSSAPORN TASSANA
トッサポーン・タッサナ
CHRIS LOVEIS
クリス・ラブイス
◎ラナート・エク
木琴。鍵盤は木や竹でできていて、
同じ仲間でより低音を出すものはラナート・トゥム。
◎ペンマン
木製の環状構の内側に 7 つの両面太鼓をぶら下げている。
BRUNEI
YUSRI
ユスリ
◎レバナ
宗教的な儀式で使用される中東起源の太鼓。打面は山羊の皮。曲に合わせて様々な大きさを使い分ける。
◎タール
片面太鼓。中東起源の歌や踊りの伴奏に用いられ、何人かで演奏する。
MYANMAR
KYAUK SEIN
チャウ・セイン
THU RAIN
トゥ・レイン
◎サイン・ワイン
環状の木枠の内側に音の高さを変えた太鼓を吊り下げ、円の中に入って演奏する。木枠の装飾がとても美しい。
◎チー・ワイン
丸型のフレームにこぶのあるゴングを配置している。バチを水平方向に滑らせて連続的に音を出すこともある。
LAOS
SENGTHONG BOUTXADY
セントン・ブッサディ
PUTTHAVONG SAKDA
プッタヴォン・サクダ
◎ゴーン・ハーン
細長い片面太鼓。祭のパレード等で踊り歩きながら手で叩いて演奏することが多い。
◎ゴーン・トゥム
通常は 1 本の棒につるされた太鼓を 2 人で担ぎ、行進しながらバチで叩く。
JAPAN
HORI TSUBASA
堀つばさ
©川島小鳥
京都出身。11歳より和太鼓をはじめ、京都堀川音楽高校にて西洋打楽器、音楽理論の基礎を学ぶ。在学中よりロックバンドのドラマーとしても活動。96年より14年間和太鼓集団「鼓童」に在籍。現在アントワープを拠点に異ジャンルのアーティストとコラボレーション活動をし、日本のリズム、歌を題材として生み出される独自の音楽は国内外で高く評価されている。
SPECIAL GUEST
FUJIWARA DOZAN
☆東京公演スペシャルゲスト
藤原道山
10才より尺八を始め、人間国宝・山本邦山に師事。東京芸術大学大学院音楽研究科修了。2001年CDデビュー。自身の活動と並行して、映画・CM音楽への参加、舞台音楽を手掛けるなど、既成の尺八のイメージを変える自由な発想で、原点とオリジナリティを追及しながらもジャンルを超えた幅広い音楽活動を展開。現在、東京芸術大学音楽学部邦楽科尺八専攻講師として後進の指導も積極的に行っている。
12.18[水] 18:30 開場 19:00 開演
全席指定 ¥5,000
9/8(日) 一斉発売
[当日券] 公演当日に残席がある場合のみ、開演1時間前から当日券売場にて販売。
Bunkamura
東急本店
文化村通り
QFRONT
道玄坂
109
JR
ハチ公口
京王井の頭線
東横店
渋谷駅
国道246号
Bunkamura オーチャードホール
〒150-8507 東京都渋谷区道玄坂2-24-1
○JR「渋谷駅」ハチ公口より徒歩7分
○東京メトロ銀座線／京王井の頭線「渋谷駅」より徒歩7分
○東急東横線・田園都市線、東京メトロ半蔵門線・副都心線「渋谷駅」3a出口より徒歩5分
公演に関するお問合わせ Bunkamura 03-3477-3244 (10:00〜19:00)
Bunkamura チケットセンター 03-3477-9999 (オペレーター対応 10:00〜17:30)
Bunkamura オンラインチケット
Bunkamuraオンライン 検索
要事前登録 PC・スマートフォン・携帯
●e+(イープラス)http://eplus.jp/ (PC・携帯)
●チケットぴあ0570-02-9999(Pコード208-339) http://t.pia.jp/(PC・携帯)
●ローソンチケット0570-084-003(Lコード33325) 0570-000-407(オペレーター対応10:00 ~ 20:00)
http://l-tike.com/ (PC・携帯)
※小学生未満のお子様はご入場いただけません。
※やむを得ない事情により出演者などが変更となる場合がございます。予めご了承ください。
2013年11月、Bunkamuraのオンラインサービスが生まれ変わります!
詳細はBunkamuraホームページへ

裏面 各国のアーティストと楽器の説明をまとめ、手描きのイラストを添えて楽しく紹介。互い違いにレイアウトして、リズミカルで賑やかな雰囲気に。

KEY POINT

1 打楽器のポップなイラスト

参加国の打楽器をポップなイラストにして配し、紙面に軽やかなリズムを与えている。

2 軽やかなオリジナルのタイトルロゴ

タイトルロゴはオリジナルで軽やかに。その他、和文には MB ゴシック、新ゴシックを、欧文には Avenir、Minion、Myanmar MN を使用。

COLOR

鮮やかなイエローで楽しげに

鮮やかなイエローをベースに参加国のモチーフを配して、国際色豊かな祭典のムードを高めている。

Y95

C10+M10+Y10+K20

M90

ヨーロッパのモダンデザインの雰囲気で知的かつ軽快に

TITLE

新交響楽団第 222 回演奏会

CONCEPT

アマチュアオーケストラ新交響楽団の演奏会フライヤー。オーケストラ団員として紙版下で27年ほどフライヤーのデザインを担当。この作品は初めてAdobe Illustratorを用いたもの。ヨーロッパのクラシックの広告デザインのようなモダンな雰囲気に。

DATA

公演年 _ 2013 年
サイズ _ A4
CL_ 新交響楽団
AD/D_ 今尾恵介

KEY POINT

❶ レコードジャケットを意識したモチーフ使い

楽譜や音符を思わせるモチーフが印象的。クラシックのレコードジャケットに抽象画を使うデザインの流れに通じるレイアウト。

❷ モダンデザイン的な文字組み

ドイツのコンサートポスターのような、ゴシック体を整然とシンプルに並べたモダンな文字組み。小塚ゴシックフォントを使用。

COLOR

演奏曲目のイメージを軽快に表現

演奏曲目の知的で軽快なイメージを青や暖色系の組み合わせで表現。クラシックをカジュアルに楽しもうとする雰囲気に。

- M94+Y34
- C5+M49
- M47+Y66
- C88+M70

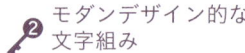

古典絵画をモチーフに狂気も漂うコラージュを

TITLE

ギャスパー・クラウス×メルツバウ×吉田達也

CONCEPT

西麻布SuperDeluxeで開催された、鬼才チェリスト、ギャスパー・クラウスのライブ公演フライヤー。フリーキーに不協和音を鳴らす、伝統と前衛が交差する独自の演奏スタイルで知られるアーティスト。その音楽的世界観を表現するため、古典絵画をモチーフに、やや狂気的なビジュアルに。

DATA

公演年 _ 2013 年
サイズ _ A5
CL_ SuperDeluxe
AD/D_ 有田維男

KEY POINT

❶ 聴覚を意識させる解剖学的なコラージュ

古典絵画をもとに解剖学的なイラストをコラージュし、聴覚を刺激する特異な演奏を思わせるイメージに。

❷ 二重になった幻覚的なタイトル

タイトルやクレジットを二重にして幻覚的に。異なる楽器が織りなす演奏のイメージも。フォントはA-OTF 角新行書 Std。

COLOR

反対色を組み合わせアクセントに

古典絵画に合わせた深みのある背景に対して、反対色を組み合わせたタイトルでアクセントに。

C76+M11+Y59

C46+M98+Y44

C77+M70+Y92+K54

corde
UNIT
苦虫ツヨシ
END
セオリ
corde presents
LOW END THEORY JAPAN
Summer 2013 Edition
2013.5.25
Sat_ at TOKYO UNIT
OPEN / START : 23:00
CHARGE : ADV 3,500yen / DOOR 4,000yen
Special Guest
DJ Krush
Live & DJ
Daddy Kev
Nobody
Nocando
D-Styles
Taurus Scott
DJ Kensei
and more...
Beat Invitational
Beat Invitational
ビートメイカーの祭典、Beat Invitationalも同時開催!!

ランダムに配置したイラストで自由な音楽性を表現

TITLE

LOW END THEORY JAPAN

CONCEPT

LAで毎週大人気なビートミュージックのパーティ「LOW END THEORY」の日本版のフライヤー。豪華な出演者の顔ぶれを表すかのように、苦虫ツヨシの味のあるイラストを紙面の要所に配置して視線を引きつける。

DATA

公演年 _ 2013年
サイズ _ A5
CL_ disques corde / Alpha Pup Records
DF_ Rich Black Inc.
AD/D_ 小島史郎
IL_ 苦虫ツヨシ

DJ Krush
Daddy Kev, Nobody, Nocando, D-Styles, Taurus Scott, DJ Kensei
Beat Invitational
DJ Yas, Guchon, MASS-HOLE, Repeat Pattern, Seiho, 環ROY, Uyama Hiroto + Daddy Kev, Nobody, D-Styles
Host: sauce81
Sagaraxx, Muta, Fitz Ambro$e
Threepee Boys_DONSTA, Sir Y.O.K.O., YO!HEY!!
Kazuya Ito as toi whakairo, 浮舌大輔
サンフランシスコのLOW END THEORY SFにはDJ Shadowが出演、そして東京のLOW END THEORY JAPANにはDJ Krushが出演! Daddy Kev以下のレジデント全員がリスペクトしているDJ Krushの登場は、間違いなくLOW END THEORYに新たな歴史を刻むスペシャルな一夜になるだろう。Daddy Kevをして「まだLOW END THEORYに招いていない唯一のレジェンド」と言わしめたDJ Krush。昨年のLAでおこなわれた単独公演ではDaddy KevがオープニングDJを務めたが、残念ながらLAのLOW END THEORYへの出演は叶わなかった。LOW END THEORYの音楽性に深い影響を与えた存在としてKevとレジデント全員が最大限のリスペクトを表明してきたDJ Krushが遂にLOW END THEORY JAPANに登場する。LAからはレジデント4名が勢揃いするので、LOW ENDのチームとしての素晴らしさ、パーティとしての楽しさも存分に味わえるはずだ。LOW END THEORY JAPANのレジデントDJであるDJ Kenseiももちろん参加、そして、昨年も大好評だったビートメイカー/プロデューサーの祭典Beat Invitationalも開催する。これは間違いなく見逃してはならないパーティだ!
TICKET OUTLETS:
corde presents
LOW END THEORY JAPAN
Summer 2013 Edition
2013.5.25
Sat_ at TOKYO UNIT
OPEN / START : 23:00
CHARGE : ADV.3,500yen / DOOR 4,000yen
Daikanyama Sta.
Lawson
Hachiman st.
Mermaid Cafe
to Ebis
UNIT
Komazawa st.
Kyu-Yamate st.
Hillside Terrace
Police Box
to Nakameguro
CAUTION:ご入場時、顔写真付きIDの確認を行っております。実年齢に関わらず顔写真付きIDをお持ちでない方、20歳未満の方はご入場頂けませんので予めご了承ください。You must be 20 and over with photo ID.
INFO:CORDE INC(03-3490-6609) info@lowendtheory.jp lowendtheory.jp
UNIT (03-5459-8630) www.unit-tokyo.com
SALOON
苦虫ツヨシ

裏面 Big Caslon Medium フォントで多彩な出演陣を表して、賑やかに。一部の文字情報を倒して配置し、レイアウトに動きを与えつつ、グリッド感を高めている。

KEY POINT

❶ イラストを引き立てるレイアウト

イラストの配置はイレギュラーに、テキストの配置は極力ベーシックに。イラストで目を引くようバランスをとって。

❷ 明確に情報を伝えるタイポグラフィ

LA版のオリジナルロゴを中心に、Big Caslon Medium フォントでベーシックに文字を配し、ほどよいアクセントに。

COLOR

コーヒーブラウンでクラシックな表現に

70年代のブラックミュージック周辺のデザインで多用されたコーヒーブラウン。それに近いカラーでヒップホップファンの心を掴む。

C8+M34+Y51+K15

C60+M60+Y78+K100

C0+M0+Y0+K0

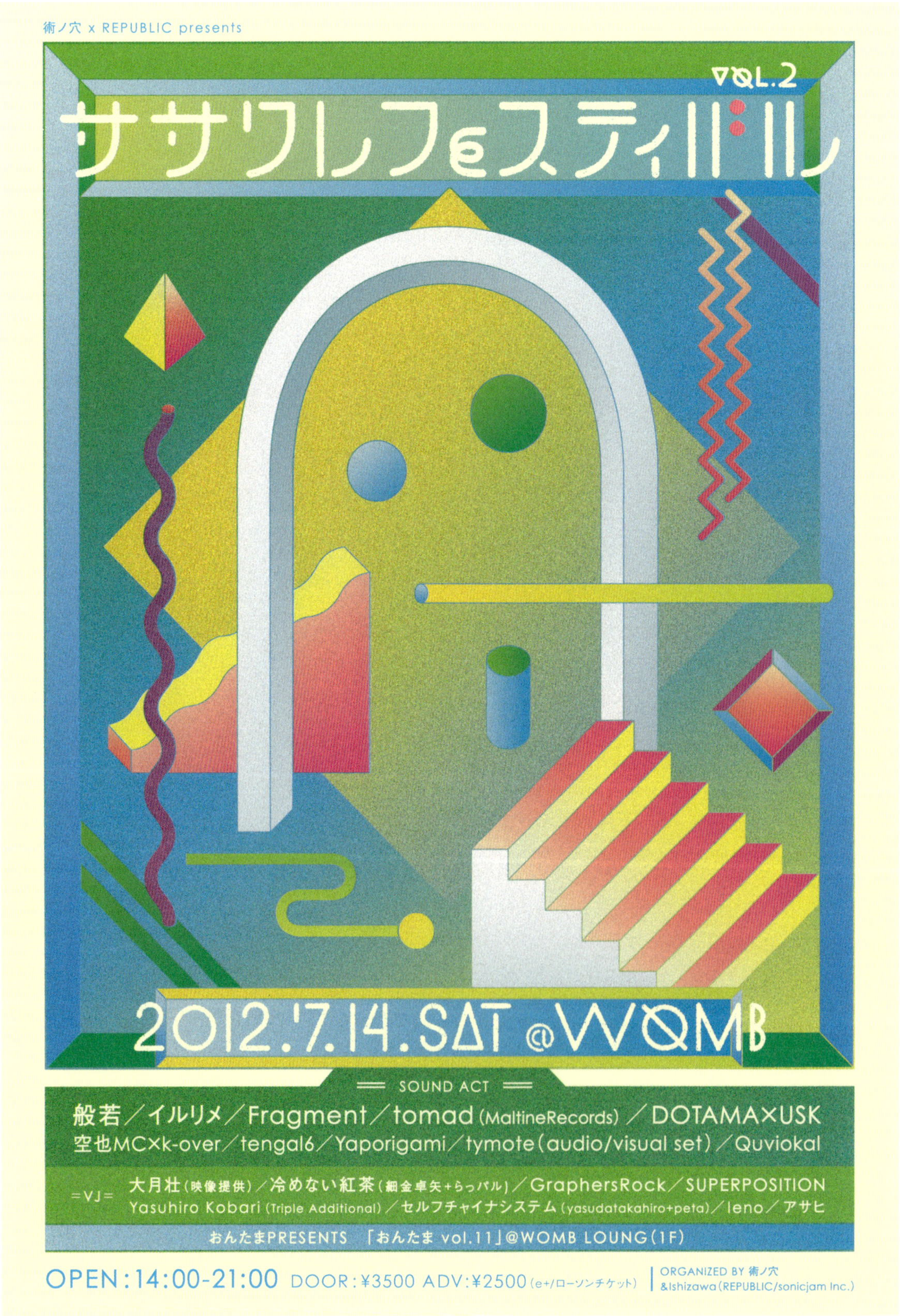
術ノ穴 x REPUBLIC presents
VOL.2
ササクレフェスティバル
2012.7.14.SAT @WOMB
SOUND ACT
般若／イルリメ／Fragment／tomad (MaltineRecords)／DOTAMA×USK
空也MC×k-over／tengal6／Yaporigami／tymote (audio/visual set)／Quviokal
=VJ=
大月壮 (映像提供)／冷めない紅茶 (細金卓矢+らっパル)／GraphersRock／SUPERPOSITION
Yasuhiro Kobari (Triple Additional)／セルフチャイナシステム (yasudatakahiro+peta)／leno／アサヒ
おんたまPRESENTS 「おんたま vol.11」@WOMB LOUNG (1F)
OPEN：14:00-21:00 DOOR：¥3500 ADV：¥2500 (e+/ローソンチケット)
ORGANIZED BY 術ノ穴
&Ishizawa (REPUBLIC/sonicjam Inc.)

微生物のようなイラストで不思議な雰囲気に

TITLE

ササクレフェスティバル VOL.2

CONCEPT

トラックメーカーデュオFragment主宰の音楽レーベル「術ノ穴」が主催するD.I.Y型のイベント「ササクレフェスティバル VOL.2」のフライヤー。「ササクレ」というキーワードから指を連想し、指先のミクロな視点からの微生物をモチーフにしたグラフィックで構成。

DATA

公演年＿2012 年
サイズ＿A5
CL＿ササクレフェスティバル
AD/D＿渡辺明日香

術ノ穴 x REPUBLIC presents
ササクレフェスティバル VOL.2
2012.7.14.SAT @WOMB
OPEN : 14:00-21:00
SOUND ACT
般若／イルリメ／Fragment／tomad (MaltineRecords) ／ DOTAMA×USK
空也MC×k-over／tengal6／Yaporigami／tymote (audio/visual set) ／Quviokal
MASTERLINK (DJ SET)／呂布 (ズットズレテルズ) × SUNNOVA／WEEKEND／狐火／雨風食堂／ハハノシキュウ
Limited toss (DANCECORPS／NODE／Vol.4 records)／KAZUHIRO ABO
Guchon／EPO／MOTOKI／coota／シガミキ／MAYU／FUJISAWA BRONX／kuma the sureshot／YOSHIBA SHINJI
DJぷりぷり=金太郎／濱／MAHIRU／くりかまき／皮 (SONTON)／I.K.B (INNOVATION)／Katsuro Okunuki
VJ
大月壮 (映像提供)／冷めない紅茶 (細金卓矢+らっパル)／GraphersRock／SUPERPOSITION
Yasuhiro Kobari (Triple Additional)／セルフチャイナシステム (yasudatakahiro+peta)／さとうこずえ／Ieno／アサヒ
hiroki／マタンゴ／two trees／CINETIC／blok m
おんたまPRESENTS「おんたま vol.11」 @WOMB LOUNG (1F)
LIVE PAINT:万美　FOOD:マジョラム／浅草橋天才算数塾／おかしい屋
宇宙マッサージ:プリミ恥部　タロット占い:MC DA-HARA (from FIREJAM2012)　SHOP:more records
DOOR : ¥3500 ADV : ¥2500 (e+/ローソンチケット) ※入場時、別途ドリンク代500円
「ササクレフェスティバル」は、トラックメーカーである Fragment が主催する音楽レーベル"術ノ穴"とオーディオビジュアルイベント、「REPUBLIC」を主催するIshizawa (REPUBLIC/sonicjam Inc.) がオーガナイズする D.I.Y 型のミュージックフェスティバルである。現在のシーンにおいて常に「指のササクレ」のように通常の状態から「飛び出た」表現や気になる人には「気になってしょうがない」表現をしている、カッティングエージなアーティストをジャンルレスにフィーチャーしたミュージックフェスティバルでもある。
第1回目はHIPHOP界のカリスマ、「Shing02」をはじめとした沢山のササクレたアーティストのとがったパフォーマンスが多くのオーディエンスの心にいくつもの「ササクレ」を生んだ。第2回目もHIPHOP界のスター「般若」をGUEST LIVEに迎え、レジデントでもある術ノ穴のアーティストがリリースしたばかりの新譜を引っさげ、ショーケースを繰り広げる。そして、今回はメイデアアート界の「ササクレ集団」、音響たまーらんどとのコラボレーションも実現!!
また、デイイベントならではの自由な発想のもとに音楽だけではなく、映像やフード、マッサージなどの演出にもこだわり、オーディエンスに新しいカタチの"LIVE"体験を提案する。
ORGANIZED BY 術ノ穴&Ishizawa (REPUBLIC/sonicjam Inc.)
http://sasakure-fes.subenoana.net/
BUNKAMURA
TOKYU
CLUB ASIA
ON AIR EAST
SEVEN ELEVEN
109
BUNKAMURA St.
DOGEN ZAKA
WOMB
SHIBUYA STATION
2-16 Maruyama-Cho, Shibuya-Ku, TOKYO
tel: 03-5459-0039 http://www.womb.co.jp
WOMB integral KIRIN Heineken

裏面　多くの出演者と説明をすっきりとまとめて読みやすく。和文には中ゴシック BBB、欧文には Century Gothic を使用。

KEY POINT

1 建築的なモチーフで空間的広がりを

線状の微生物のモチーフと合わせて、階段などマクロで建築的なモチーフを混在させることで空間的広がりを出している。

2 ポップなオリジナルロゴ

ロゴと日付はオリジナルで作成。線の繋ぎ目を離して記号のように。他の部分には中ゴシック BBB と Century Gothic フォントを使用。

COLOR

配色とテクスチャで不思議さを醸し出す

パステル調の淡い色でグラデーションを作り、立体感を生み出している。点描風のソフトなテクスチャとも相まって不思議な雰囲気に。

C20+M15+Y85+K5

C80+M5+Y70+K5

C15+M75+Y35+K5

C78+M19+K14

トリミングと重厚なカラーで緊張感を生み出す

TITLE

JOHN DUNCAN 2013 TOKYO

CONCEPT

ハプニングアートから実験音楽まで、その作品の異端さで知られる芸術家・音楽家、ジョン・ダンカンのライブ公演フライヤー。彼の特異な存在とノイズ音楽らしさを意識して、複雑かつミニマム、重厚で繊細なデザインに。

DATA

公演年 _ 2013 年
サイズ _ A5
CL_ SuperDeluxe
AD/D_ 有田友佳子

KEY POINT

❶ 大胆な写真のトリミング

特異な存在として知られるアーティストの、アイコンである顔写真を大胆にトリミング。緊張感を生み出すカラーで強い印象に。

❷ 不規則な文字組みで予測不能さを表現

手書き風のオリジナルフォントで独特なイメージのタイトルとクレジットに。アンバランスな配置が、予測不能なライブを予感させる。

COLOR

重厚なグラデーションで写真を引き立てる

アーティストの存在感が際立つ写真を浮かび上がらせるように、背景に重厚なグラデーションを敷き、繊細な糸状の模様で装飾。

- C1+M56
- C9+M16+Y91
- C7+M80+Y98+K7
- K100

第四章 / 演劇

STAGE

Chapter 4

坂東玉三郎主演
ふるあめりかに
袖はぬらさじ
作：有吉佐和子
演出：齋藤雅文
2012年9月28日（金）〜10月21日（日） 赤坂ACTシアター
チケット好評発売中 チケット料金：S席¥13,000 A席¥9,000（全席指定／税込） 主催：TBS／TBSラジオ／BS-TBS

シンメトリーの構図で役者の存在感を強調

TITLE

ふるあめりかに袖はぬらさじ

CONCEPT

有吉佐和子原作、坂東玉三郎主演の舞台「ふるあめりかに袖はぬらさじ」のフライヤー。幕末、横浜の遊廓を舞台に、時代の波にのまれる人々を描いた作品。物語を想像させるよう、主人公二人が背中合わせとなり、その間にタイトルを配置することで緊張感が生まれている。

DATA

公演年 _ 2012 年
サイズ _ A3（二つ折り）
舞台制作 _ 松竹株式会社
CL_ 株式会社 TBS テレビ
DF_ 株式会社トリプル・オー
AD_ 永石 勝
D_ タカハシヨシノリ

坂東玉三郎主演
ふるあめりかに袖はぬらさじ
あの最高傑作が赤坂に初登場！
2012年9月28日(金)〜10月21日(日) 赤坂ACTシアター
チケット好評発売中
チケット料金(全席指定/税込)：S席¥13,000 A席¥9,000
主催：TBS/TBSラジオ/BS-TBS 制作：松竹株式会社/TBS
〈予約・お問合せ〉 03-3234-9999
チケットスペースオンライン

時は幕末、文久二年。
ところは開港間もない横浜の遊廓。
亀遊という名の花魁が
恋を知り、身をはかなんで命を絶った。
しかし、いつしかその花魁は
異人を拒んだ攘夷女郎として賛美の的に。
真実を知る情に厚い芸者のお園も
その伝説づくりに巻き込まれていく……。
歌舞伎界の至宝・坂東玉三郎が愛す
そんな有吉佐和子の傑作戯曲が
檀れいとの夢の共演で
いよいよ赤坂に初登場する。
時世は変われども、どこへも行けない
おかしくもあり、哀しくもある、女の物語。
玉三郎の芸と粋に、ご期待ください。

裏面 上が表面を開いたところ。公演日のスケジュールを図版にまとめて読みやすく。

KEY POINT

❶ 役者を引き立たせる構図とレイアウト

見開きおよびページごとにシンメトリーの構図でレイアウト。いずれも役者の存在感が引き立つ構成に。

❷ 情感が伝わる書体選びと文字組み

タイトルには見出しミン MA31、秀英 5 号 B、他は I-OTF 明朝 ProE、游明朝体 StdM などを使用。女性の繊細さ、情感が伝わる文字組みに。

COLOR

明暗の使い分けで引き締めて

表面の明るい色調に対し、中面ではセピアカラーの写真、舞台奥の黒を効果的に使い、コントラストの付いた引き締まった紙面に。

C16+M24+Y32
C0+M0+Y0+K0
K100

賑やかで彩り豊かな物語を鮮やかな蛍光カラーで表現

TITLE

CARAMELBOX Early Times vol.2
「ジャングル・ジャンクション」

CONCEPT

演劇集団キャラメルボックスの「ジャングル・ジャンクション」公演フライヤー。「3つの物語の登場人物たちが舞台上で出会い、力技で新しい物語を紡いでいく」という賑やかで彩り豊かなストーリーを、紙面で再現することを試みている。

DATA

公演年 _ 2013 年
サイズ _ A4
CL_ 株式会社ネビュラプロジェクト
DF_ デザイン太陽と雲

KEY POINT

1 平面の中に立体感を生む工夫

ストーリーや配役を踏まえて写真を構成し、タイトルは枠にとらわれず配置し、全体を立体的に組み立てている。

2 写真の配置でリズミカルに

写真のサイズを変えながら配置してリズムを出し、写真のパターンを掛け合わせて変化を付けている。

COLOR

蛍光カラーでポップな印象に

賑やかで彩り豊かな表情やストーリーを、原色と蛍光カラーの配色でポップに表現。

C95

C2+Y100

TOKA FLASH VIVA DX 180

劇的な生涯の勢いを血痕のビジュアルで表現

CONCEPT

イングランド王・エドワード二世の波乱に満ちた生涯を描く歴史劇「エドワード二世」の公演フライヤー。裏切りと復讐の物語には、人間の弱さが描かれ、哀しみと痛みを感じる。中央に大きく配され、特徴となっている血痕はエドワードの痛みに満ちた横顔でもある。

TITLE

エドワード二世

DATA

公演年 _ 2013 年
サイズ _ A4
CL_ 新国立劇場
DF_ good design company
CD/AD_ 水野 学
AD/D_ 南場杏里
協力 _ 新国立劇場

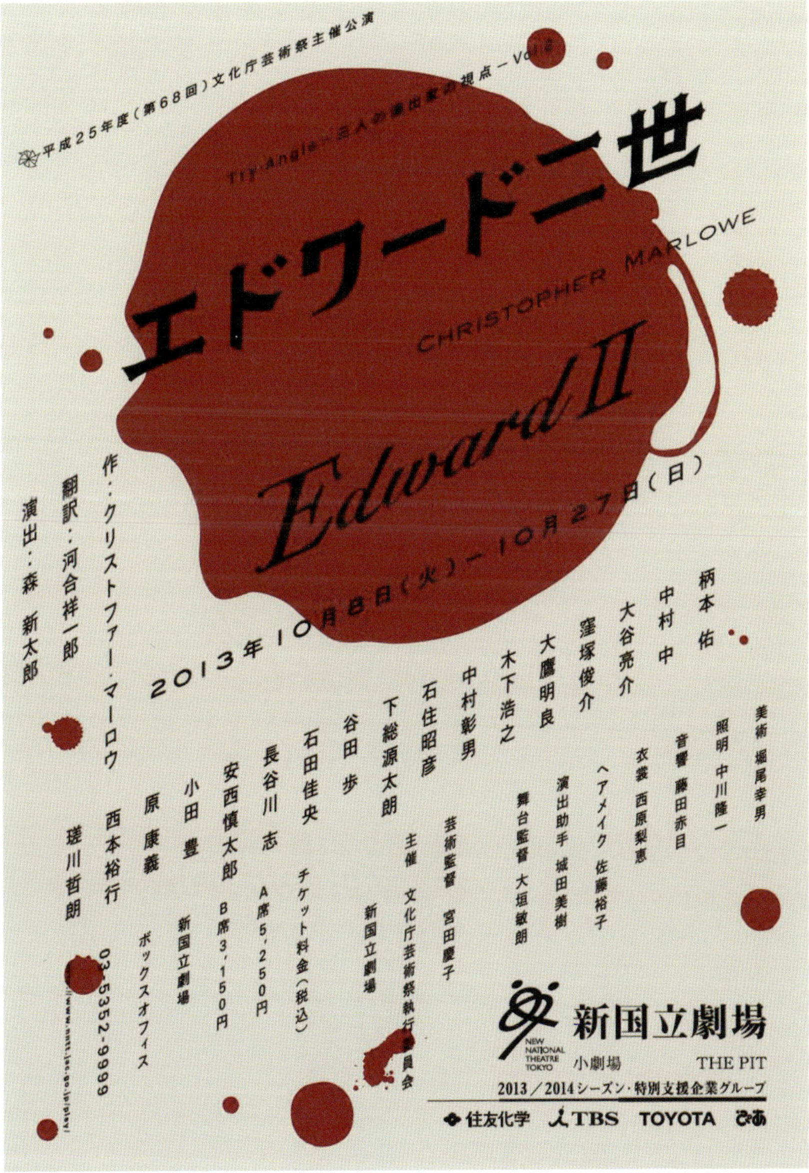

KEY POINT

❶ タイトルへの印象を深める

歴史劇である作品に合わせて、クラシカルな趣きのあるオリジナルロゴを作成。インパクトの強い血痕のビジュアルに重ねることで、視線を誘導する仕掛け。

❷ 流れるような文字の動き

登場人物のばかばかしさを軽妙に描く演出イメージに沿って、斜めに角度を付けて文字を配置し、流れるような動きで軽さを生み出している。

COLOR

象徴的な血痕の色

赤黒い血痕状の染みを紙面に散らしてインパクトを生み出し、シンプルな配色で全体を引き締まった印象に。

M98+Y74+K45

M4+Y12+K20

K100

サンシャイン劇場35周年記念公演
キャラメルボックス 2013サマーツアー
雨と夢のあとに
原作
柳美里「雨と夢のあとに」（角川文庫刊）
脚本・演出
成井豊＋真柴あずき
東京 7月27日(土)－8月18日(日) サンシャイン劇場
大阪 8月22日(木)－8月25日(日) シアターBRAVA!
名古屋 8月30日(金)－9月1日(日) 名鉄ホール
キャラメルボックス

儚さや温かさを感じさせるビジュアルの工夫

CONCEPT

演劇集団キャラメルボックスの公演フライヤー。「娘と父が一緒に過ごす最後の夏の物語」の主人公を儚くも、温かくもあり……でもどこかミステリアスに感じられるビジュアルを目指している。使用する写真にも温もりや懐かしさを感じられるように工夫を。

TITLE

雨と夢のあとに

DATA

公演年 _ 2013 年
サイズ _ A4
CL_ 株式会社ネビュラプロジェクト
DF_ 株式会社ソニー・ミュージックコミュニケーションズ
AD_ 米澤 潤　D_ 吉田 航

裏面　裏面も特色印刷とグラデーションで温もりある印象に。下部のスケジュール表では「雨と夢のあとに」の上演を雨粒、別公演の「ずっと二人で歩いてきた」をハートのマークで表し、ほのぼの感も演出。

KEY POINT

1 文字組みによる儚い印象の演出

筑紫オールド明朝 Proで作ったメインタイトルの「雨」と「夢」が大きく目に留まる。また、墨だまりを作ることで、儚い印象に。

2 夕暮れや感光したように見える写真加工

昼間に撮影した写真だが、夕暮れや感光したように見える加工を施し、温かさを感じられるようにしている。

COLOR

写真を活かす白文字のバランス

写真の印象を強めた分、文字は白で控えめに配し、写真のイメージが印象に残るようにしている。裏面は暖色系の特色 2 色で印刷。

C1+M40+Y80
C0+M0+Y0+K0
TOYO CF10062
TOYO CF10171

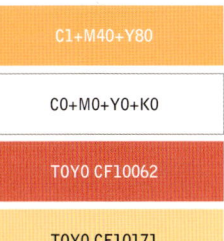

シアターコクーン・オンレパートリー＋キューブ 2012

祈りと怪物
～ウィルヴィルの三姉妹～
KERA version

作・演出
ケラリーノ・サンドロヴィッチ

【企画・製作】Bunkamura／キューブ

美しい時代へ
東急グループ

4つ折り仕様のインパクトで公演への期待感を煽る

TITLE

祈りと怪物 〜ウィルヴィルの三姉妹〜 KERAバージョン

CONCEPT

渋谷の複合文化施設Bunkamuraにて催された演劇の告知フライヤー。4つ折りの紙面は広げるとA2判のポスターになる。表面には公演情報を2色で表現。作品の世界観を伝える1枚写真で構成された裏面(4色)は、受け手に強烈なインパクトを与える仕掛けだ。

DATA

公演年 _ 2012 〜 2013 年
サイズ _ A2(4つ折り)
CL_ Bunkamura / キューブ
DF_ ワゴン
AD/D_ 雨堤千砂子
IL_ 河野 愛　PH_ 江隈麗志　CS_ 宮本宣子
HM_ 山本絵里子 / 浅沼 靖　TL_ 佐藤久美子

裏面

右が裏面。架空の町を舞台にしたブラックファンタジーということで、不可思議な世界と複雑な人間模様をすべて合成写真で構築している。手前から奥へ、鳥のボカシや明るさに差を付け、角度やサイズを変えて増殖。迫力あるイメージに。

KEY POINT

❶ シンボリックな鳥のイラスト

劇中にも登場する鳥の古典的なタッチのイラストを使用。タイトルの「怪物」と表情が呼応して、不思議さや妖しさを感じさせる。

❷ 不均質な線でまとまり感を

詰め気味に調整されたタイトル文字は、ヒラギノ明朝 ProN W6 とヒラギノ角ゴ Pro W6(ウエイトは微調整)を組み合わせたオリジナル。

COLOR

色数を絞り情報面を立てる

色数を絞りこみながらも、地色の黄色部分にはカッターの刃を並べたような連続柄のニスが施され、素材感を演出している。

Y100	K100

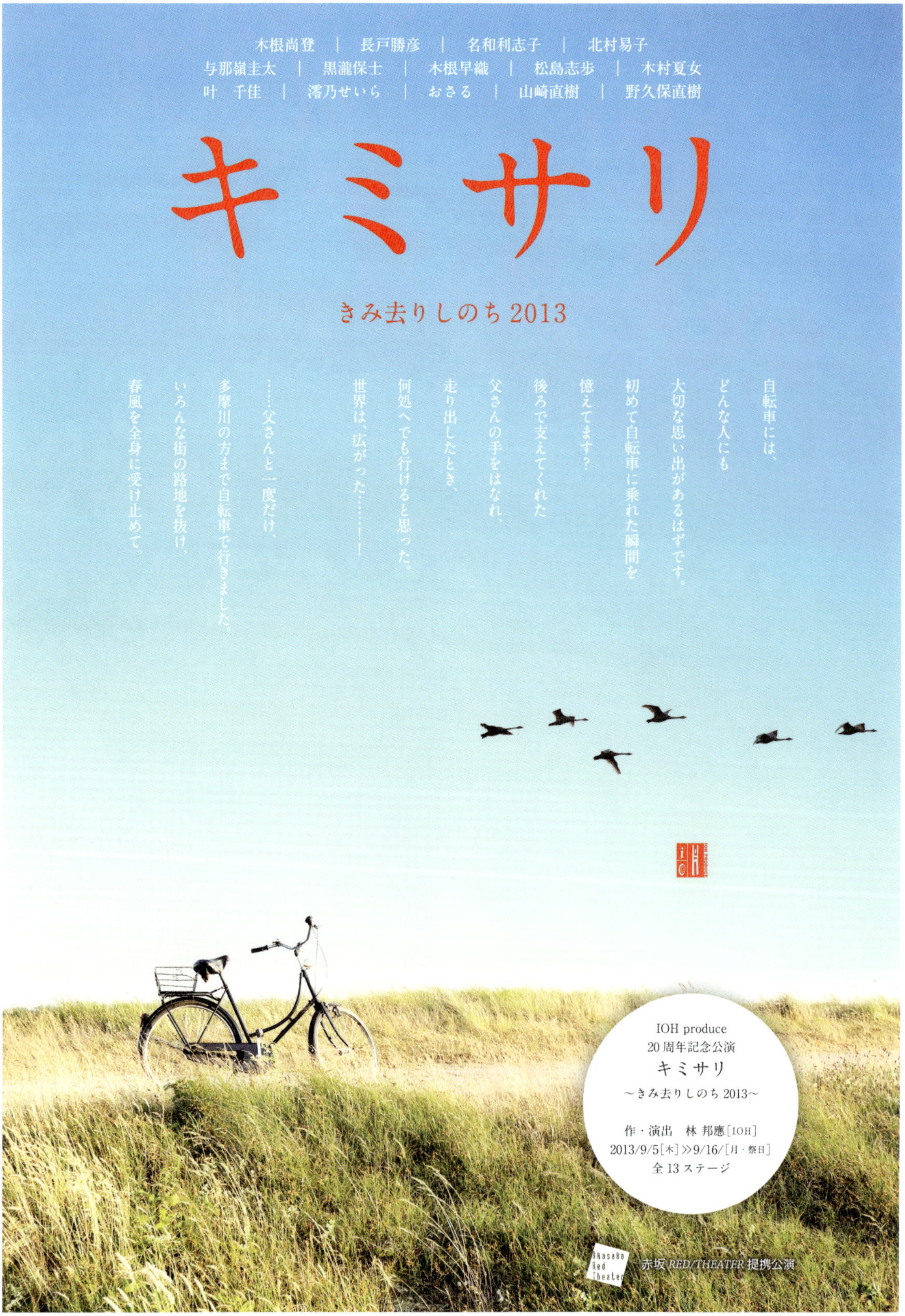
木根尚登 | 長戸勝彦 | 名和利志子 | 北村易子
与那嶺圭太 | 黒瀧保士 | 木根早織 | 松島志歩 | 木村夏女
叶 千佳 | 澪乃せいら | おさる | 山崎直樹 | 野久保直樹
キミサリ
きみ去りしのち 2013
自転車には、
どんな人にも
大切な思い出があるはずです。
初めて自転車に乗れた瞬間を
憶えてます?
後ろで支えてくれた
父さんの手をはなれ、
走り出したとき、
何処へでも行けると思った。
世界は、広がった……!
……父さんと一度だけ、
多摩川の方まで自転車で行きました。
いろんな街の路地を抜け、
春風を全身に受け止めて。
IOH produce
20周年記念公演
キミサリ
~きみ去りしのち 2013~
作・演出 林 邦應[IOH]
2013/9/5[木]>>9/16/[月・祭日]
全13ステージ
Akasaka Red Theater
赤坂 RED/THEATER 提携公演

写真から連想される物語と文字が醸し出す余韻

TITLE

キミサリ～きみ去りしのち 2013～

CONCEPT

IOH produce 二十周年記念公演「キミサリ～きみ去りしのち2013～」のフライヤー。物語をイメージし、懐かしさや、若さと前向きな意思を感じられるように。そのために写真の使い方、タイトルと空の色合いを一番に考え、映画のチラシの様に仕上げている。

DATA

公演年 _ 2013 年
サイズ _ A4
CL_ office IOH
DF_ honeycombgraphic
AD/D_ 中塚健仁

KEY POINT

1 物語に繋がる印象的な写真加工

物語を連想させる自転車のある写真を選び、空と鳥は合成し、配置や色、明るさなどに余韻を持たせるよう調整している。

2 懐かしさと若さの表現とのバランス

懐かしさを感じる写真と「キミサリ」という若さの表現とのバランスを取りつつ、配役の表記とのギャップを調整。書体は A1 明朝を使用。

COLOR

青空に映える
アクセントの赤

青空の背景に反対色の赤でタイトルやマークを置き、アクセントに。赤坂 RED/THEATER の広告に使われる赤とも連動して。

M90+Y85

C64+M16+Y1

C42+M27+Y71

C0+M0+Y0+K0

裏面 キャストの写真を動きのある並べ方にして、大胆な構成に。その余白にうまく文字情報をまとめて配置し、劇場名（赤坂 RED/THEATER）とリンクする赤をアクセントに使って構成を引き締めている。

ここまで積み上げてきたのか、
こんなに積み上げちゃったのか。
空晴第11回公演
理想の、あとかたづけ
作・演出／岡部尚子
RISO プリントゴッコ B6セット
Othello GAME
大阪／東心斎橋　ウイングフィールド〔提携公演〕 2013年 8月24日（土）～9月2日（月）
東京／下北沢　OFF・OFFシアター　2013年 9月11日（水）～16日（月・祝）
福岡／博多　博多リバレインホール　2013年 9月27日（金）～29日（日）
http://www.karappare.com/

「子供の頃の夢」の懐かしいイメージを再現

TITLE

理想の、あとかたづけ

CONCEPT

舞台が「いつのまにか物置と化した部屋」で、物語の骨格が「子供の頃の夢」「家族」「夢の後の現実」であることから、埃っぽくて懐かしいイメージで表現するための小道具を集めて撮影。手に取って見た時に微妙に「違和感」が残るような仕掛けもすることに。

DATA

公演年 _ 2013 年
サイズ _ B5
CL_ 劇団 空晴（カラッパレ）
DF_ 小輔デザイン事務所
D_ 一色小輔

大阪市助成公演
空晴第11回公演
理想の、あとかたづけ
作・演出・出演／岡部尚子
出演
上瀧昇一郎
平本光司
小池裕之
上田康人
古谷ちさ
ゲスト
鴨鈴女
（南河内万歳一座）
劇団員
川下ともこ
南川泰規
ここまで積み上げてきたのか、
こんなに積み上げちゃったのか。
大阪 2013年 8月24日(土)〜9月2日(月)
休演日
ウイングフィールド（提携公演）
〒542-0083 大阪市中央区東心斎橋 2-1-27 周防町ウイングス 6F tel/06-6211-8427
◎地下鉄堺筋線「長堀橋」駅7番出口南へ3分
◎地下鉄御堂筋線「心斎橋」駅6番出口東南へ 10 分
東京 2013年 9月11日(水)〜16日(月・祝)
OFF・OFF シアター
〒155-0031 東京都世田谷区北沢 2-11-8 TARO ビル 3F tel/03-3424-3755
◎小田急線・井の頭線「下北沢」駅南口出てすぐ前
福岡 2013年 9月27日(金)〜29日(日)
博多リバレインホール
〒812-0027 福岡県福岡市博多区下川端町 3-1 博多リバレインイニミニマニモ B1F tel/092-271-5604
【制作協力】アートマネージメントセンター福岡
【後援】（公財）福岡市文化芸術振興財団、福岡市
◎福岡空港より地下鉄約9分、「中洲川端」駅直結
◎JR博多駅より地下鉄約3分、「中洲川端」駅直結
◎都市高速呉服町ランプより車で約3分
◎開演 1 時間前より当日券発売・受付開始、20 分前より開場。未就学児の入場はご遠慮願います。【上演時間：約 80 分予定】
チケット前売り開始:7月13日(土)
チケット料金（日時指定自由席）前売 3,000円　当日 3,400円
㊕特別割引料金（大阪 9/2(月)14時・東京 9/15(日)18時）前売 2,500円　当日 3,000円
※大阪公演は完全予約制となるので、特別割引日の当日券は販売いたしません。
チケット取り扱い 劇団ホームページ http://www.karappare.com/　電子チケットぴあ 0570-02-9999 ［Pコード：429-350］
STAFF□ 舞台監督：青野守浩 / 照明：西崎浩造（キザシ） / 音響：奥村威（T&Crew） / 宣伝美術：一色小輔 / 宣伝写真：衛藤キヨコ
制作：岡部尚子 / 公演制作：岡本康子（TRASH²） / 企画・製作：空晴
協　力□ 板淵陽子 / ㈱オン・ザ・ラン / キザシ / SHIGE / 島尾朋子 / 多田実喜 / T&Crew / TRASH² / 中川拓也 / 中村香織 / ㈱西川 / 濵田留美 / ペシェファミリー / ma-ha / 前川智香 / 南河内万歳一座 / 吉中由紀 / ㈱リコモーション（50音順）
助成：
芸術文化振興基金
空　晴□ 〒540-0029 大阪市中央区本町橋 2-14 ma-ha内 空晴宛 / 080-3112-3323 / karappare@yahoo.co.jp
http://www.karappare.com/

裏面 年月を経たシミや、変色のある古い紙の色合いや質感を出すように構成。手書き風の線も加え、一部の文字は切り貼りに。角のないフォントを要所に使い、懐かしさが感じられるようにしている。

KEY POINT

1 手作り感や懐かしさの演出

シミや変色のある古い紙の枠を付け、タイトルなどはひらがなに特徴のある小夏フォントを使用。切り貼りにして手作り感を出している。

2 物置自体を荷造りして意図的な違和感を

懐かしさが感じられる物置の写真自体を紐で荷造りしたようにして「つくりごと」のイメージや違和感を演出。

COLOR

落ち着いた茶系の色味で統一感を

文字要素はこげ茶色にして背景色に調和するように。また、切り貼りの紙片も古い紙のような色にして、全体に馴染むようにしている。

C10+M10+Y20

C55+M60+Y65+K40

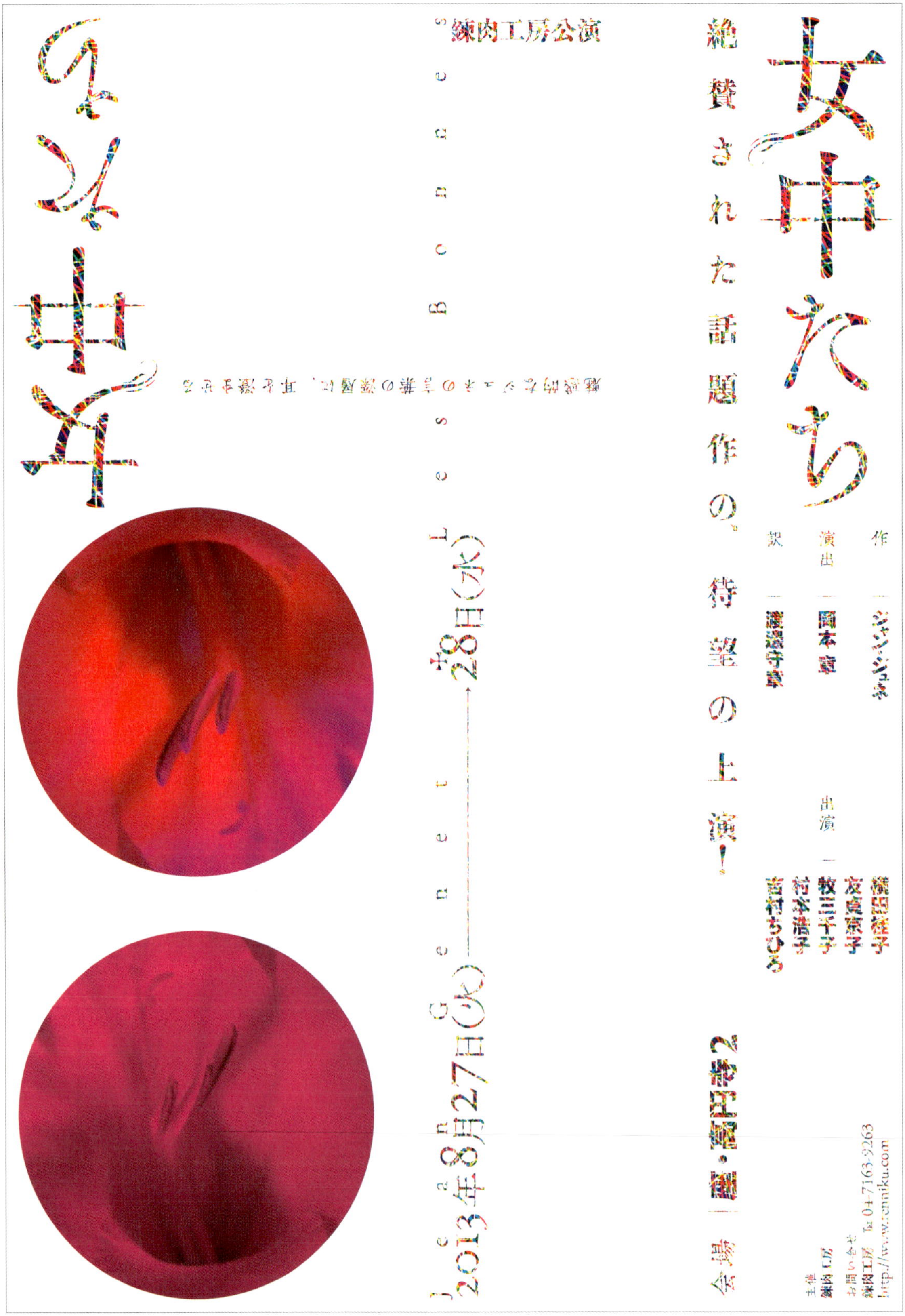
女中たち
絶賛された話題作の、待望の上演！
作｜ジャン・ジュネ
演出｜岡本 章
訳｜渡辺守章
出演｜友貞京子
牧三千子
吉村ちひろ
会場｜座・高円寺2
主催
錬肉工房
お問い合せ
錬肉工房 Tel 04-7163-9263
http://www.renniku.com
錬肉工房公演
Les Bonnes
魅惑的なジュネの言葉の深層に、耳を澄ませる
Jean Genet
2013年8月27日(火)——28日(水)
女中たち

ラディカルな作品を予感させる抽象性と幻惑性

TITLE

女中たち

CONCEPT

二十世紀演劇の古典、ジュネ作「女中たち」の公演フライヤー。甘美な死とエロティシズムというテーマ、従来の「役」を演じるというシステムを破棄した演出、独自の均質な身体性と芯のある声を持つ俳優たち……という内容を予感させる抽象的なデザインに。

DATA

公演年 _ 2013 年
サイズ _ A4
CL_ 錬肉工房
D_ 宗利淳一

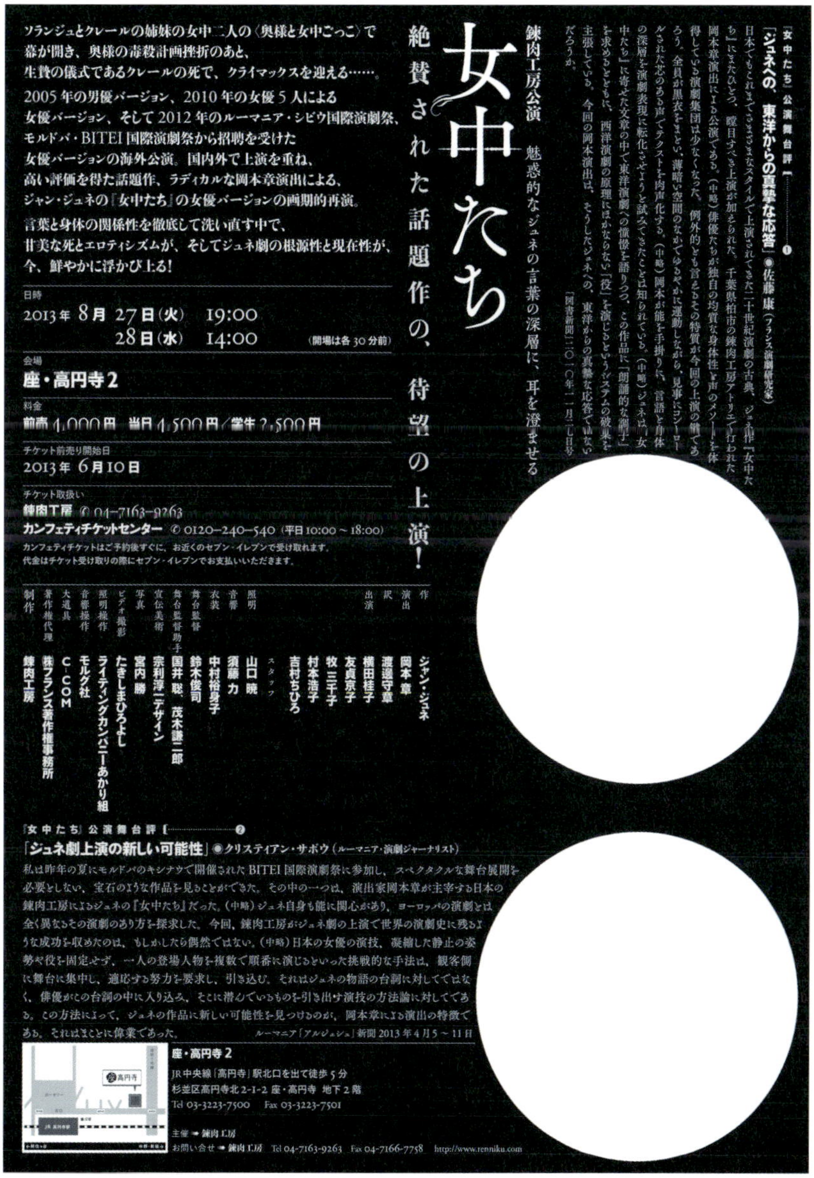

裏面 黒をベースにして、青味を帯びたグレーの文字や、表面の円を反転した円を配し、独特の緊張感を生み出している。使用書体は筑紫明朝。

KEY POINT

1 天地を倒置した幻惑的な構成

天地を倒置した構成、縦組みと横組みを混在させたタイポグラフィによって、物語の方向性を喪失したような、幻惑的な雰囲気を出している。

2 抽象的な写真で作品内容を暗示

極端に色調を変えた花芯のような写真を配置して、作品内容を暗示するような仕掛けを作っている。

COLOR

言葉の意味の多様性を想起させる色使い

文字の中に複数の色と線が交錯し、「魅惑的な言葉の深層」や「言葉の意味の多様性」を想起させる効果を出している。

C20+M100+Y20

M100+Y60

C0+M0+Y0+K0

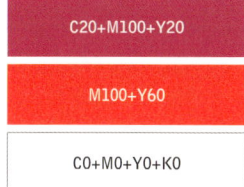

縦横自由な文字組みで音楽劇の躍動感を表現

TITLE

ファンファーレ

CONCEPT

若手最有力の劇作家・柴幸男、音楽担当の三浦康嗣、振り付けの白神ももこの3人が、坂本美雨らと創りだす音楽劇「ファンファーレ」のフライヤー。「ファとレしか歌えない少女が歌手になる」物語の、愉快な雰囲気が大胆な構図から伝わってくる。

DATA

公演年 _ 2012 年
サイズ _ A3
CL_ 世田谷パブリックシアター
DF_ NNNNY
AD/D_ いすたえこ
LG_ 渡辺浩之（olola）

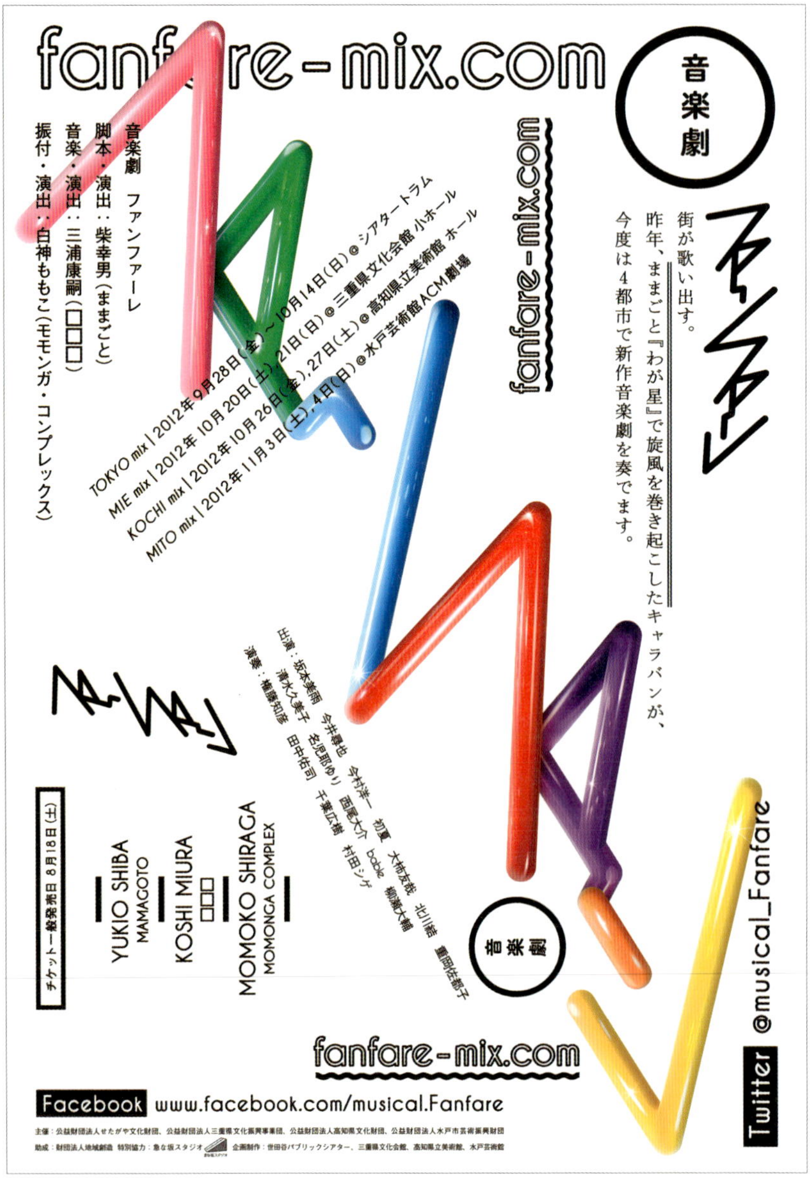
fanfare-mix.com
音楽劇
音楽劇　ファンファーレ
脚本・演出：柴幸男（ままごと）
音楽・演出：三浦康嗣（□□□）
振付・演出：白神ももこ（モモンガ・コンプレックス）
fanfare-mix.com
街が歌い出す。
昨年、ままごと『わが星』で旋風を巻き起こしたキャラバンが、
今度は4都市で新作音楽劇を奏でます。
TOKYO mix | 2012年9月28日（金）～10月14日（日）@シアタートラム
MIE mix | 2012年10月20日（土）,21日（日）@三重県文化会館 小ホール
KOCHI mix | 2012年10月26日（金）,27日（土）@高知県立美術館 ホール
MITO mix | 2012年11月3日（土）,4日（日）@水戸芸術館ACM劇場
出演：坂本美雨　今井尋也　今村洋一　初夏　大柿友哉　北川結　重岡佐都子
清水久美子　名児耶ゆり　西尾大介　bable　柳瀬大輔
演奏：権藤知彦　田中佑司　千葉広樹　村田シゲ
チケット一般発売日 8月18日（土）
YUKIO SHIBA
MAMAGOTO
KOSHI MIURA
□□□
MOMOKO SHIRAGA
MOMONGA COMPLEX
音楽劇
fanfare-mix.com
Facebook www.facebook.com/musical.Fanfare
Twitter @musical_Fanfare
主催：公益財団法人せたがや文化財団、公益財団法人三重県文化振興事業団、公益財団法人高知県文化財団、公益財団法人水戸市芸術振興財団
助成：財団法人地域創造　特別協力：急な坂スタジオ　企画制作：世田谷パブリックシアター、三重県文化会館、高知県立美術館、水戸芸術館

KEY POINT

❶ 白地に映えるカラフルなロゴ

一文字ずつ色を変えたオリジナルのタイトルロゴを制作。管楽器のパーツにも似て、音楽劇の楽しい雰囲気が伝わってくる。

❷ 躍動感のある文字要素の配置

様々なダンス、演技プランが集まった賑やかさを表すような、空間を行き交う文字の配置。Caviar Dreams フォントなどを使用。

COLOR

ロゴを引き立てスミ文字で締める

カラフルなタイトルで音楽劇の雰囲気を出して賑やかに。他の文字は黒にして、タイトルロゴを引き立てている。

- M98+Y98
- C96+M49
- M75+Y5
- C92+Y100
- M20+Y95
- C0+M0+Y0+K0

色紙への一色刷りとタギングを意識したタイポグラフィ

TITLE

ファンファーレ vol.1

CONCEPT

音楽劇「ファンファーレ」vol.1のフライヤー。昨年好評だったグループの新作公演ということをストレートに伝える形に。また、左ページの全公演共通版とは別に、公演先の劇場にある印刷機で各劇場版を制作。

DATA

公演年 _ 2012 年
サイズ _ A4
CL_ 世田谷パブリックシアター
DF_ NNNNY
AD/D_ いすたえこ

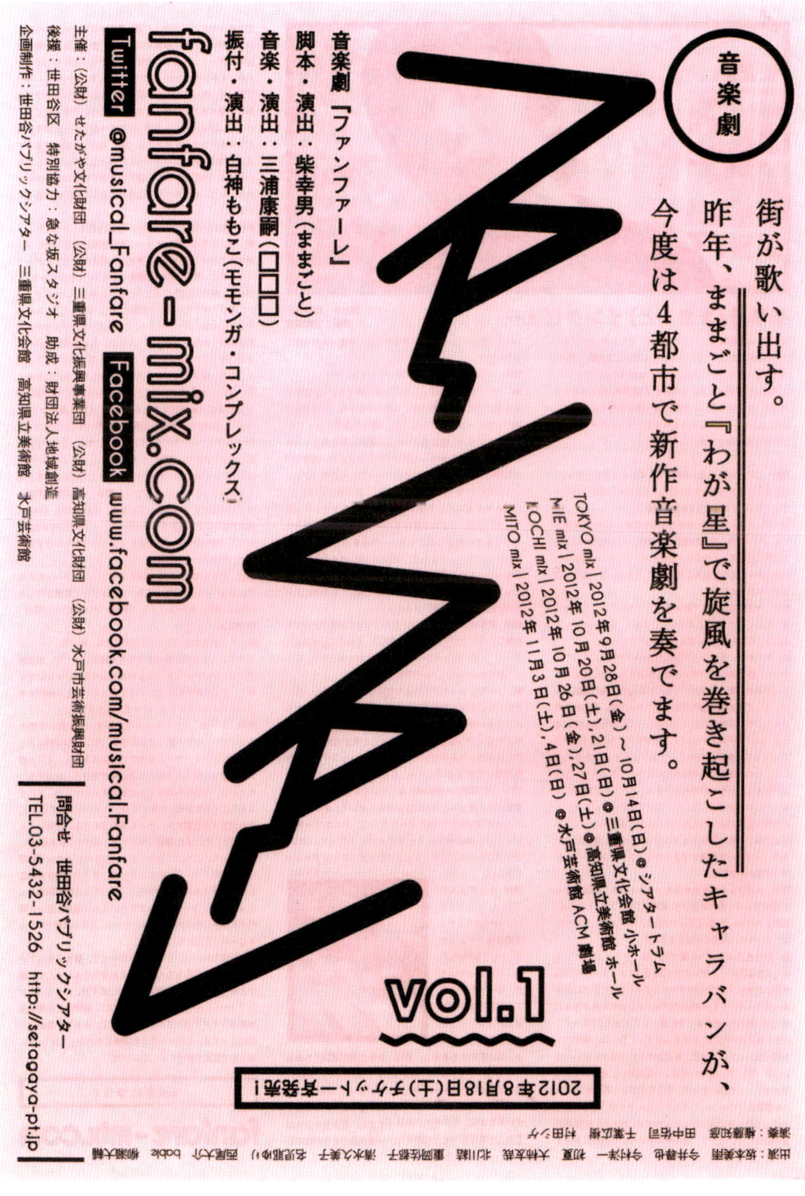
音楽劇
街が歌い出す。
昨年、ままごと『わが星』で旋風を巻き起こしたキャラバンが、
今度は4都市で新作音楽劇を奏でます。
TOKYO mix | 2012年9月28日(金)～10月14日(日)@シアタートラム
MIE mix | 2012年10月20日(土)、21日(日)@三重県文化会館 小ホール
KOCHI mix | 2012年10月26日(金)、27日(土)@高知県立美術館 ホール
MITO mix | 2012年11月3日(土)、4日(日)@水戸芸術館 ACM 劇場
vol.1
2012年8月18日(土)チケット一斉発売!
音楽劇「ファンファーレ」
脚本・演出：柴幸男(ままごと)
音楽・演出：三浦康嗣(□□□)
振付・演出：白神ももこ(モモンガ・コンプレックス)
fanfare-mix.com
Twitter @musical_Fanfare
Facebook www.facebook.com/musical.Fanfare
主催：(公財)せたがや文化財団 (公財)三重県文化振興事業団 (公財)高知県文化財団 (公財)水戸市芸術振興財団
後援：世田谷区 特別協力：急な坂スタジオ 助成：財団法人地域創造
企画制作：世田谷パブリックシアター 三重県文化会館 高知県立美術館 水戸芸術館
問合せ 世田谷パブリックシアター
TEL.03-5432-1526 http://setagaya-pt.jp

KEY POINT

❶ 動きのあるタイトルロゴ

劇のポップな雰囲気に合わせ、街のあちこちにあるタギング（マークの落書き）のような動きのあるタイトルロゴを作成。

❷ 大胆な文字組みで自由さを表現

文字要素を逆さにするなど大胆に配置して、物語の自由な空気、賑やかさを表現。左ページと同様に欧文にはCaviar Dreamsフォントを白抜きに加工したものをアクセントに。

COLOR

シンプルな１色刷り

各地の劇場にリソグラフがあるということで、それぞれの場所でデザインや紙の色を変えて１色で印刷した。

紙色

K100

手描き文字と背景色で インパクト大のコントラストを

TITLE

Roots Vol.1「ストリッパー物語」

CONCEPT

東京芸術劇場シアターイーストの舞台公演「ストリッパー物語」のフライヤー。1975年以来、形式・タイトルを変え繰り返し作品化されてきた、つかこうへいの代表作。今回も新しい切り口で演出されることをデザインにも反映している。

DATA

公演年 _ 2013 年
サイズ _ A4
CL_ 東京芸術劇場
DF_ BAT DESIGN inc.
AD/D_ 永瀬祐一

KEY POINT

❶ 作品の世界観を再現するビジュアル

作品が本来持つアングラ、猥雑的要素を、派手ながらユルい衣装、俳優の表情、くわえタバコ、汚れた素足で再現。

❷ 筆書きの題字の絶妙なバランス感

大小異なる筆書きの題字が、写真のポーズと相まって絶妙なバランス感を生み出し、主人公の波乱に満ちた生き様を思わせる。

COLOR

鮮やかなイエローで題字とコントラストを

背景には何も置かず、黄色一色で力強い題字とのコントラストを付け、インパクトを出している。

M3+Y100

K100

C37+M94

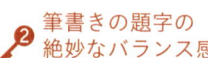

スタッフ名をメインビジュアルとの連動性で印象付ける

TITLE

OPUS / 作品

CONCEPT

新国立劇場にて催された、ある弦楽四重奏団の中でくりひろげられる人間同士の掛け合いのおかしみをテーマとした演劇の、開催告知フライヤー。様々な色と配置で構成された音符からなる楽譜のビジュアルは、不完全な人間そのものを表現している。

DATA

公演年 _ 2013 年
サイズ _ A4
CL_ 新国立劇場
DF_ good design company
CD/AD_ 水野 学
AD/D_ 南場杏里
協力 _ 新国立劇場

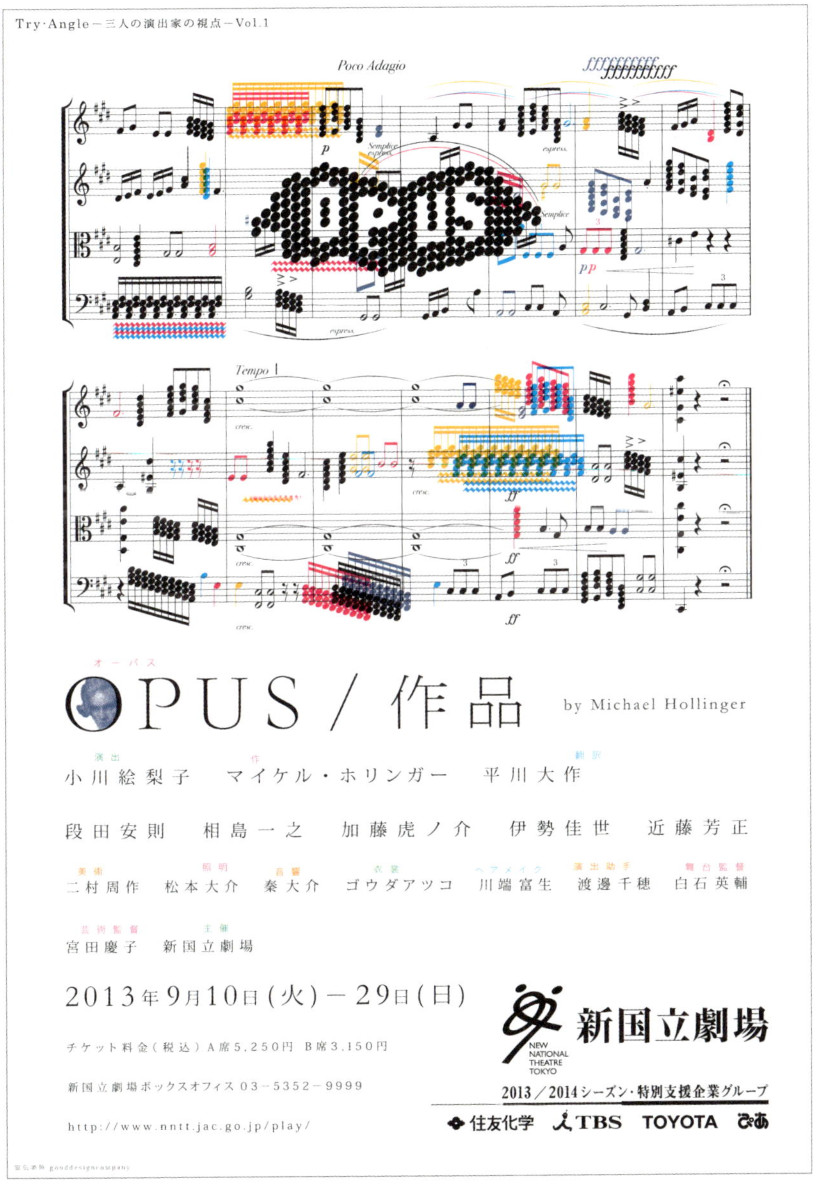

KEY POINT

❶ 楽譜本来の形を崩す

リズムや音程を決定付ける楽譜の完全性をあえて崩すように音符をレイアウト。グラフィカルな表現にテーマへの連続性を含ませた。

❷ すっきりとした印象を出す

文字部分はほぼ小塚明朝体で表現され、クラシック音楽の洗練と格調高いイメージをさらに引き出している。

COLOR

役名とカラーをリンクさせる

地の白に映える純色使いは、音符とクレジットでリンクさせてアクセントに。音の重なりが舞台に関わるスタッフに重ねられている。

C100

M100

M40+Y100

C0+M0+Y0+K0

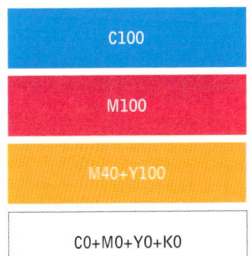

荒涼とした作品世界のイメージに明るい面を同居させる

TITLE

象

CONCEPT

広島の被爆者の姿を描いた作品の告知フライヤー。原爆ドームを地割れ写真で表現しながらも、どこか愛着の湧くロゴと、ミスマッチとも言える明るい黄色を用いることで、戦争の面影をただ暗く描写するのではなく、悲惨な現実を生きる人々の想いを映し出す。

DATA

公演年 _ 2013 年
サイズ _ A4
CL_ 新国立劇場
DF_ good design company
CD/AD_ 水野 学
AD/D_ 南場杏里
協力 _ 新国立劇場

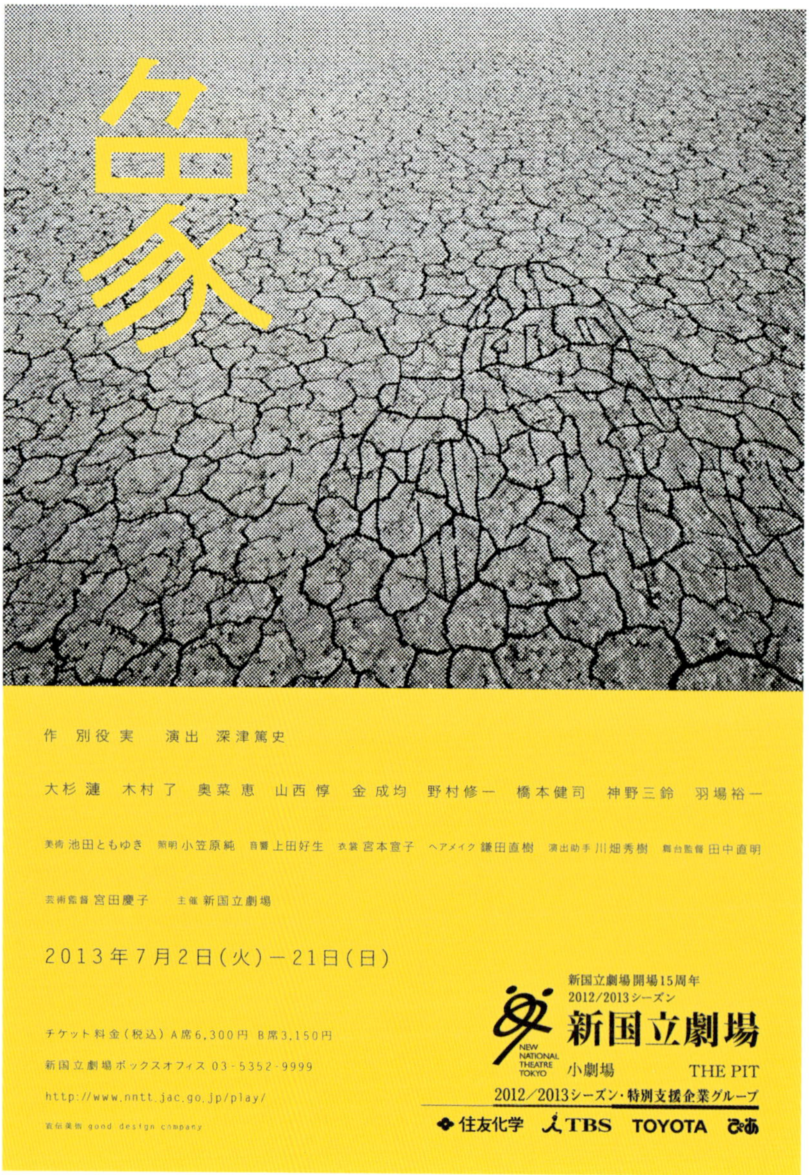

KEY POINT

1 タイトル文字の分割でアイキャッチに

タイトル文字は漢字1文字だけにインパクト付けが難しいものの、ここではエレメントを分割して目を引くタイポグラフィに仕上げている。

2 粗い網点による演出

最も目に留まりやすいメインビジュアル写真を粗い網点で表現することで、荒涼とした舞台イメージを効果的に演出している。

COLOR

明暗の境界を強調

色数を2色に抑え、明るい部分と暗い部分を明確に分けた配色。粒子感のあるグレーにパキッとした黄色が印象に訴えかける。

M14+Y100

K100

目に飛び込んでくるピンクと不穏な空気感を伝えるモチーフ

CONCEPT

今注目を集めるパフォーマンス集団・ARICAの演劇作品フライヤー。ブラックユーモア劇の世界観を表したキャッチーな写真を使用。不可思議な雰囲気を漂わせて目に留まるように。メインビジュアルと文字要素を計算して配置している。

TITLE

ネエアンタ

DATA

公開年 _ 2013 年
サイズ _ A4
CL_ Theater Company ARICA
DF_ suyama design
AD/D_ 須山悠里
PH_ 片村文人

KEY POINT

1 抽象的な写真でインパクトを付加

写真は劇中の重要なモチーフになるベッドの玩具を撮影し、劇団の持つブラックなユーモアと不穏な空気感を伝えるモチーフに。

2 諸要素の位置関係のバランス

特徴的な写真配置に対してオーソドックスですっきりした文字配置。違和感を感じさせるような位置関係が見る者の視線を集める。タイトル書体には筑紫丸ゴシックを使用。

COLOR

力強い印象を与えるキーカラー

目に飛び込んでくるような力強いマゼンタ。同系色の写真背景は、配色のバランスを調整し印象を和らげている。

C100

M100

燦々
14時／19時 開演　14時／18時 開演
2011年5月21日（土）／22日（日）
Calm&Punk Gallery（東京・乃木坂）
前売／当日 2,500円

タイトルを分解して コラージュを組み込む

TITLE

燦々

CONCEPT

振付家・小島佳の演出によるダンスパフォーマンス「燦々」（さんさん）の公演フライヤー。「燦々」は現代美術家の平田さちによるインスタレーションとのコラボレーションで、その作品とダンスパフォーマンスの一瞬を切り取った写真をコラージュして制作。

DATA

公演年 _ 2011 年
サイズ _ A3（二つ折り）
CL_ 小島 佳
AD/D_ 溝端 貢
PH_ 佐藤 基
AW_ 平田さち

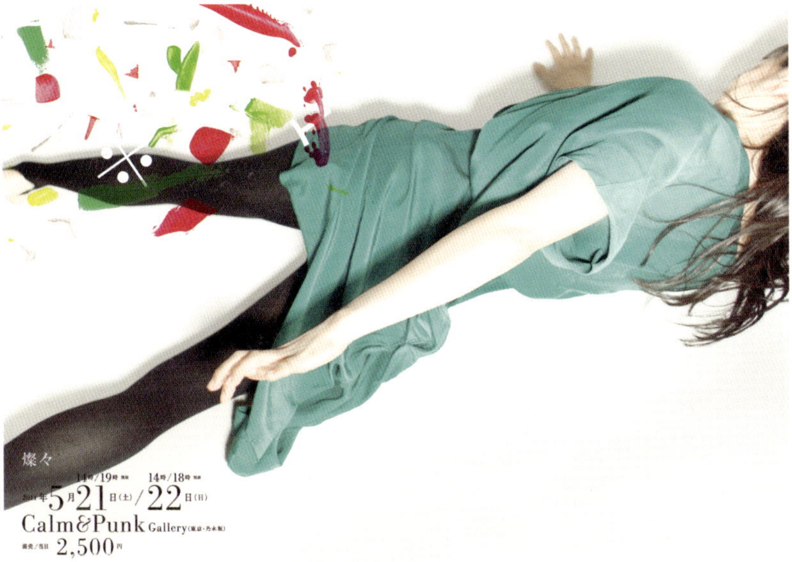

KEY POINT

1 大胆なトリミングとレイアウト

ダンスパフォーマンスの写真を大胆にトリミングし、倒してレイアウト。構図にインパクトが生まれ、目を引く。

2 タイトル文字の解体とコラージュ

作品と共通する解体／再構築のイメージで「燦々」の文字も解体し、カラフルな絵の具のモチーフとコラージュ。欧文クレジットは bodoni フォントで簡潔に。

COLOR

鮮やかなコントラストを活かして

コスチュームのグリーンとブラックの鮮やかなコントラストを活かし、背景はシンプルに。カラフルなコラージュで華やかさを。

- K100
- C66+M7+Y36
- C13+M94+Y36
- C0+M0+Y0+K0

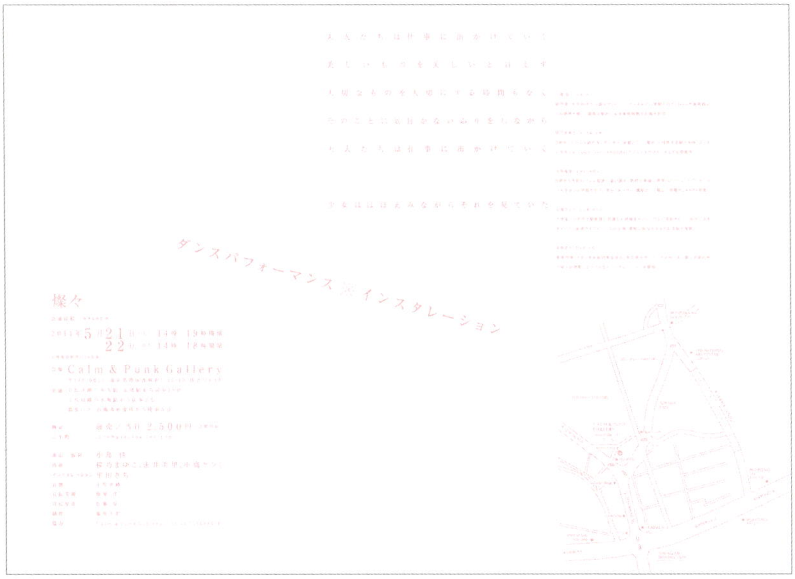

裏面 A3 二つ折りの仕様。裏面は緩急付けた文字組みで、ダンスパフォーマンスに呼応する動きを演出。余白を多くとり、シンプルなカラーで洗練されたイメージに。

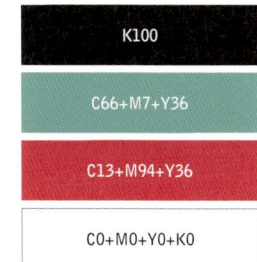

文字を貫く身体の脱領域的な表現

TITLE

Noism1「OTHERLAND」

CONCEPT

りゅーとぴあ 新潟市民芸術文化会館専属のダンスカンパニー Noism1の「OTHERLAND」公演フライヤー。極めて異なる身体性と世界観を持った振付家達と共にNoismが取り組む新たな挑戦。公演タイトルに想を得て、異なる領域に踏み出す作品の世界観を表現。

DATA

公演年 _ 2011 年
サイズ _ A4
CL_ 公益財団法人 新潟市芸術文化振興財団
DF_ アトリエタイク株式会社
AD/D_ アトリエタイク

2011 5.27 金
5.28 土
5.29 日
OTHER
LAND
Alessio Silvestrin
Kristin Hjort Inao
Yoshifumi Inao
Jo Kanamori
外部振付家招聘企画第4弾
2組のゲスト振付家による新作と、芸術監督・金森穣振付レパートリーからの3作品を上演
――極めて異なる身体性と世界観をもった振付家達と共にNoismが切り拓く新たな地平『OTHERLAND』
りゅーとぴあ 新潟市民芸術文化会館 劇場
2011.5.27(金)19:00・28(土)17:00・29(日)17:00
稲尾芳文&クリスティン・ヨット・稲尾/アレッシオ・シルヴェストリン/金森穣
Noism1
『火の鳥』
金森穣
Noism2
Noism01

KEY POINT

❶ 身体と拮抗するタイポグラフィ

ダンサーの身体が領域を越えて外にはみ出していくイメージを、文字に重ねている。タイトルロゴのフォントはDIN NEXT。

❷ シンプルな装いで写真を活かす

振付家の写真を使用し、余分な要素を排除。写真の持つクールな表情を最大限に活かしている。

COLOR

モノクロで気品漂うイメージに

黒の深みと、グレーの階調を増やすために、特色グレーとスミの2色刷りで。デザインの洗練により紙面全体を通して気品が漂う仕上がりに。

K100

DIC 553

C0+M0+Y0+K0

マップデザインコレクション

フライヤーではクールかつわかりやすいマップを載せることが大切です。
ポイントは、情報を最小限に、ケイを細く、矩形は小さく、所在地に色を付けたり文字を目立たせたり。
ここではそんなポイントをふまえて作られた、クールなマップデザインをいくつか紹介します。
よく観察してみてください。そこにはきっと新たな発見があります。

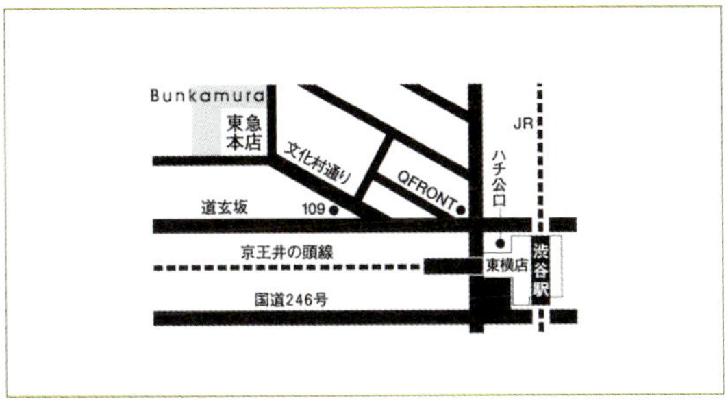

▶P125 より

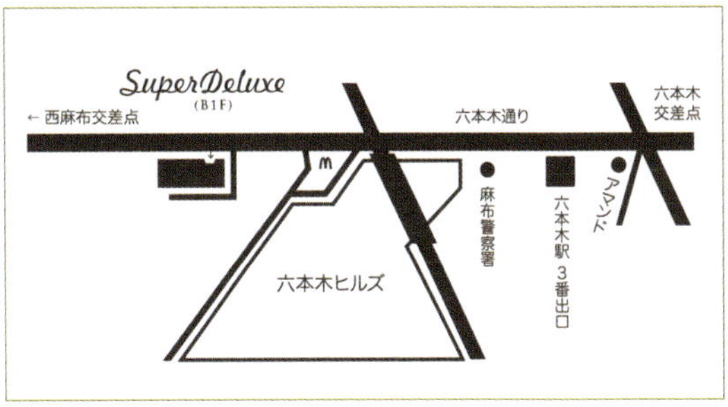

▶P115 より

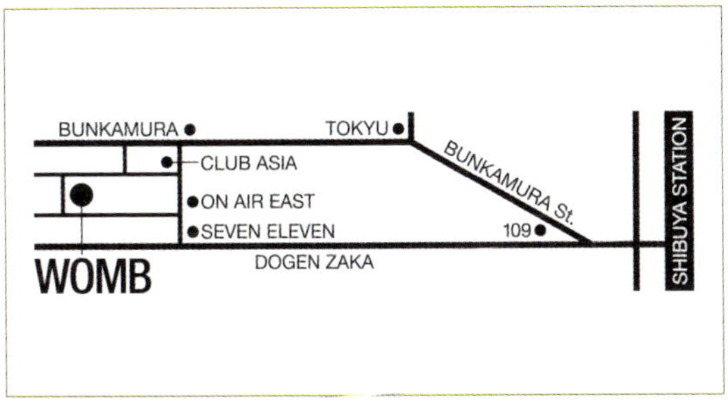

▶P131 より

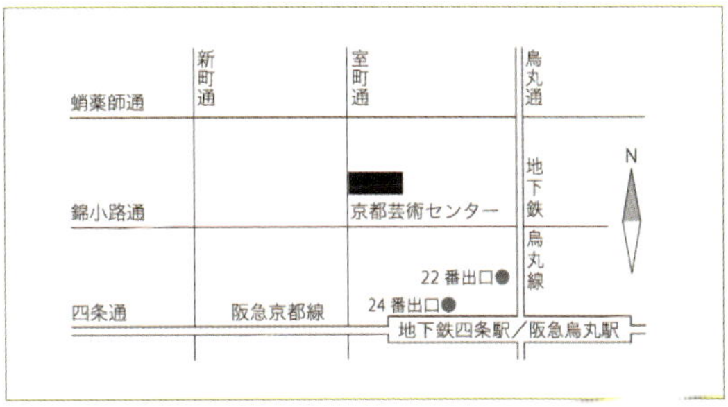

▶P103 より

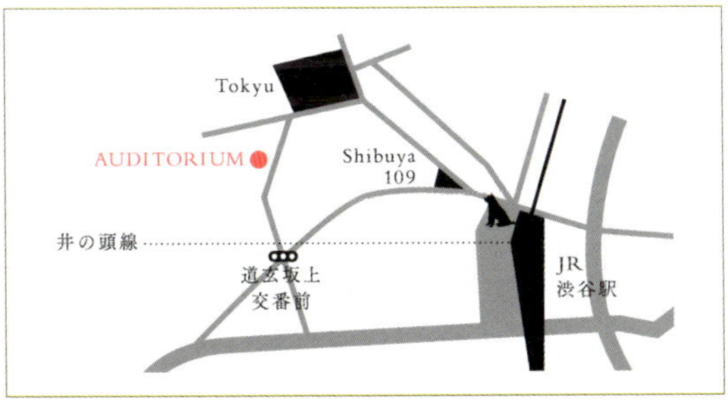

▶P123 より

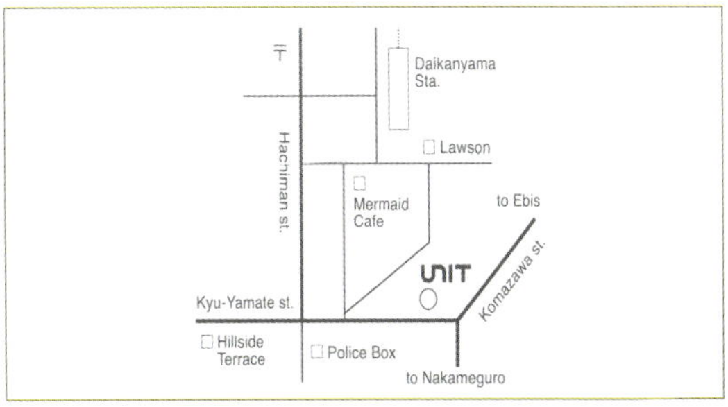

▶P129 より

▶P111 より

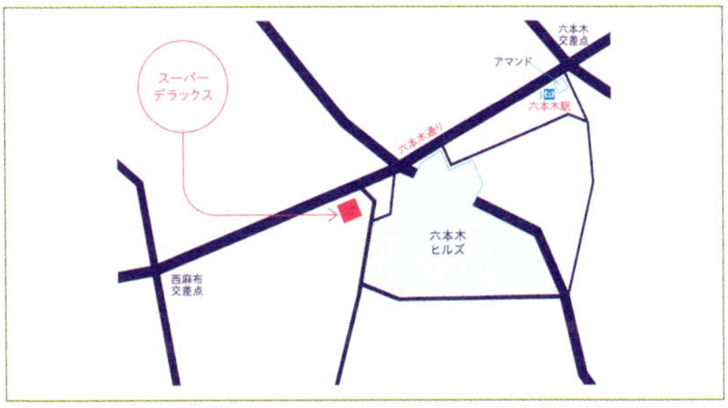

▶P109 より

作品提供者 索引

アトリエタイク株式会社
URL http://www.ateliertaik.com/
Mail works@ateliertaik.com
Tel 03-5454-9466
掲載ページ 072, 156

アベキヒロカズ（アベキノデザイン）
Mail abekinomail@gmail.com/
掲載ページ 064

有田維男
Mail arita.tsunao@gmail.com
Tel 070-5462-0770
掲載ページ 127

有田友佳子
Mail iizuka.yukako@gmail.com
Tel 070-6550-0770
掲載ページ 132

石黒 潤（FRASCO ™）
URL http://www.frsc.jp/
Mail i@frsc.jp
Tel 03-6427-2860
掲載ページ 120

いすたえこ（NNNNY）
URL http://nnnny.jp/
Mail info@nnnny.jp
掲載ページ 033, 118, 119, 148, 149

今尾恵介
Mail imao@m2.hinocatv.ne.jp
掲載ページ 126

エスパース・サロウ
URL http://www.espace-sarou.com/
Mail info@espace-sarou.co.jp
Tel 03-6416-0335
掲載ページ 016

遠藤一成
URL http://endokazunari.com/
Mail info@endokazunari.com
Tel 03-5450-0884
掲載ページ 052

大島依提亜
Mail idea@t3.rim.or.jp
掲載ページ 022

有限会社大寿美デザイン
Mail osumi44@feel.ocn.ne.jp
掲載ページ 010, 024, 032, 034, 038

大向デザイン事務所
Tel 075-254-8037
掲載ページ 084, 086

株式会社オカモトデザイン
URL http://okmtdesign.net/
Mail okamoto@okmtdesign.net
Tel 03-6661-4172
掲載ページ 124

潟見 陽（301）
URL http://www.301tokyo.com/
Mail katami@me.com
Tel 03-3470-2127
掲載ページ 012, 023

金沢 21 世紀美術館 広報室
Mail kitaguchi@kanazawa21.jp
Tel 076-220-2814
掲載ページ 101, 121

good design company
URL http://www.gooddesigncompany.com/
Mail contact@gooddesigncompany.com
Tel 03-5728-1178
掲載ページ 137, 151, 152

groovisions
URL http://groovisions.com/
Mail grv@groovisions.com
Tel 03-6805-3280
掲載ページ 048

小輔デザイン事務所
掲載ページ 144

株式会社 CONCENT
URL http://www.concent-inc.com/
Tel 06-6241-6031
掲載ページ 095

有限会社サイファ。
Mail cipher@gb3.so-net.ne.jp
Tel 03-5468-3460
掲載ページ 029

SIREN Inc.（サイレン）
URL http://www.siren-japan.com/
Tel 03-5721-1278
掲載ページ 020

佐々木暁
Mail agrippa@pop21.odn.ne.jp
Tel 03-5577-6709
掲載ページ 070, 110, 112

株式会社シマウマ
URL http://www.shima-uma.co.jp/
URL http://salon.shima-uma.co.jp/
Mail ten@shima-uma.co.jp
Tel 03-3478-3877
掲載ページ 065

SWIMMING
URL http://www.swimmingdesign.com/
Mail swimming@tomohirookazaki.com
Tel 03-6451-0756
掲載ページ 066

杉山さゆり / Q
Mail sugiyama@qrieux.com
掲載ページ 090

suyama design
URL http://www.suyama-d.com/
Mail info@suyama-d.com
掲載ページ 036, 054, 153

スリーピン
Mail haradaru@gmail.com
Tel 03-5327-3771
掲載ページ 046

セプテンバーカウボーイ
Mail sepcow@me.com
Tel 03-6300-4637
掲載ページ 104

株式会社ソニー・ミュージック・
コミュニケーションズ
掲載ページ 138

田部井美奈
URL http://minatabei.com
Mail mina@minatabei.com
掲載ページ 108

塚本 陽 Kiyoshi Tsukamoto
URL http://eraplatonico.tumblr.com/
Mail tkmt@xf6.so-net.ne.jp
Tel 03-6361-9763
掲載ページ 014, 027

株式会社 D_CODE
Mail d-code@d-code.co.jp
Tel 03-3568-1123
掲載ページ 080

Deco design
URL http://www.decodesign.jp/
Mail info@decodesign.jp
Tel 03-6809-3125
掲載ページ 058, 100

デザイン太陽と雲
掲載ページ　136

デザイン事務所 ステレオカメラ
URL　http://www.stereoc.jp/
掲載ページ　106

Photo & Graphic * TOYONAGA
Mail　seiji.toyonaga@gmail.com
Tel　090-3862-7867
掲載ページ　060, 092, 093, 097

TRACKS & STORES Inc.
URL　http://www.tracks-stores.co.jp/
Mail　info@tracks-stores.co.jp
Tel　03-6262-0737
掲載ページ　116

株式会社トリプル・オー
URL　http://www.ooo-jp.com/
Tel　03-5771-0050
掲載ページ　134

中 新（Lallasoo Poopo Lab.）
URL　http://lallasoo.com/
Mail　mail@lallasoo.com
掲載ページ　018

有限会社中島デザイン
URL　http://www.nkjm-d.com/
Mail　info@nkjm-d.com
Tel　03-5430-1081
掲載ページ　096

中塚健仁 honeycombgraphic
URL　http://honeycombgraphic.com/
Mail　k_nakatsuka@honeycombgraphic.com
掲載ページ　142

永戸鉄也
URL　http://www.nagato.org/
Mail　info@nagato.org
掲載ページ　114

株式会社中野デザイン事務所
URL　http://nakano-design.com/
Mail　info@nakano-design.com
掲載ページ　056, 074, 078

nix graphics（ニクス・グラフィクス）
URL　http://nixgraphics.com/
掲載ページ　026, 028

日本デザインセンター 色部デザイン研究室
URL　http://irobe.ndc.co.jp/
Mail　irobedesign@ndc.co.jp
Tel　03-6264-0336
掲載ページ　059, 105

NO DESIGN
URL　http://www.no-de.jp/
Mail　info@no-de.jp
Tel　03-6276-8019
掲載ページ　99

野村デザイン制作室
URL　http://www.nomura-design.com/
Mail　nomukatsu@nifty.com
Tel　083-924-8625
掲載ページ　050, 082

BAT DESIGN inc.
Mail　contact@batdesign.co.jp
掲載ページ　150

VACANT
URL　http://vacant.vc/
Mail　vacant@n0idea.com
Tel　03-6459-2962
掲載ページ　062

株式会社美術出版社［デザインセンター］
URL　http://www.bijutsu.co.jp/bss/dc/
Mail　bss_dc@bijutsu.co.jp
Tel　03-3234-2127
掲載ページ　089

FINAL HOME（A-net Inc.）
URL　http://www.finalhome.com/
Mail　shimamura-a@a-net.com
Tel　（A-net 代表）03-5624-4411
掲載ページ　098

ファンタジスタ歌磨呂（KOTOBUKISUN）
URL　http://www.kotobukisun.com/
Mail　info@kotobukisun.com
掲載ページ　094

株式会社プリンツ 21
URL　http://www.prints21.co.jp/
Mail　shoji@prints21.co.jp
掲載ページ　122

株式会社ふゅーじょんぷろだくと
URL　http://www.comicbox.co.jp/
Mail　jrandcomic@comicbox.co.jp
Tel　03-5327-0610
掲載ページ　044

株式会社ヘソ
URL　http://heso-cha.com/
Mail　info@heso-cha.com
掲載ページ　068

マッチアンドカンパニー
掲載ページ　040

溝端 貢
URL　http://mizobatamitsugu.com/
Mail　info@mizobatamitsugu.com
掲載ページ　102, 154

宗利淳一デザイン
URL　http://www.munetoshijunichi.com/
Mail　info@munetoshijunichi.com
Tel　03-5738-4617
掲載ページ　146

Move Graphics Inc.
URL　http://www.move-g.com/
Mail　move@move-g.com
掲載ページ　025

森垣 賢
Mail　ken_morigaki@mac.com
Tel　03-5630-6303
掲載ページ　094

山口情報芸術センター［YCAM］
URL　http://www.ycam.jp/
Mail　information@ycam.jp
Tel　083-901-2222
掲載ページ　076

Rich Black Inc.
URL　http://www.richblack.jp/
Mail　hello@richblack.jp
Tel　03-6913-5851
掲載ページ　128

RESTA FILMS（レスタフィルムズ）
URL　http://www.restafilms.com/
Mail　info@restafilms.com
Tel　050-3682-2431
掲載ページ　039, 042

若林伸重（Akane design）
Mail　anne@grace.ocn.ne.jp/
Tel　03-5643-6036
掲載ページ　030, 031, 088

有限会社ワゴン（雨堤千砂子）
Mail　ama@wagon.co.jp
Tel　03-3486-5345
掲載ページ　140

渡辺明日香
URL　http://fotologue.jp/watanabeasuka/
Mail　a.f.o.watanabe@gmail.com
掲載ページ　130

【STAFF】

■表紙・扉
アートディレクション・デザイン　いすたえこ（NNNNY）
撮影　池田晶紀（ゆかい）
モデル　Colliu（AMAZONE）
ヘア・メイク　Rieko Nakagawa
衣装協力　spoken words project
美術協力　やまねりょうこ / 池ノ谷侑花

編集　フレア（山道 晃 / 宮澤孝周 / 二階堂結美子 / 青山竜也）
本文デザイン・DTP　恵美康博（フレア）
企画・編集　三富 仁（グラフィック社）

プロのフライヤーレイアウト

映画・アート・音楽・演劇のデザインアイデア

2014 年 1 月 25 日　初版第 1 刷発行

編者　フレア、グラフィック社編集部

発行者　久世利郎

発行所　株式会社グラフィック社
〒 102-0073　東京都千代田区九段北 1-14-17
TEL 03-3263-4318　FAX 03-3263-5297
www.graphicsha.co.jp

振替　00130-6-114345

印刷・製本　図書印刷株式会社

Printed in Japan　ISBN978-4-7661-2596-2 C3070